Utilize este código QR para se cadastrar de forma mais rápida:

Ou, se preferir, entre em:

www.moderna.com.br/ac/livroportal

e siga as instruções para ter acesso aos conteúdos exclusivos do

Portal e Livro Digital

CÓDIGO DE ACESSO:

A 00223 ARPHIST5E 6 76549

Faça apenas um cadastro. Ele será válido para:

Da semente ao livro,
sustentabilidade por todo o caminho

Plantar florestas
A madeira que serve de matéria-prima para nosso papel vem de plantio renovável, ou seja, não é fruto de desmatamento. Essa prática gera milhares de empregos para agricultores e ajuda a recuperar áreas ambientais degradadas.

Fabricar papel e imprimir livros
Toda a cadeia produtiva do papel, desde a produção de celulose até a encadernação do livro, é certificada, cumprindo padrões internacionais de processamento sustentável e boas práticas ambientais.

Criar conteúdos
Os profissionais envolvidos na elaboração de nossas soluções educacionais buscam uma educação para a vida pautada por curadoria editorial, diversidade de olhares e responsabilidade socioambiental.

Construir projetos de vida
Oferecer uma solução educacional Moderna é um ato de comprometimento com o futuro das novas gerações, possibilitando uma relação de parceria entre escolas e famílias na missão de educar!

Taciro Comunicação, Alexandre Santana e Estúdio Pingado

Apoio:
www.twosides.org.br

Fotografe o Código QR e conheça melhor esse caminho.
Saiba mais em *moderna.com.br/sustentavel*

Organizadora: Editora Moderna
Obra coletiva concebida, desenvolvida e produzida pela Editora Moderna.

Editora Executiva:
Ana Claudia Fernandes

5ª edição

© Editora Moderna, 2018

Elaboração dos originais:

Maria Raquel Apolinário
Bacharel e licenciada em História pela Universidade de São Paulo (USP). Professora da rede estadual e municipal de ensino por 12 anos. Editora.

Letícia de Oliveira Raymundo
Mestre em Ciências pela Universidade de São Paulo (USP), no programa: História Social. Editora.

Bruno Cardoso Silva
Bacharel e licenciado em História pela Universidade de São Paulo (USP). Editor.

Maria Clara Antonelli
Bacharel e licenciada em História pela Universidade de São Paulo (USP). Professora em escolas da rede estadual de ensino em São Paulo. Editora.

Maria Lídia Vicentin Aguilar
Bacharel e licenciada em História pela Universidade de São Paulo (USP). Professora em escolas públicas e particulares de São Paulo.

Camila Koshiba Gonçalves
Doutoranda em História Social pela Universidade de São Paulo (USP). Professora em escolas particulares de São Paulo.

Danilo Eiji
Mestre em Ciências pela Universidade de São Paulo (USP), no programa: História Social. Pesquisador e formador pelo Instituto Museu da Pessoa (SP).

Marty Souza
Especialista no Ensino de História pela Universidade de Campinas. Professor na rede estadual e municipal de São Paulo (SP).

Frederico Toscano
Mestre em História pela Universidade Federal de Pernambuco (UFPE). Doutorando em História Social pela Universidade de São Paulo (USP).

Florêncio Almeida Vaz –
Indígena do povo Maytapu
Doutor em Ciências Sociais/Antropologia pela Universidade Federal da Bahia (UFBA). Professor da Universidade Federal do Oeste do Pará (Ufopa).

Diego Bitencourt Mañas
Bacharel e licenciado em Ciências Biológicas pela Universidade de São Paulo (USP). Mestrando em Ecologia pela Universidade de São Paulo (USP).

Rui Sérgio Sereni Murrieta
Doutor em Antropologia pela Universidade do Colorado. Professor da Universidade de São Paulo (USP).

Fábio Augusto Morales
Doutor em História Social pela Universidade de São Paulo (USP). Professor da Universidade Federal de Santa Catarina (UFSC).

Bárbara da Costa e Silva
Mestre em Letras Clássicas pela Universidade de São Paulo (USP). Doutoranda em Letras Clássicas pela Universidade de São Paulo (USP).

Samira Osman
Doutora em Ciências pela Universidade de São Paulo (USP), no programa: História Social. Professora da Universidade Federal de São Paulo (Unifesp).

Joana Clímaco
Doutora em História Social pela Universidade de São Paulo (USP). Professora de História Antiga da Universidade Federal do Amazonas (Ufam).

Elaine Senko
Doutora em História pela Universidade Federal do Paraná (UFPR). Pós-doutoranda em História pela Universidade Estadual do Oeste do Paraná (Unioeste).

Coordenação editorial: Maria Raquel Apolinário, Ana Claudia Fernandes
Edição de texto: Maria Raquel Apolinário, Letícia de Oliveira Raymundo, Bruno Cardoso Silva, Maria Clara Antonelli, Dirceu Franco Ferreira, Pamela Shizue Goya
Edição de conteúdo digital: Audrey Ribas Camargo
Assistência editorial: Rosa Chadu Dalbem
Gerência de *design* e produção gráfica: Sandra Botelho de Carvalho Homma
Coordenação de produção: Everson de Paula, Patricia Costa
Suporte administrativo editorial: Maria de Lourdes Rodrigues
Coordenação de *design* e projetos visuais: Marta Cerqueira Leite
Projeto gráfico e capa: Daniel Messias, Otávio dos Santos
Pesquisa iconográfica para capa: Daniel Messias, Otávio dos Santos, Bruno Tonel
   Fotos: Shutterstock_297302417, Thomas Barrat/Shutterstock, KC Lens and Footage/Shutterstock
Coordenação de arte: Carolina de Oliveira
Edição de arte: Tiago Gomes Alves
Editoração eletrônica: APIS design integrado
Edição de infografia: Luiz Iria, Priscilla Boffo, Giselle Hirata
Coordenação de revisão: Maristela S. Carrasco
Revisão: Ana Maria Cortazzo, Ana Paula Felippe, Barbara Benevides, Beatriz Rocha, Cárita Negromonte, Patrizia Zagni, Renato da Rocha, Rita de Cássia Sam, Salete Brentan, Thiago Dias
Coordenação de pesquisa iconográfica: Luciano Baneza Gabarron
Pesquisa iconográfica: Vanessa Manna, Daniela Chahín Baraúna
Coordenação de *bureau*: Rubens M. Rodrigues
Tratamento de imagens: Fernando Bertolo, Joel Aparecido, Luiz Carlos Costa, Marina M. Buzzinaro
Pré-impressão: Alexandre Petreca, Everton L. de Oliveira, Marcio H. Kamoto, Vitória Sousa
Coordenação de produção industrial: Wendell Monteiro
Impressão e acabamento: Esdeva Indústria Gráfica Ltda.
Lote: 288492

Dados Internacionais de Catalogação na Publicação (CIP)
(Câmara Brasileira do Livro, SP, Brasil)

Araribá plus : história / organizadora Editora Moderna ; obra coletiva concebida, desenvolvida e produzida pela Editora Moderna ; editora organizadora Maria Raquel Apolinário. — 5. ed. — São Paulo : Moderna, 2018.

Obra em 4 v. para alunos do 6º ao 9º ano.
Bibliografia

1. História (Ensino fundamental) I. Apolinário, Maria Raquel.

18-16932   CDD-372.89

Índices para catálogo sistemático:
1. História : Ensino fundamental   372.89

Maria Alice Ferreira - Bibliotecária - CRB-8/7964

ISBN 978-85-16-11194-6 (LA)
ISBN 978-85-16-11195-3 (LP)

Reprodução proibida. Art. 184 do Código Penal e Lei 9.610 de 19 de fevereiro de 1998.
Todos os direitos reservados
EDITORA MODERNA LTDA.
Rua Padre Adelino, 758 – Belenzinho
São Paulo – SP – Brasil – CEP 03303-904
Vendas e Atendimento: Tel. (0_ _11) 2602-5510
Fax (0_ _11) 2790-1501
www.moderna.com.br
2020
Impresso no Brasil

1 3 5 7 9 10 8 6 4 2

Imagens de capa

Stonehenge, estrutura neolítica no Reino Unido (foto de 2015); aparelho de GPS (Sistema de Posicionamento Global).

Neste livro, iniciaremos o estudo da aventura humana desde os seus primeiros tempos, antes mesmo da construção do Stonehenge (retratado na capa), até a formação da Europa medieval.

APRESENTAÇÃO

A **história** é uma viagem que fazemos ao passado orientados pela bússola do tempo presente. Como toda viagem, ela é capaz de nos proporcionar prazer e emoção, mas também dor, estranhamento e perplexidade diante de tragédias e crimes humanos. Mas o saldo é quase sempre positivo, pois temos a oportunidade de aprender com outros povos, tempos e culturas e descobrir que não existe fatalidade na história, que algo que aconteceu poderia não ter acontecido, que outros caminhos poderiam ter sido trilhados. Somos nós que fazemos a história, ainda que limitados, em certa medida, pelas condições sociais em que vivemos.

Convidamos você a embarcar nessa viagem a bordo do **Araribá Plus História**, obra coletiva que há quinze anos vem conduzindo estudantes de todo o Brasil em uma expedição pelos caminhos, temas e tempos da história. Agora, em sua 5ª edição, esse projeto coletivo foi amplamente renovado. Ele foi reprogramado de acordo com as habilidades e os objetos de conhecimento estabelecidos pela **BNCC de História**, mantendo, porém, as características que têm sido a sua marca desde o nascimento: a organização visual e textual, o cuidado com a **compreensão leitora** e a variedade de textos, imagens e atividades.

A viagem a bordo do seu livro de história, porém, não oferece apenas conteúdo e atividades. Ela promove a formação de **atitudes para a vida**, com propostas que o ajudam a resolver problemas de forma reflexiva, crítica e colaborativa e a aprender continuamente.

Um ótimo estudo!

ATITUDES PARA A VIDA

11 ATITUDES MUITO ÚTEIS PARA O SEU DIA A DIA!

As Atitudes para a vida *trabalham competências socioemocionais e nos ajudam a resolver situações e desafios em todas as áreas, inclusive no estudo de História.*

1. Persistir
Se a primeira tentativa para encontrar a resposta não der certo, **não desista**, busque outra estratégia para resolver a questão.

2. Controlar a impulsividade
Pense antes de agir. **Reflita** antes de falar, escrever ou fazer algo que pode prejudicar você ou outra pessoa.

3. Escutar os outros com atenção e empatia
Dar atenção e escutar os outros é importante para se relacionar bem com as pessoas e aprender com elas, procurando soluções para os problemas de ambos.

4. Pensar com flexibilidade
Considere diferentes possibilidades para chegar à solução. Use os recursos disponíveis e dê asas à imaginação!

5. Esforçar-se por exatidão e precisão
Confira os dados do seu trabalho. Informação incorreta ou apresentação desleixada pode prejudicar a sua credibilidade e comprometer todo o seu esforço.

6. Questionar e levantar problemas

Fazer as perguntas certas pode ser determinante para esclarecer suas dúvidas. Esteja alerta: indague, questione e levante problemas que possam ajudá-lo a compreender melhor o que está ao seu redor.

7. Aplicar conhecimentos prévios a novas situações

Use o que você já sabe! O que você já aprendeu pode ajudá-lo a entender o novo e a resolver até os maiores desafios.

8. Pensar e comunicar-se com clareza

Organize suas ideias e comunique-se com clareza. Quanto mais claro você for, mais fácil será estruturar um plano de ação para realizar seus trabalhos.

9. Imaginar, criar e inovar

Desenvolva a criatividade conhecendo outros pontos de vista, imaginando-se em outros papéis, melhorando continuamente suas criações.

10. Assumir riscos com responsabilidade

Explore suas capacidades! Estudar é uma aventura, não tenha medo de ousar. Busque informações sobre os resultados possíveis e você se sentirá mais seguro para arriscar um palpite.

11. Pensar de maneira interdependente

Trabalhe em grupo, colabore! Somando ideias e habilidades, você e seus colegas podem criar e executar projetos que ninguém conseguiria fazer sozinho.

No Portal *Araribá Plus* e ao final do seu livro, você poderá saber mais sobre as *Atitudes para a vida*. Veja <www.moderna.com.br/araribaplus> em **Competências socioemocionais**.

CONHEÇA O SEU LIVRO

UM LIVRO ORGANIZADO

Este livro tem **oito unidades**. O objetivo é que o estudo de cada uma delas seja feito em um mês do calendário de aulas da sua escola.

UMA UNIDADE ORGANIZADA

As seções, os textos, as imagens e as questões que compõem cada unidade foram selecionados, criados e diagramados pensando em você, para que **compreenda**, **aprenda** e **se desenvolva** com o estudo da história.

PÁGINAS DE ABERTURA

Com imagens, textos e questões, este momento inicial ativa os seus conhecimentos sobre o assunto da unidade e o relaciona às atitudes priorizadas em cada caso.

OS TEMAS DA UNIDADE

Os **temas** são numerados e sempre começam com uma **questão-chave** relacionada ao que será estudado.

CONTEÚDO DIGITAL

Quando você encontrar ícones como este, acesse, no **livro digital**, vídeos, animações, clipes, GIFs, atividades e mapas interativos. Com esses recursos, você irá aplicar seus conhecimentos de tecnologia digital para aprender mais.

EXPLORE

O boxe **Explore** apresenta questões sobre textos, imagens, mapas e conteúdos digitais ao longo da unidade. Procure refletir sobre a situação apresentada antes de formular uma resposta.

ORGANIZAR O CONHECIMENTO

Ao final de cada tema, você irá **recordar** os principais conceitos e ideias estudados.

DE OLHO NO INFOGRÁFICO/ NA IMAGEM

Você já ouviu falar sobre o desmatamento da Amazônia ou sobre a importância do Mar Mediterrâneo no mundo antigo e medieval? Nessa seção, além disso, você irá também interpretar imagens e aprender história por meio da linguagem gráfica e visual.

ATITUDES PARA A VIDA
Nessa seção, você verá alguns casos ao longo da história em que sociedades e civilizações desenvolveram estratégias inteligentes para solucionar problemas; em outros, escolhas equivocadas que poderiam ter sido evitadas. O objetivo é prepará-lo para encontrar, na escola e fora dela, soluções criativas diante de pequenos e de grandes problemas.

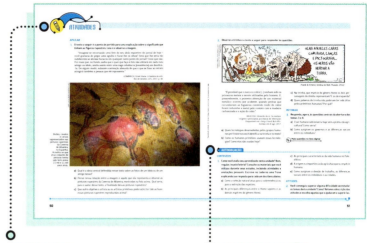

ATIVIDADES
Organizadas em *Aplicar* e *Retomar*, as atividades aparecem ao final do segundo e do quarto tema. Elas o orientam a aplicar o que aprendeu na leitura de imagens, textos e mapas, além de exercitar a argumentação, a pesquisa e a produção de textos.

AUTOAVALIAÇÃO
Ao final dos temas de cada unidade, na dupla de Atividades, há uma **ficha de autoavaliação** para que você avalie seu aprendizado e o desenvolvimento de atitudes durante os estudos.

COMPREENDER UM TEXTO
Nessa seção, você vai ler diferentes tipos e gêneros de texto que irão ajudá-lo a ser um leitor atento, crítico e apaixonado pela experiência da leitura.

REVISANDO
Síntese dos principais conceitos e conteúdos da unidade.

PARA LER/ASSISTIR/ OUVIR/NAVEGAR
Sugestões orientadas de leituras, filmes, músicas e *sites*.

EM FOCO
As monografias da seção **Em foco** aparecem ao final das unidades 2, 5 e 8 deste livro. A que foi reproduzida ao lado trata das festas medievais. Você sabia que o Carnaval, a principal festa popular brasileira, surgiu na Europa há muitos anos como uma festa pagã, mas foi incorporado à cristandade pela Igreja Católica durante a Idade Média?

ANÁLISE DE FONTES
Qual é a importância de aprender a ler, a interpretar e a questionar as **fontes históricas**? Porque dessa forma, além de ampliar nosso conhecimento, também aprendemos a descobrir o que está oculto por trás das palavras, das imagens e a ser críticos diante do mundo.

7

CONTEÚDO DOS MATERIAIS DIGITAIS

O *Projeto Araribá Plus* apresenta um Portal exclusivo, com ferramentas diferenciadas e motivadoras para o seu estudo. Tudo integrado com o livro para tornar a experiência de aprendizagem mais intensa e significativa.

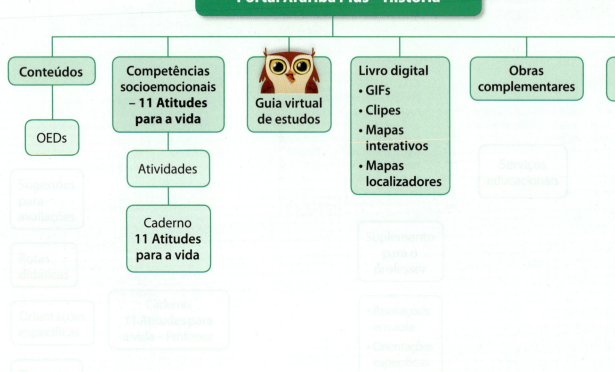

Livro digital com tecnologia *HTML5* para garantir melhor usabilidade e ferramentas que possibilitam buscar termos, destacar trechos e fazer anotações para posterior consulta. O livro digital é enriquecido com objetos educacionais digitais (OEDs) integrados aos conteúdos. Você pode acessá-lo de diversas maneiras: no *smartphone*, no *tablet* (Android e iOS), no *desktop* e *on-line* no *site*:

http://mod.lk/livdig

LISTA DE OEDs

Unidade	Título do objeto digital
1	Patrimônio imaterial
1	Cantigas do Brasil
2	Labirinto pré-histórico
3	O povoamento da América
4	Decifrando hieróglifos egípcios
5	A democracia brasileira
6	*Quiz*: reinos, aldeias e o Império Romano
7	O senhorio medieval
7	Uma cantiga de amor
8	Bruxaria e Inquisição

ARARIBÁ PLUS APP

Aplicativo exclusivo para você com recursos educacionais na palma da mão!

Acesso rápido por meio do leitor de código *QR*.
http://mod.lk/app

Objetos educacionais digitais diretamente no seu *smartphone* para uso *on-line* e *off-line*.

Stryx, um guia virtual criado especialmente para você! Ele ajudará a entender temas importantes e a achar videoaulas e outros conteúdos confiáveis, alinhados com o seu livro.

Eu sou **Stryx** e serei seu guia virtual por trilhas de conhecimentos de um jeito muito legal de estudar!

SUMÁRIO

UNIDADE 1   **INTRODUÇÃO AO ESTUDO DE HISTÓRIA**   **14**

TEMA 1   **A história e o historiador** 16
     Como a história é escrita?, 17

ATITUDES PARA A VIDA: O arqueólogo: pesquisador da cultura material 19

TEMA 2   **O tempo e a história** 20
     O controle do tempo, 20; Instrumentos para medir o tempo, 21

DE OLHO NA IMAGEM: O mês de março no *Breviário Grimani* 22
     As medidas de tempo mais longo, 23; Tempo curto, médio ou longo, 24

TEMA 3   **Patrimônio e memória** 25
     Patrimônio: a identidade de um povo, 25

ATIVIDADES 28

COMPREENDER UM TEXTO: O ÁLBUM 30
REVISANDO 32

UNIDADE 2   **AS ORIGENS DO SER HUMANO**   **33**

TEMA 1   **A origem da vida e do ser humano** 34
     Como a vida surgiu na Terra?, 34; Os hominídeos, 37; O gênero *Homo*, 38

TEMA 2   **A vida humana no Paleolítico** 39
     Paleolítico ou Idade da Pedra Antiga, 39

ATIVIDADES 42

TEMA 3   **O início da agricultura** 43
     O fim da última era glacial, 43; O início da agricultura e da criação de animais, 44

ATITUDES PARA A VIDA: Agricultura: revolução e inovação 45

TEMA 4   **A expansão da agricultura, as chefias sociais e as primeiras cidades** 46
     A lenta difusão da agricultura neolítica, 46; A divisão do trabalho, o comércio e as primeiras cidades, 49

ATIVIDADES 50

EM FOCO: A ALIMENTAÇÃO QUE NOS FEZ HUMANOS 52
REVISANDO 58

UNIDADE 3 — O POVOAMENTO DA AMÉRICA 59

TEMA 1 A chegada do homem à América 60
O *Homo sapiens* povoa todo o planeta, 60

TEMA 2 Os modos de vida dos antigos ameríndios 63
Povos nômades, caçadores e coletores, 63; O fim da última glaciação, 64; O início da agricultura na América, 65

ATIVIDADES 66

TEMA 3 Os mais antigos habitantes do Brasil 67
O ambiente do Brasil pré-histórico, 67

TEMA 4 Transformações na paisagem amazônica 71
A Amazônia e seus primeiros habitantes, 71

DE OLHO NO INFOGRÁFICO: Desmatamento da Amazônia brasileira 72

Os atuais indígenas da Amazônia, 76

ATITUDES PARA A VIDA: Os povos da floresta 77

ATIVIDADES 78

COMPREENDER UM TEXTO: MARCAS DE MÃOS GRAVADAS NA PEDRA 80
REVISANDO 82

UNIDADE 4 — MESOPOTÂMICOS, EGÍPCIOS E AMERICANOS 83

TEMA 1 Mesopotâmia: terra entre rios 84
As primeiras civilizações, 84; Os sumérios, 84; Formação dos impérios mesopotâmicos, 85; A vida social na Mesopotâmia, 87; A economia mesopotâmica, 88; Uma religião com muitos deuses, 89

TEMA 2 Egito: terra dos faraós 90
Nilo: o rio que dá a vida ao Egito, 90; O nascimento do Egito faraônico, 91; O faraó: guardião do Egito, 91; Vida e trabalho no Egito antigo, 93

ATIVIDADES 95

TEMA 3 A vida e a morte no Egito antigo 96
O faraó e os deuses egípcios, 96; O mundo dos mortos, 97

DE OLHO NA IMAGEM: O *Livro dos mortos* e a pesagem do coração, 98

A escrita dos sábios e a escrita do cotidiano, 99

TEMA 4 Primeiras civilizações americanas 100
Caral: uma civilização pioneira, 100; Chavín de Huantar, 101; As primeiras civilizações da Mesoamérica, 102

ATITUDES PARA A VIDA: Teotihuacán: a cidade dos deuses 105

ATIVIDADES 106

COMPREENDER UM TEXTO: UM BANQUETE MESOPOTÂMICO 108
REVISANDO 110

11

SUMÁRIO

UNIDADE 5 GRÉCIA E ROMA ANTIGAS	111

TEMA 1 A civilização grega 112
O território grego na Antiguidade, 112; Os primeiros "gregos", 113;
A formação das *poleis* gregas, 114

DE OLHO NA IMAGEM: A pintura nos vasos gregos 116

TEMA 2 Cultura e política em Esparta e Atenas 117
Esparta: a pólis guerreira, 117; Atenas: a fase aristocrática, 118;
O nascimento da democracia, 118; A educação em Esparta e em Atenas, 119;
Crenças religiosas nas *poleis* gregas, 120

ATITUDES PARA A VIDA: A importância da palavra 122

ATIVIDADES 123

TEMA 3 Roma: da monarquia à república 124
As origens de Roma, 124; A monarquia romana (753-509 a.C.), 125;
A república romana (509-27 a.C.), 127

TEMA 4 Expansão e crise social na república 129
A expansão romana, 129; Mudanças geradas pela expansão romana, 131;
A crise social romana, 133

ATIVIDADES 134

EM FOCO: A GUERRA DE TROIA 136
REVISANDO 140

UNIDADE 6 REINOS, ALDEIAS E O IMPÉRIO ROMANO	141

TEMA 1 O Império Romano 142
A crise da república romana, 142; O governo de Augusto e a *Pax Romana*, 144

ATITUDES PARA A VIDA: O calendário juliano 147

TEMA 2 O povo hebreu e a dominação romana 148
Os hebreus na Palestina, 148; A conquista romana da Judeia, 151

ATIVIDADES 155

TEMA 3 O cristianismo: uma nova crença monoteísta no mundo romano ... 156
A origem do cristianismo, 156

TEMA 4 A África na época romana 159
Províncias romanas na África, 159; Cuxe: um reino independente na África, 161;
Povos da África subsaariana, 162

ATIVIDADES 166

COMPREENDER UM TEXTO: A *ENEIDA* 168
REVISANDO 171

UNIDADE 7 — A FORMAÇÃO DA EUROPA MEDIEVAL 172

TEMA 1   O declínio de Roma e a formação da Europa medieval 174
A crise do Império Romano, 174; O início da Idade Média, 176

TEMA 2   A descentralização política na Europa medieval 177
Quem eram os germânicos?, 177; A regionalização do poder, 178;
A cristianização do Reino Franco, 179

ATIVIDADES 182

TEMA 3   A terra e a agricultura na Europa medieval 183
A vassalagem: base do feudalismo, 183

ATITUDES PARA A VIDA: A cerimônia de vassalagem 184
Agricultura: base da economia feudal, 185

TEMA 4   Senhores e servos na sociedade feudal 188
A sociedade feudal, 188

DE OLHO NA IMAGEM: A temática cristã da arte medieval 193

ATIVIDADES 194

COMPREENDER UM TEXTO: A IDADE MÉDIA EM QUESTÃO 196
REVISANDO 198

UNIDADE 8 — TROCAS COMERCIAIS E CULTURAIS NA EUROPA MEDIEVAL 199

TEMA 1   A Idade da Fé: a Europa entre o cristianismo e o islã 200
Os primeiros tempos da Igreja, 200; Maomé e a fundação do islã, 202;
O movimento das cruzadas, 207

TEMA 2   As mulheres nas culturas pagã e cristã 208
Uma história das mulheres, 208

ATIVIDADES 212

TEMA 3   Trocas comerciais e culturais no Mar Mediterrâneo 214
O Mediterrâneo na história, 214; O comércio romano, 215; O Mediterrâneo
é dos árabes, 216; Comerciantes bizantinos, italianos e africanos, 219

DE OLHO NO INFOGRÁFICO: Conexões culturais através do Mediterrâneo 220

ATITUDES PARA A VIDA: As viagens de Marco Polo 222

TEMA 4   A expansão do comércio e das cidades 223
Transformações na Europa cristã, 223

ATIVIDADES 228

EM FOCO: AS FESTAS MEDIEVAIS 230
REVISANDO 236

REFERÊNCIAS BIBLIOGRÁFICAS 237

ATITUDES PARA A VIDA 241

UNIDADE 1

INTRODUÇÃO AO ESTUDO DE HISTÓRIA

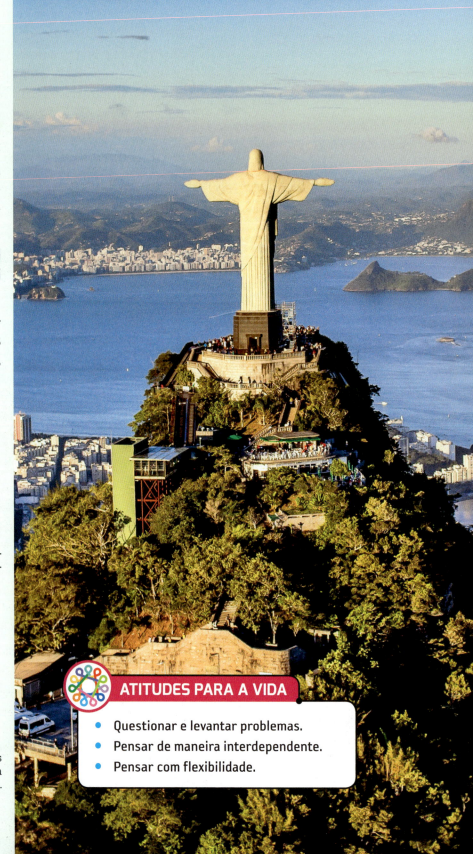

UMA CIDADE EM TRÊS TEMPOS

Decidimos iniciar o estudo deste livro falando de uma cidade brasileira que é famosa no mundo inteiro. Sua paisagem urbana, situada entre o mar e a montanha, foi a primeira a receber o título de Patrimônio Mundial.

A cidade é o Rio de Janeiro, antiga capital do Brasil e o centro turístico que mais atrai estrangeiros para o país.

Agora veja como a canção *Cidade maravilhosa* e os versos compostos por estudantes cariocas retratam a cidade do Rio de Janeiro.

1. "Cidade maravilhosa
   Cheia de encantos mil
   Cidade maravilhosa
   Coração do meu Brasil
   Cidade maravilhosa
   Cheia de encantos mil
   Cidade maravilhosa
   Coração do meu Brasil"

   FILHO, André. *Cidade maravilhosa* (refrão). Hino da cidade do Rio de Janeiro, 1935.

2. "[...] Minha terra tem horrores
   Que não encontro em outro lugar
   A falta de segurança é tão grande
   Que mal posso relaxar.
   Não permita Deus que eu morra
   Antes de sair deste lugar
   Me leve para um lugar tranquilo
   Onde canta o sabiá."

   Minha terra tem horrores. Versos compostos por dois adolescentes de uma escola da Penha, bairro da zona norte da cidade do Rio de Janeiro, 2017.

ATITUDES PARA A VIDA

- Questionar e levantar problemas.
- Pensar de maneira interdependente.
- Pensar com flexibilidade.

Vista da enseada de Botafogo, na cidade do Rio de Janeiro.
Fotografia de Marc Ferrez, 1885.

Vista da enseada de Botafogo, na cidade do Rio de Janeiro (RJ). Foto de 2017.

COMEÇANDO A UNIDADE

1. Quais semelhanças e diferenças você percebe entre as cenas mostradas nas duas fotografias?

2. Na sua opinião, por que existem diferenças tão grandes entre as duas paisagens mostradas nas fotos?

3. Apesar de referir-se à mesma cidade, as fotografias, a canção e o poema apresentam o Rio de Janeiro de formas diferentes. Aponte algumas dessas diferenças, tanto em relação ao meio ou à linguagem utilizados para abordar o assunto quanto à visão que transmitem sobre a cidade.

TEMA 1

A HISTÓRIA E O HISTORIADOR

O que é história? Para que ela serve?

Explore

- Imagine que você seja um historiador. Que problemas, dúvidas ou interesses do presente poderiam estimulá-lo a fazer uma pesquisa sobre o passado? Formule uma questão para ser respondida por seus colegas.

UM HISTORIADOR CONVERSA COM SEU FILHO

Filho: Papai, para que estudar história?

Pai: Filho, não estudamos história, mas histórias. Estudamos histórias diferentes para entender por que o mundo em que vivemos é assim e não de outra forma. Por isso dizemos que a história estuda as ações humanas no tempo, ou melhor, no tempo e no espaço.

Filho: Mas a gente estuda tudo o que foi feito?

Pai: Não, não. Nós, historiadores, escolhemos o que queremos estudar. Estudamos o passado por meio de perguntas e dúvidas que surgem no presente. Por exemplo: por que no Brasil falamos português? Por que existem povos do mundo inteiro no Brasil? Por que comemoramos a Páscoa?

Filho: E como os historiadores conseguem responder a essas perguntas?

Pai: Eles conseguem fazer isso pesquisando, lendo e estudando. Aliás, o que o historiador faz de melhor é pesquisar.

Pai: Pois é! Somos um pouco como os detetives, que investigam as pistas para descobrir algo. Por exemplo: para compreender por que existe preconceito racial no Brasil, buscamos pistas nos documentos sobre a escravidão africana no nosso país.

Filho: Do jeito que você fala, parece até que vocês são detetives investigando coisas do passado!

EDUARDO MEDEIROS

COMO A HISTÓRIA É ESCRITA?

A história já foi escrita e vista de formas muito diferentes. Na Grécia antiga, por exemplo, Heródoto de Halicarnasso (cerca de 485-420 a.C.), conhecido como o "pai da história", acreditava que a verdadeira história deveria narrar as guerras do presente. No futuro, segundo ele, essa narrativa seria lida como testemunho do passado.

No século XIX (1801-1900), os historiadores defendiam que havia uma verdade absoluta sobre o passado. Por exemplo, ao escrever sobre o processo de independência do Brasil, o historiador deveria narrar os acontecimentos tal como eles tinham verdadeiramente ocorrido. Em outras palavras, a narrativa histórica deveria ser capaz de reproduzir o passado.

Hoje os historiadores defendem que a história não é um retrato do passado, mas uma interpretação sobre ele. Por exemplo, alguns historiadores e o governo dos Estados Unidos defendem que a bomba atômica foi lançada sobre o Japão, em agosto de 1945, porque não havia outra maneira de terminar a guerra rapidamente e que uma invasão terrestre no país causaria muito mais mortes. Outros historiadores, ao contrário, afirmam que o Japão estava prestes a se render e a bomba foi lançada com o objetivo de afirmar o poderio dos Estados Unidos no mundo.

É importante destacar que nem toda interpretação sobre o passado pode ser aceita, porque a história não é um relato ficcional. Ao investigar a abolição da escravidão, por exemplo, os historiadores examinam leis, jornais, depoimentos, estatísticas e outros documentos da época que podem servir de base para a sua pesquisa. Eles cruzam essas informações, verificam se elas são confiáveis e buscam escrever uma narrativa consistente sobre esse acontecimento.

Em síntese, a história não é um retrato do passado nem um romance sobre ele. Por meio das pistas examinadas durante a pesquisa, podemos nos aproximar do passado, mas nunca reproduzi-lo.

Galeria de imagens

Acima, imagem da explosão da bomba atômica sobre a cidade japonesa de Hiroshima, em 6 de agosto de 1945, no final da Segunda Guerra Mundial; ao lado, homem diante do Museu da Ciência e Tecnologia de Hiroshima, única construção que ficou em pé na cidade depois da explosão.

AS FONTES DA PESQUISA HISTÓRICA

O historiador, diferentemente de um romancista, elabora uma interpretação dos fatos históricos com base na análise de documentos. Sem esses documentos, a versão defendida por ele não tem validade diante da comunidade científica.

Chamamos de documentos ou de fontes históricas todas as pistas relacionadas ao passado que o historiador decidiu estudar. Elas podem ser **fontes históricas materiais** (livros, cartas, fotografias, pinturas, documentos oficiais, monumentos etc.) ou **fontes históricas imateriais** (músicas, lendas, danças, crenças, línguas, costumes etc.).

Praticamente tudo o que o ser humano produz pode ser usado como fonte histórica. Analisando alguns objetos, como armas ou ferramentas de trabalho, é possível saber como um povo guerreava ou cultivava a terra.

As fontes imateriais também são pesquisadas na história. Um exemplo desse tipo de fonte são os relatos orais. Eles permitem registrar a memória de um indivíduo sobre acontecimentos do passado. Porém, como toda fonte histórica, a memória não pode ser vista como a verdade sobre os fatos. A memória é seletiva e, muitas vezes, as pessoas esquecem, omitem ou fantasiam as suas lembranças.

Nas sociedades ágrafas, principalmente, a memória das pessoas é uma valiosa fonte de informação para o historiador. Comparando os depoimentos com objetos e práticas que observou, o historiador é capaz de produzir uma interpretação histórica sobre aquela sociedade.

Ágrafo: refere-se à cultura, ao povo ou à língua que não têm registro escrito.

Vendedora de frutas na cidade do Rio de Janeiro. Foto de Alberto Henschel, 1869.

PARA NAVEGAR

• **Museu da Pessoa**

Disponível em <www.museudapessoa.net>. Acesso em 26 abr. 2018.

O Museu da Pessoa é um museu virtual que atua recolhendo memórias e depoimentos de diferentes indivíduos e divulgando-os na internet. Esses depoimentos podem ser usados por historiadores em suas pesquisas.

 ORGANIZAR O CONHECIMENTO

1. Leia as afirmativas a seguir e corrija as incorretas.
   a) A história é uma narrativa verdadeira dos acontecimentos do passado.
   b) O historiador estuda o passado por meio de problemas que o intrigam no presente.
   c) Heródoto acreditava que a história deveria estudar o passado a partir dos problemas do presente.
   d) O historiador realiza o seu trabalho com base em diferentes fontes históricas.

2. Cite um novo exemplo de fonte histórica de acordo com o padrão escolhido para cada caso a seguir.
   a) Fotografias, pinturas, gravuras, desenhos, _____.
   b) Línguas, técnicas de bordado, festas, crenças, _____.
   c) Adornos, utensílios de cozinha, vasos, vestimentas, _____.

18

ATITUDES PARA A VIDA

O arqueólogo: pesquisador da cultura material

Os seres humanos deixam vestígios de sua presença na Terra. Armas, utensílios domésticos, moradias, sinais de fogueiras, cemitérios, esculturas e muitos outros artefatos oferecem pistas sobre o modo de vida do grupo humano que habitava determinado local. Esse conjunto de objetos compõe a **cultura material** de uma sociedade.

O **arqueólogo** é o pesquisador que estuda as fontes da cultura material, e o local onde essas fontes são encontradas é chamado **sítio arqueológico**. Geralmente, o trabalho do arqueólogo começa com a demarcação do sítio arqueológico e a sua escavação para descobrir vestígios de ocupação humana.

O passo seguinte é o estudo dos objetos encontrados: de que foram feitos? Quais técnicas foram empregadas na sua fabricação? Para que serviam? Por exemplo, a presença de ossos de animais próximo a pontas de flecha pode indicar que se tratava de um grupo caçador; a presença de ossos humanos pode significar que o local era usado para enterrar os mortos; e assim por diante.

Para obter respostas a tantas perguntas, os arqueólogos recorrem a outros estudiosos. Pesquisadores de outras ciências ajudam a identificar os materiais utilizados na fabricação dos artefatos, as condições naturais da região e como era a vida das espécies que habitavam o local. Por exemplo, o estudo dos ossos de animais e de humanos encontrados é feito por zoólogos e antropólogos. O exame que indica a idade aproximada de um material é feito em laboratórios de física e de química. Por isso, a arqueologia é um campo de conhecimento interdisciplinar.

Arqueólogos escavam o sítio Bonin em busca de pistas sobre o povo Jê, no município de Urubici (SC). Foto de 2016.

Interdisciplinar: refere-se a um tipo de trabalho que integra profissionais de diferentes disciplinas ou áreas do conhecimento, que atuam de forma interdependente para resolver um problema comum.

QUESTÕES

1. Marque um **X** nas afirmativas que descrevem corretamente o trabalho do arqueólogo.
   a) (   ) Registrar o depoimento de pessoas mais velhas, que guardam a memória de tempos antigos.
   b) (   ) Atuar de forma colaborativa com cientistas de várias áreas do conhecimento para determinar a idade aproximada dos objetos encontrados num sítio arqueológico.
   c) (   ) Fazer uma série de perguntas a respeito dos artefatos encontrados para descobrir do que, como e para que foram feitos.
   d) (   ) Ao examinar os materiais descobertos, o arqueólogo deve pensar nas diferentes finalidades que eles poderiam ter antes de determinar a mais provável.

2. Escreva a letra que melhor corresponde às afirmativas marcadas na questão 1.
   a) (   ) Questionar e levantar problemas.
   b) (   ) Pensar de maneira interdependente.
   c) (   ) Pensar com flexibilidade.

3. Que outra atitude você considera importante para o trabalho do arqueólogo? Explique.

TEMA 2

O TEMPO E A HISTÓRIA

O CONTROLE DO TEMPO

Agora você chegou ao 6º ano. Passou a ter vários professores e novas matérias. Ao organizar as aulas do dia, você usa um relógio para marcar o início e o término de cada uma. Para planejar as atividades do ano, um calendário registra os dias e os meses em que haverá aula. Para organizar seus estudos, uma agenda o ajuda a registrar as lições de casa, as avaliações e os trabalhos programados pelos professores.

Relógios, calendários e agendas são exemplos de invenções feitas para medir e controlar o tempo. Atualmente, vários aparelhos e sinais nos auxiliam na medição do tempo. Relógios de pulso, de parede ou de rua registram a hora exata; computadores, celulares e *tablets* informam, além da hora, o dia, o mês e o ano; sirenes de fábricas, sinos de igrejas e sinais de escolas lembram o começo e o fim de uma atividade.

Mas existem tempos que não podem ser medidos. Por exemplo, você já deve ter ouvido algum parente mais velho dizer: "No meu tempo as coisas não eram tão rápidas" ou "No meu tempo a gente brincava na rua". De que tempo essa pessoa está falando? Quando alguém se refere a um tempo que faz parte de seu passado, chamamos de tempo vivido ou tempo da experiência.

> É importante criar instrumentos para medir o tempo? Por quê?

Explore
- Qual das imagens você diria que melhor representa o tempo em que você vive? Justifique.

Aula de leitura de uma turma de meninos da Escola Estadual Caetano de Campos, na cidade de São Paulo (SP), em 1900.

Sala de aula em uma escola estadual na cidade de Teresina (PI), em 2015.

INSTRUMENTOS PARA MEDIR O TEMPO

Os povos mais antigos percebiam a passagem do tempo observando a natureza. Eles notavam que depois do dia vinha a noite, que as plantas e os animais, com o tempo, envelheciam e um dia morriam, ou que a Lua mudava de forma.

Observando e aprendendo com a natureza, os povos antigos criaram os relógios. Os mais antigos são os relógios de Sol, criados pelos egípcios há mais de 4 mil anos. Ao longo do tempo, diferentes tipos de relógio foram inventados: ampulheta, relógio de bolso, relógio de parede... e os recentes relógios digitais.

Os calendários também foram criados pelas sociedades humanas para medir o tempo. O calendário divide o tempo em dias, meses e anos. O calendário egípcio, criado por volta de 6 mil anos atrás, está entre os mais antigos.

Ampulheta: instrumento constituído de dois compartimentos de vidro ligados por um orifício bem fino. Quando a areia do compartimento de cima termina de escoar para o compartimento de baixo, completa-se um ciclo de tempo.

Dialogando com Geografia

CALENDÁRIOS CRISTÃO, JUDAICO E MUÇULMANO

A maior parte dos países adota o calendário cristão. Seu marco inicial, o ano 1, é o nascimento de Jesus Cristo. Os anos anteriores a esse acontecimento são contados de forma decrescente e vêm acompanhados da sigla **a.C.** (antes de Cristo). Os anos posteriores são identificados com a sigla **d.C.** (depois de Cristo).

No calendário judaico, que também é religioso, o marco inicial é a data em que, para os judeus, Deus criou o Universo. Esse fato teria ocorrido em 3760 a.C. do calendário cristão. Já os muçulmanos estabeleceram como marco inicial do seu calendário a Hégira. Esse acontecimento foi a saída do profeta Maomé da cidade de Meca em direção a Medina no ano 622 do calendário cristão.

CALENDÁRIOS DE DIFERENTES CULTURAS

Judaico	Depois da criação do mundo para os hebreus					Dias atuais
	1	1124	3761	4382	5779

Chinês		Início do reinado do imperador Huangdi				Dias atuais
	1123	1	2637	3259	4656

Cristão	Antes de Cristo	Nascimento de Cristo		Depois de Cristo	Dias atuais
	3760	2636	1	622	2019

Muçulmano	Antes da migração de Maomé para Medina		Hégira (migração de Maomé para Medina)		Dias atuais
	4517	640	1		1440

Observe que os calendários judaico, cristão e muçulmano têm como base acontecimentos importantes da história dessas três religiões. Como eles marcam a duração dos meses e dos anos de forma diferente, a correspondência entre as datas não é exata.

DE OLHO NA IMAGEM

O MÊS DE MARÇO NO *BREVIÁRIO GRIMANI*

Na Europa, entre 1300 e 1500, difundiu-se um tipo de leitura conhecido como Livro das horas. Destinado aos cristãos leigos, esse modelo de livro era semelhante ao breviário de orações utilizado pelos padres. Ele continha preces para as diferentes horas do dia, cenas bíblicas e um calendário que marcava as principais festas cristãs. Um desses livros é o Breviário Grimani, adquirido pelo cardeal Domenico Grimani em 1520. Nesse breviário, os doze meses do calendário cristão apresentam cenas da vida cotidiana dos grupos sociais da época. Veja, na imagem a seguir, a representação do mês de março.

O mês de março, iluminura do *Breviário Grimani*, século XVI. As iluminuras que representam os doze meses do calendário foram feitas pelo artista Gerard Horenbout.

 QUESTÕES

1. Descreva a cena representada nessa imagem: pessoas, animais, instrumentos de trabalho, construções e características do local.

2. Observe os personagens dessa imagem. Na sua opinião, que grupo social eles representam? Justifique.

3. Marque um **X** na afirmativa que melhor descreve o mês de março nesse calendário.
   a) Março é o mês da tosa das ovelhas e da colheita das culturas na Europa.
   b) Época das chuvas, março é o mês indicado para o crescimento das plantações.
   c) Com o inverno chegando ao fim, os camponeses preparam a terra para o cultivo, limpando o mato e arando o solo.
   d) O outono se aproxima e é época de semear a terra, de preparar as ovelhas para a tosa e de caçar pássaros no campo.

4. Escolha um mês do nosso calendário e crie uma cena representando as atividades que você e sua família geralmente realizam nesse mês. Utilize uma folha de sulfite para compor a cena com desenhos ou recortes de figuras. Com o auxílio do professor, apresente o seu desenho nas redes sociais na internet ou em um mural da escola.

22

AS MEDIDAS DE TEMPO MAIS LONGO

Você e seus colegas provavelmente nasceram no século XXI. Os portugueses chegaram ao Brasil na última década do século XV, mas os indígenas habitavam o território vários milênios antes disso.

Década, século e milênio são medidas de tempo criadas pelo ser humano com duração mais longa que o ano, o dia e a hora. A **década** é o conjunto de 10 anos; o **século** de 100 anos; e o **milênio** de 1.000 anos.

O século é uma medida de tempo muito utilizada pelos historiadores. O primeiro século da Era Cristã estende-se do nascimento de Cristo (ano 1) até o ano 100. Conheça, a seguir, as duas operações mais simples para saber o século de cada ano.

A DIVISÃO DO TEMPO EM PERÍODOS

Outras medidas de tempo utilizadas pelos historiadores são a **época** e o **período**. Elas têm o mesmo significado e correspondem a uma longa extensão de tempo em que as sociedades humanas apresentaram determinadas características comuns, diferentes das de outros períodos.

A periodização mais utilizada em livros de história foi criada por europeus. Eles dividiram a história em cinco períodos: **Pré-história**, **História Antiga**, **História Medieval**, **História Moderna** e **História Contemporânea**.

Muitos estudiosos questionam essa divisão por ela considerar apenas os acontecimentos da história europeia. Essa divisão também é criticada pelo fato de incluir, em um mesmo período, realidades históricas muito diferentes. Por exemplo, durante os mil anos de duração da Idade Média, a vida dos europeus sofreu grandes mudanças, mas essas mudanças são ignoradas nessa periodização.

A divisão da história em períodos pode ser representada em uma **linha do tempo**, como a que você vê abaixo. A linha do tempo é uma forma de organizar os acontecimentos em sequência cronológica.

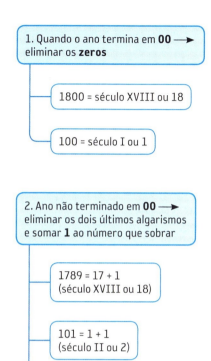

1. Quando o ano termina em **00** → eliminar os **zeros**
   - 1800 = século XVIII ou 18
   - 100 = século I ou 1

2. Ano não terminado em **00** → eliminar os dois últimos algarismos e somar **1** ao número que sobrar
   - 1789 = 17 + 1 (século XVIII ou 18)
   - 101 = 1 + 1 (século II ou 2)
   - 2019 = 20 + 1 (século XXI ou 21)

A PERIODIZAÇÃO DA HISTÓRIA OCIDENTAL

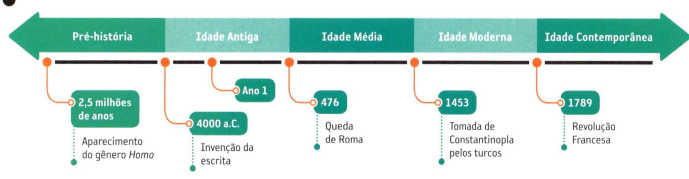

- **Pré-história** — 2,5 milhões de anos — Aparecimento do gênero *Homo*
- **Idade Antiga** — 4000 a.C. — Invenção da escrita
- Ano 1
- **Idade Média** — 476 — Queda de Roma
- **Idade Moderna** — 1453 — Tomada de Constantinopla pelos turcos
- **Idade Contemporânea** — 1789 — Revolução Francesa

Os acontecimentos desta linha do tempo não foram representados em escala temporal.

23

TEMPO CURTO, MÉDIO OU LONGO

No tema 1 você aprendeu que o objeto de estudo da história são as ações humanas ao longo do tempo. Mas que tempo é esse? Desde a metade do século XX, muitos historiadores têm trabalhado com a ideia de **duração**, em que o tempo é dividido em curto, médio e longo.

A história do tempo curto ou breve refere-se ao tempo dos eventos ou dos acontecimentos, que duram pouco. Eles podem ser a abolição da escravidão, a proclamação da república, a criação da Lei Maria da Penha (leia o boxe), a Copa do Mundo de 2014 ou outro fato de breve duração facilmente localizado no tempo. Ou seja, aconteceu em dia, mês e ano determinados.

A história do tempo médio trabalha com o tempo da conjuntura, que pode durar dez, cem ou duzentos anos, dependendo do assunto estudado e dos objetivos do pesquisador. Pode ser a história da Segunda Guerra Mundial, a história da monarquia no Brasil, a história do automóvel, a história das ditaduras militares na América Latina, entre outros temas escolhidos para a pesquisa.

A história do tempo longo trabalha com realidades que mudam muito lentamente, persistindo por centenas ou milhares de anos. São os preconceitos, os costumes, as formas de organização da família, as crenças religiosas, as práticas alimentares, entre outros exemplos. Ao construir uma narrativa, os historiadores tendem a articular as três temporalidades, dependendo do objetivo da sua pesquisa.

ORGANIZAR O CONHECIMENTO

1. Escreva **1** para os fatos de curta duração, **2** para os de média duração e **3** para os de longa duração.
    a) (   ) A corrupção política.
    b) (   ) A promulgação da Constituição em 5 de outubro de 1988.
    c) (   ) A fé cristã.
    d) (   ) A ditadura militar no Brasil.
    e) (   ) A criação da Lei Maria da Penha.
    f) (   ) A violência doméstica contra as mulheres.

2. Elimine do grupo o termo que não faz sentido.

> calendário   relógio de Sol
> calculadora   ampulheta
> linha do tempo

É BOM SABER

A Lei Maria da Penha

A Lei Maria da Penha (Lei n. 11.340), sancionada pelo presidente Luiz Inácio Lula da Silva no dia 7 de agosto de 2006, visa proteger as mulheres de todo tipo de violência doméstica. A lei surgiu com a denúncia feita pela farmacêutica Maria da Penha Maia Fernandes, que ficou paraplégica por ter sido agredida por seu marido durante anos. Indignada com a punição branda aplicada ao agressor, Maria da Penha denunciou o caso à Corte Interamericana de Direitos Humanos, que exigiu do Brasil a realização de um novo julgamento e a criação de uma lei específica de combate à violência doméstica no país.

Maria da Penha participa da divulgação da pesquisa Condições Socioeconômicas e Violência Doméstica e Familiar contra a Mulher, em Brasília (DF), 2017.

TEMA 3

PATRIMÔNIO E MEMÓRIA

PATRIMÔNIO: A IDENTIDADE DE UM POVO

Quando pensamos em patrimônio, normalmente lembramos de algo material, ligado à riqueza ou à propriedade. Contudo, patrimônio também é o legado transmitido por nossos antepassados: podem ser ideias, costumes, diferentes obras de arte ou construções preservadas até a atualidade. Esse legado também é chamado de **patrimônio cultural**.

São considerados patrimônio cultural todos os bens que representam a história e a cultura de um povo. Eles podem ser edifícios, festas populares, expressões artísticas, técnicas agrícolas, adornos, entre vários outros exemplos. Quando esse patrimônio é exclusivo do Brasil, chama-se **patrimônio cultural brasileiro**. Em nosso país, a principal instituição responsável pela preservação de um patrimônio cultural é o Instituto do Patrimônio Histórico e Artístico Nacional (Iphan).

O que significa preservar o patrimônio de uma sociedade?

Explore
- Após assistir ao vídeo, explique a importância da **tradição** e da **região** para a fabricação do queijo mineiro.

Patrimônio imaterial
Assista ao trecho do filme *O mineiro e o queijo*, de Helvécio Ratton, para conhecer um exemplo de bem cultural brasileiro. Disponível em <http://mod.lk/gye46>.

Carnaval de rua na cidade de Ouro Preto (MG), 2008. Ouro Preto foi a primeira cidade brasileira a receber o título de Patrimônio Mundial pela Unesco.

EXISTEM DIFERENTES TIPOS DE PATRIMÔNIO

De acordo com a Constituição Federal de 1988, o patrimônio cultural brasileiro pode ser classificado em material ou imaterial.

- **Patrimônio material.** Tudo o que pode ser tocado e observado. Nessa categoria estão incluídos bens móveis e imóveis, como sítios arqueológicos, cidades históricas, fotografias, acervos de museus, vídeos, entre outros exemplos.

- **Patrimônio imaterial.** São as expressões e práticas culturais de uma coletividade transmitidas de geração a geração. Exemplos desse tipo de patrimônio são celebrações, saberes tradicionais, ofícios, lugares e formas de expressão, artísticas ou religiosas.

Com base na Constituição Federal de 1988, criou-se um instrumento jurídico destinado a proteger e valorizar o patrimônio cultural de natureza imaterial. Trata-se do **registro**. Quando um bem imaterial recebe o título de patrimônio cultural brasileiro, ele é inscrito em um dos quatro livros de registro, de acordo com sua categoria.

ALGUNS BENS IMATERIAIS REGISTRADOS PELO IPHAN			
Bem cultural	Livro de registro	Ano do registro	UF
Ofício das paneleiras de Goiabeiras	Saberes	2002	ES
Círio de Nossa Senhora de Nazaré	Celebração	2004	PA
Feira de Caruaru	Lugares	2006	PE

Fonte: Iphan. Disponível em <http://mod.lk/hd0rg>. Acesso em 26 set. 2017.

Algumas construções, sítios e manifestações culturais ganharam reconhecimento mundial por sua importância para a humanidade. Diante disso, em 1972, a Organização das Nações Unidas para a Educação, a Ciência e a Cultura (Unesco) criou a **Convenção do Patrimônio Mundial Cultural e Natural** para preservar esses bens. Em 2003, a Unesco complementou a tarefa de cuidar da herança cultural da humanidade adotando a **Convenção para a Salvaguarda do Patrimônio Cultural Imaterial**.

Sítio: lugar; local.

O Brasil possui 21 sítios declarados **Patrimônio Mundial pela Unesco**. Desses sítios, catorze fazem parte do patrimônio cultural e sete do patrimônio natural. Além disso, seis expressões culturais do Brasil, como a Roda de Capoeira e o Samba de Roda do Recôncavo Baiano, estão inscritas na lista do Patrimônio Cultural Imaterial da Humanidade.

Samba de Roda Raízes de Acupe, um dos vários grupos que representam o Samba de Roda do Recôncavo Baiano, uma das seis expressões culturais brasileiras reconhecidas como Patrimônio Cultural Imaterial da Humanidade pela Unesco. Município de Santo Amaro (BA), 2017.

PRESERVAR PARA QUÊ?

Quando uma comunidade decide que um bem tem valor para a sua história e deve ser transmitido às próximas gerações, ela pode buscar um meio legal de garantir a proteção desse bem. Os bens materiais passam pelo processo de **tombamento** e os bens imateriais pelo processo de **registro**. Esses instrumentos legais são realizados pelo poder público federal, estadual ou municipal.

O tombamento ou o registro de um bem ajudam a fortalecer o sentimento de identidade com o lugar em que vivemos e a preservá-lo para as futuras gerações. Porém, é importante deixar claro que a escolha dos bens que devem ser tombados ou registrados é uma decisão de determinada coletividade, que vive em determinada época. É a sociedade, ou parte dela, que decide quais bens devem ser preservados e quais podem ser destruídos. Por isso, o que é considerado patrimônio hoje, pode deixar de sê-lo no futuro.

PARA NAVEGAR

● **Museu Casa de Portinari**

Disponível em <www.museucasadeportinari.org.br/TOUR-VIRTUAL/>. Acesso em 6 mar. 2018.

O Museu Casa de Portinari, antiga residência do artista Candido Portinari, localizado no município de Brodowski, no interior do estado de São Paulo, pode ser visitado virtualmente. Experimente, faça uma visita virtual com visão de 360 graus clicando nas setas que aparecem na tela e conheça a casa onde viveu esse importante artista brasileiro e algumas de suas obras.

ORGANIZAR O CONHECIMENTO

1. Escreva M para patrimônio cultural material, I para imaterial e N para patrimônio natural.

   a) (   ) Ofício das Baianas de Acarajé.

   b) (   ) Teatro de Bonecos Popular do Nordeste.

   c) (   ) Parque Nacional do Iguaçu.

   d) (   ) Vaso da cultura Marajoara.

   e) (   ) Reservas da Mata Atlântica.

   f) (   ) Carta de Pero Vaz de Caminha.

2. Escolha dois bens culturais do seu município que, para você, deveriam ser tombados ou registrados pelo poder público. Explique por quê.

Aves e jacarés se alimentam de peixes de uma lagoa do Pantanal, em Mato Grosso, bioma brasileiro declarado Patrimônio Mundial Natural pela Unesco. Foto de 2013.

ATIVIDADES

APLICAR

1. Leia o texto para responder às questões.

"Assim é a história. A que compreende e que faz compreender. [...] A história, resposta às perguntas que o homem de hoje necessariamente se faz. Explicação de situações complicadas, em meio às quais ele se debaterá menos cegamente caso conheça sua origem. Lembrança de soluções que foram soluções no passado e que, portanto, não poderiam de modo algum ser as soluções do presente. Compreender bem em que o passado difere do presente: que escola de flexibilidade para o homem alimentado de história!"

FEBVRE, Lucien. Contra o vento: manifesto dos novos *Annales*. In: NOVAIS, Fernando A.; SILVA, Rogerio Forastieri da (Org.). *Nova História em perspectiva*. São Paulo: Cosac Naify, 2011. v. 1. p. 82.

a) Explique o que você entendeu sobre as seguintes afirmativas do historiador Lucien Febvre:
   - "Assim é a história. A que compreende e a que faz compreender".
   - A história é uma "resposta às perguntas que o homem de hoje necessariamente se faz".

b) Com base nesse texto, você diria que a história pode servir de guia para os indivíduos do presente, auxiliando-os a evitar que os erros do passado voltem a ser cometidos? Por quê?

Observe a imagem e leia os versos de uma canção para responder às questões 2 e 3.

Meninos trabalham vendendo jornais na cidade de Buffalo, nos Estados Unidos. Foto de Lewis Hine, c. 1910.

"Lápis, caderno, chiclete, pião
Sol, bicicleta, *skate*, calção
Esconderijo, avião, correria, tambor, gritaria,
[jardim, confusão

Bola, pelúcia, merenda, *crayon*
Banho de rio, banho de mar, pula cela, bombom
Tanque de areia, gnomo, sereia, pirata, baleia,
[manteiga no pão

Criança não trabalha, criança dá trabalho
Criança não trabalha"

ANTUNES, Arnaldo; TATIT, Paulo. Criança não trabalha. Palavra Cantada. DVD *Pé com pé*. 2006. Faixa 4.

2. Responda às questões.

a) Descreva a cena mostrada na fotografia. Quantas pessoas aparecem? Quantas são adultas? Quantas são crianças? Como os adultos se comportam na cena? E as crianças? Que tipo de fotógrafo registrou essa cena?

b) Na cena registrada na imagem, uma pessoa adulta não olha para o fotógrafo. Levante duas hipóteses que expliquem essa atitude.

3. Compare os versos da canção com a cena da fotografia e assinale as afirmativas corretas.

a) As duas fontes históricas foram produzidas no mesmo século e representam a realidade que as crianças viviam no Brasil e nos Estados Unidos, respectivamente.

b) Os versos da canção dizem como deve ser a vida das crianças, ao contrário da realidade registrada na fotografia do início do século XX.

c) Para o trabalho do historiador, a fotografia é uma fonte histórica material, enquanto a canção é uma fonte histórica imaterial.

d) O trabalho infantil, denunciado na fotografia de Lewis Hine, foi eliminado nos dias de hoje, como mostram os versos da canção.

e) A cena registrada na fotografia e criticada na canção *Criança não trabalha* pode ser considerada uma realidade de longa duração.

4. Imagine que você seja um historiador. Que problemas, dúvidas ou interesses do presente poderiam estimulá-lo a fazer uma pesquisa sobre o passado? Formule uma questão sobre o tema escolhido para ser respondida por seus colegas. Depois, em dupla, troque sua questão com a do colega e procure levantar hipóteses para respondê-la.

5. Os povos indígenas têm uma relação muito forte com a natureza. Por essa razão, as atividades da sua vida não são controladas pelo relógio ou pelo calendário ocidental. Para os povos Guarani que habitam o litoral do Brasil, por exemplo, o Sol é o principal regulador da vida na Terra e a Lua governa a vida marinha. Os Guarani sabem que a melhor época para a pesca do camarão é na maré alta de lua cheia, que vai de fevereiro a abril. A época do linguado é o inverno, nas marés de lua crescente e minguante. As crianças Guarani recebem um nome na época dos fortes temporais de verão, que coincidem com o fim da colheita do milho.

Sabendo disso, cite duas atividades do seu cotidiano que são regidas pelo tempo da natureza e duas que são determinadas pelo tempo do relógio ou do calendário.

Crianças Guarani Mbyá seguram taquara para preparo de Ka'i repoxi, alimento feito com farinha de milho. Aldeia Guarani Tenonde Porã, em Parelheiros, São Paulo (SP). Foto de 2011.

RETOMAR

6. Responda agora às questões-chave das aberturas dos temas 1, 2 e 3.
    a) O que é história? Para que ela serve?
    b) É importante criar instrumentos para medir o tempo? Por quê?
    c) O que significa preservar o patrimônio de uma sociedade?

Mais questões no livro digital

AUTOAVALIAÇÃO

CONTEÚDOS

1. Como você avalia o seu aprendizado nesta unidade? Antes de responder, folheie as páginas do livro, consulte as anotações do seu caderno e reveja as atividades que foram feitas. Em seguida, indique como você avalia seu aprendizado a respeito dos seguintes temas e justifique sua resposta.
    a) A história e o trabalho do historiador.
        ( ) Bom   ( ) Regular   ( ) Insatisfatório
    b) A importância das fontes na pesquisa do historiador.
        ( ) Bom   ( ) Regular   ( ) Insatisfatório
    c) As medidas de tempo.
        ( ) Bom   ( ) Regular   ( ) Insatisfatório
    d) O patrimônio cultural e natural e sua preservação.
        ( ) Bom   ( ) Regular   ( ) Insatisfatório

ATITUDES

2. Nos itens abaixo estão as atitudes que priorizamos nesta unidade. Alguma delas foi útil para você durante o estudo desta unidade? Qual? Explique por quê.
    a) Questionar e levantar problemas.
    b) Pensar com flexibilidade.
    c) Pensar de maneira interdependente.

3. Entre essas três atitudes, alguma delas também é importante no seu dia a dia? Qual? Explique por quê.

4. Indique mais duas atitudes que, para você, foram importantes no estudo desta unidade. Explique sua escolha.

29

COMPREENDER UM TEXTO

Você acharia divertido conhecer a história da época em que seus bisavós ou tataravós viveram? Leia o texto a seguir para conhecer uma mania do tio Hipólito, personagem central dessa narrativa.

O álbum

"Todos os anos, a 31 de dezembro, a família se reunia para contar os sobreviventes e fazer o cômputo dos recém-nascidos. Pois bem, naquele ano morrera o tio Hipólito, meio gira, mas divertido, e que tinha o apelido de 'Que barulho é esse na escada?', frase que a toda hora berrava do alto do sótão onde morava e onde recortava meticulosamente, a tesoura, de revistas e jornais velhos, figurinhas, estampas e textos, num álbum que não mostrava a ninguém neste mundo, nem no outro, se para lá o pudesse levar. Afinal, para que possuirmos álbuns ou colecionarmos coisas, se depois hão de cair nas mãos de herdeiros ignaros e irreverentes, que as venderão por atacado ou as relegarão para a ignomínia dos porões escuros, onde ficarão mofando como trastes... essas queridas coisas para sempre impregnadas da nossa alma e do nosso carinho?

Pois foi a alma de tio Hipólito que seus sobrinhos dilaceraram literalmente naquele ano, ao deparar entre guinchos irreprimíveis, logo à primeira página do livro secreto, com o belo retrato do vovô Humphrey's, o da homeopatia, seguindo-se-lhe a curiosa radiografia de uma mão atravessada por uma agulha [...].

Outra coisa que me causou espécie foi que, da 'minha' Vênus de Botticelli, apareceu-me unicamente a cabeça decapitada, com aquela cabeleira espantosamente viva e oval angélico de seu rosto inclinado. [...]

Embora não fosse eu da família, mas simplesmente acompadrado nela, deram-me o álbum para folhear, o que fiz com a maior seriedade e respeito. Aliás, não podia deixar de admirar o senso artístico com que estavam distribuídos os textos e figuras em cada página. [...]

30

— Esse tio Hipólito era mesmo um homem muito solitário, não?

— Sim — cacarejou, com um súbito rancor na voz esganiçada, uma das três sobrinhas solteironas —, comia no quarto e não gostava de barulho, especialmente de cacarejo de galinhas. Por sinal que uma madrugada quase que o mano Juca matou ele. Ouviu barulho no fundo do quintal, pensou que fosse ladrão, pegou do revólver e se tocou de mansinho pro galinheiro, mas graças a Deus a noite estava clara e ele viu a tempo que era o tio Hipólito segurando uma galinha (já tinha pegado três) e enrolando esparadrapo no bico do animal, para que não cantasse mais. O mano Juca se retirou como chegara, sem ser suspeitado, e ficou acordado até o clarear do dia, pensando no que devia fazer. E nós também, escutando os protestos dos pobres animais que pouco a pouco se foram calando um a um e que amanheceram todos mortos por sufocação. E só o que pudemos fazer no outro dia foi uma canja de uma das galinhas e mandar as outras onze e o galo preto para a festa de Natal do Asilo Padre Cacique... O senhor não leu no jornal? 'Generoso gesto das irmãs Fagundes. Um nobre exemplo a imitar.'

Até recortamos. Aqui está.

E tirou da bolsa o recorte.

Tive vontade de dizer que o colasse no álbum do tio Hipólito, o qual fora parar não sei como nas mãos de um guri da nova safra, que o estava folheando. [...]

[...] fiquei olhando o guri [...]. Hururum! O que sairia dali? Um grande escritor, pelo visto? Ou um novo tio Hipólito? Tive vontade de dizer muitas coisas que o assunto comportava. Mas não disse nada. Há muito que a vida me ensinou a não dizer nada."

QUINTANA, Mario. *A vaca e o hipogrifo.* Rio de Janeiro: Objetiva, 2012. [e-book].

ATIVIDADES

EXPLORAR O TEXTO

1. Procure no dicionário as palavras do texto que você desconhece e anote-as no caderno.

2. Com base no texto, responda.
   a) Quem era Hipólito?
   b) Que trabalho ele fazia no sótão onde vivia?

3. Nessa leitura aparecem três gerações da mesma família. Que gerações são essas? Grife no texto duas expressões que confirmem a sua resposta.

4. O narrador-personagem nos revela as reações dos familiares diante do álbum do tio Hipólito utilizando expressões pouco conhecidas atualmente.
   a) Localize no texto quatro dessas expressões e anote-as em seu caderno.
   b) Com base no sentido dessas expressões, indique de que maneira os familiares e o narrador lidam com a memória do tio Hipólito.

5. "Herdeiros ignaros" e "ignomínia dos porões escuros" devem significar, respectivamente:
   a) a ignorância dos parentes e a degradação das coisas que ficam guardadas nos porões.
   b) herdeiros compreensivos e sujeira das coisas que ficam guardadas nos porões.
   c) a esperteza de parentes e a preservação do valor das coisas que são levadas aos porões.
   d) a falta de consciência dos parentes e a lembrança das coisas que ficam guardadas nos porões.

RELACIONAR

6. Sobre esse texto de Mario Quintana, responda.
   a) Ele deve ser considerado uma história ficcional ou o relato de uma experiência vivida pelo autor? Explique.
   b) O texto pode ser utilizado como fonte histórica? Justifique.

REVISANDO

A história e o historiador

1. O historiador estuda as **ações humanas** no **tempo**.
2. A história é **escrita** por meio de **perguntas e problemas do presente** e recorre ao **passado** em busca de respostas.
3. O historiador se **aproxima** do **passado** por meio de vestígios, documentos ou **fontes históricas**.
4. As **fontes históricas** podem ser **materiais** (fotografias, utensílios domésticos, vestimentas etc.) ou **imateriais** (canções, lendas, ofícios etc.).
5. A **história oral** trabalha com o registro da memória, que é comparado a outras fontes históricas.
6. Na história, não existe uma verdade absoluta sobre um fato, mas **diferentes interpretações** elaboradas com base na **análise crítica e rigorosa** dos documentos.

Tempo e história

1. Os **relógios** e os **calendários** são instrumentos criados pelo ser humano para **medir** e **controlar o tempo**.
2. Os **calendários judaico**, **cristão** e **muçulmano** têm como base a **religião** e **fenômenos da natureza**.
3. Os europeus dividiram a história ocidental em cinco períodos: **Pré-história**, **Idade Antiga**, **Idade Média**, **Idade Moderna** e **Idade Contemporânea**.
4. **Ano, década, século, milênio** e **período** são as principais **medidas de tempo** utilizadas pelos **historiadores** em seus estudos.
5. Muitos historiadores utilizam a ideia de **duração**: os fatos históricos podem ser de **breve**, **média** ou **longa duração**.

Patrimônio e memória

1. **Patrimônio cultural** é todo bem que representa a **história** e a **cultura** de um povo.
2. O **patrimônio cultural** pode ser classificado em **material** (bens móveis ou imóveis) ou **imaterial** (expressões e práticas culturais).
3. **Preservar o patrimônio cultural** é importante para **manter vivas** a memória, os costumes, as tradições e a identidade de uma coletividade.

 Trilha de estudo

Vai estudar? Nosso assistente virtual no *app* pode ajudar! <http://mod.lk/trilhas>

PARA OUVIR

- **Cantigas do Brasil**
  Áudio: Lorenzo Dow Turner
  Duração: 9 minutos
  Ano: 1940

Sinopse

Você sabia que, antigamente, os mendigos entoavam cantigas enquanto pediam esmola e que os negros escravizados expressaram em músicas sua alegria pelo fim da escravidão? Cantigas como essas podem ser ouvidas a seguir em uma gravação de 1940, feita pelo estudioso Lorenzo Dow Turner. As canções foram interpretadas pelo escritor e musicólogo Mário de Andrade, pela escritora Rachel de Queiroz e pelo casal Mary e Mário Pedrosa. Além de cantar, eles explicam a origem e o significado das canções, contribuindo para preservar a sua memória.

O áudio e esta unidade

1. As canções que você ouviu poderiam ser classificadas como parte do patrimônio cultural brasileiro? Justifique.
2. Imagine que você solicitará ao Iphan a inscrição desse áudio no Registro de Bens Culturais de Natureza Imaterial. Escreva um texto justificando o registro desse bem.

 Áudio

Use o código QR para acessar o conteúdo.
Disponível em <http://mod.lk/vjkyi>.

2 AS ORIGENS DO SER HUMANO

Divirta-se com estas tirinhas de *Frank & Ernest*.

Frank & Ernest, tirinhas de Bob Thaves, 2003.

COMEÇANDO A UNIDADE

1. Quais criações dos grupos humanos pré-históricos você identifica nas tirinhas?
2. Como você interpreta a fala do personagem da primeira tirinha?
3. Qual seria sua resposta à dúvida apresentada pelo personagem da segunda tirinha?

- Persistir.
- Aplicar conhecimentos prévios a novas situações.
- Imaginar, criar e inovar.

OS PRIMEIROS SERES HUMANOS

Você já imaginou como viviam os primeiros *Homo sapiens*, por volta de 300 ou 200 mil anos atrás? Eles não cultivavam a terra, não criavam animais para obter leite e carne, não conheciam o uso dos metais nem processavam alimentos na indústria. A caça era a principal fonte de alimentos para aqueles indivíduos.

Garantir o alimento de cada dia devia ser o maior desafio para a sobrevivência dos primitivos humanos. Períodos prolongados de seca ou frio provavelmente causavam a morte de muitos animais e seres humanos. Afugentar os predadores era outro grande desafio à sobrevivência humana. Diante dessas dificuldades, como você imagina que eles conseguiam chegar à fase adulta e gerar descendentes?

TEMA 1

A ORIGEM DA VIDA E DO SER HUMANO

Quais são as principais explicações sobre a origem da vida na Terra?

COMO A VIDA SURGIU NA TERRA?

Qual é a origem das plantas, dos animais e de todas as outras coisas que existem na Terra? Quando e onde apareceram os primeiros seres humanos? Como eles surgiram? Perguntas desse tipo têm intrigado os seres humanos ao longo da sua história. Vários povos de diferentes épocas procuraram encontrar respostas para elas. Um exemplo foram os incas, povo que habitava as terras do Peru e da Bolívia quando os espanhóis chegaram à região em 1532. Veja como eles relatavam a origem da nossa espécie.

"No início, segundo eles, surgira no Lago Titicaca um único deus, cujo nome era Viracocha, o criador das coisas. Ele criou o céu, a terra [...]. Quando decidiu criar os seres humanos, Viracocha pretendia que eles vivessem em paz, em ordem e respeitosamente. Com todo o cuidado e carinho, ele moldou no barro cada homem e mulher de diversas nações. Foram feitos com características bem distintas, com cabelos, fisionomia e roupas adequadas para cada povo. O criador fez tudo [...], fez o Sol, a Lua, as estrelas e colocou-as no céu para iluminar a terra. Em seguida fez os animais e deu por terminada a obra da criação."

PRADO, Zuleika de Almeida. *Mitos da criação*. São Paulo: Callis, 2005. p. 20.

34

OS MITOS DE FUNDAÇÃO

O relato que você acabou de ler é um exemplo de mito de fundação, também chamado **mito de criação**. Mito é uma palavra de origem grega (*mytos*) que significa falar ou contar. Os mitos de criação, no caso, contam a história da criação de alguma coisa, que pode ser da vida, de uma cidade, de um povo etc. Nesse mito inca, é contada a história da criação do mundo pelo deus Viracocha.

A narrativa mítica não pode ser interpretada como uma história falsa, criada por pessoas ingênuas. Ela é uma resposta elaborada pelo ser humano para explicar a origem do Universo, compreender por que sofremos, adoecemos e afugentar os temores humanos diante do desconhecido e da morte. Visto dessa forma, o mito é uma história verdadeira, eterna e sagrada, que existe desde os tempos primitivos.

O CRIACIONISMO BÍBLICO

O primeiro relatório do Panorama Global da Religião, publicado em 2012, mostrou que os cristãos, os muçulmanos e os judeus somavam 55% da população mundial. Apesar das muitas diferenças entre eles, cristãos, muçulmanos e judeus têm em comum o fato de acreditarem em um único Deus, criador de todo o Universo. A **visão criacionista** que eles defendem foi elaborada com base no livro do Gênesis, da *Bíblia*. Segundo a narrativa bíblica, Deus criou o céu, a terra, a luz, as plantas, os animais e, por fim, o homem, para habitar o mundo recém-criado.

Atualmente, o criacionismo se divide em várias correntes. As mais tradicionais defendem que a criação do mundo aconteceu da forma como está narrada na *Bíblia*. Há outras correntes que procuram conciliar o relato bíblico com explicações científicas. Os defensores do **Design Inteligente**, por exemplo, não negam a teoria científica da evolução das espécies (que estudaremos a seguir). Mas afirmam que, por trás do processo evolutivo, existe Deus, um ser inteligente e divino responsável por ordenar a evolução da vida na Terra.

Detalhe da pintura *A criação de Adão*, de Michelangelo, 1511-1512. Observe, nessa representação, que Deus cria o ser humano à sua imagem e semelhança, de acordo com a tradição bíblica.

O EVOLUCIONISMO

Os cientistas, porém, procuram responder às questões sobre a origem da vida examinando evidências materiais, como fósseis de plantas e de animais, o território onde foram encontrados, entre outras evidências. Depois de fazer um estudo minucioso dessas evidências, os cientistas chegam a algumas conclusões e elaboram teorias para explicar a origem da vida na Terra.

O evolucionismo é atualmente a teoria aceita pela ciência para explicar como surgiu a enorme diversidade de seres vivos que habitam a Terra. Segundo essa teoria, as espécies de seres vivos passam por transformações ao longo do tempo, diversificando-se e dando origem a novas espécies.

No século XIX, os naturalistas **Charles Darwin** e **Alfred Wallace** concluíram que os seres vivos mais bem adaptados ao ambiente, ou seja, que têm características diferenciadas que lhes permitem sobreviver, transmitem suas características às próximas gerações, enquanto os menos adaptados tendem a desaparecer. A essa teoria Darwin deu o nome de **seleção natural**.

Para você compreender melhor esse mecanismo, vamos pensar em uma pessoa que contraiu pneumonia transmitida por bactérias. Para combater a infecção, o médico prescreve o uso de antibiótico por dez dias. O paciente começa a tomar o antibiótico, mas decide suspender o tratamento depois de seis dias. O que pode acontecer nesse caso?

No pulmão infectado, havia bactérias comuns, que foram eliminadas pelo antibiótico. Havia também um grupo de bactérias diferenciadas e mais resistentes àquele antibiótico. Como o tratamento foi suspenso antes do tempo, as bactérias mais fortes sobreviveram, reproduziram-se e originaram novas bactérias, com as mesmas características.

Dialogando com Ciências

Clipe

Simulação do *Big Bang*, teoria atualmente mais aceita pela comunidade científica para explicar a origem do Universo.

Explore

1. Nessa tirinha, qual é a relação entre a resposta do Sábio à pergunta da roedora e a teoria da seleção natural? Por que a nova pergunta feita pela roedora é engraçada?
2. Como um defensor do criacionismo provavelmente responderia à pergunta feita pela mãe roedora?

Níquel Náusea, tira de Fernando Gonsales, 1989.

OS HOMINÍDEOS

Utilizando a teoria evolucionista, os cientistas ligaram a origem do ser humano a um grupo de mamíferos chamado **primatas**, que surgiu na África há cerca de 70 milhões de anos. Sua aparência lembrava a dos lêmures atuais.

Um grupo de primatas deve ter originado os primeiros hominídeos, ou seja, seres com características semelhantes às do homem moderno. Os mais antigos hominídeos de que se tem evidência foram os australopitecos. Eles já andavam eretos sobre os dois pés e usavam as mãos para manusear instrumentos.

Em 1974, na Etiópia, descobriu-se o esqueleto feminino de um australopiteco quase completo, de 3,2 milhões de anos. O esqueleto foi batizado com o nome de Lucy, porque no momento da descoberta os arqueólogos estavam ouvindo a canção *Lucy in the sky with diamonds*, dos Beatles.

Em 2010 foi descoberto, também na Etiópia, um esqueleto 400 mil anos mais velho que o de Lucy, mas da mesma espécie que ela, um *Australopithecus afarensis*. Denominado pelos pesquisadores de Kadanuumuu, ele teria 3,6 milhões de anos.

Lêmure: espécie de primata que se alimenta de frutas e sementes. Vive em Madagascar, ilha do continente africano, e está ameaçado de extinção.

Lêmure varecia-preto-e-branco na floresta tropical da ilha de Madagascar, na África.

É BOM SABER

Podemos ser mais velhos do que pensávamos

A descoberta de fósseis humanos no sítio arqueológico de Jebel Irhoud, no Marrocos, norte da África, cercados de animais fossilizados e artefatos de pedra, pode levar os cientistas a concluir que o homem moderno já habitava a África há 300 mil anos, ou seja, 100 mil anos antes do que se acreditava.

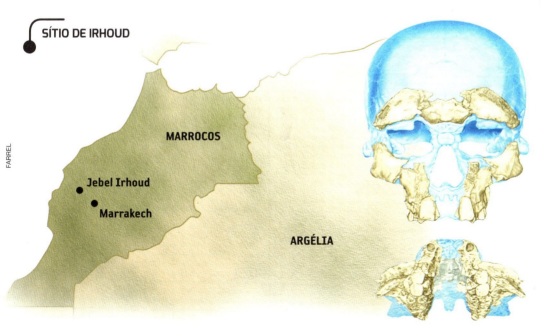

SÍTIO DE IRHOUD

Fonte: LOPES, Reinaldo José. Fósseis em Marrocos apontam que *Homo sapiens* surgiu 100 mil anos antes. *Folha de S.Paulo*, 7 jun. 2017. Disponível em <http://mod.lk/uac1u>. Acesso em 3 ago. 2017.

O GÊNERO HOMO

O gênero Homo, do qual fazemos parte, originou-se há cerca de 2,5 milhões de anos. A seguir, conheça as principais espécies do gênero Homo:

- **Homo habilis** — primeira espécie capaz de fabricar, intencionalmente, artefatos simples de pedra e de ensinar o processo a seus descendentes. Ossos dessa espécie, de 2,5 milhões de anos atrás, foram encontrados no leste da África.

- **Homo erectus** — além de utilizar utensílios de pedra lascada, como machados, era bom caçador. Foi a primeira espécie do gênero Homo a deixar a África. Em 2001, pesquisadores encontraram, na Europa Oriental, ossos dessa espécie.

- **Homo neanderthalensis** — muito parecido com o ser humano moderno, era caçador, e suas diferentes subespécies habitaram a Europa e a Ásia Ocidental entre 250 mil e 30 mil anos atrás. Tudo indica que foram os primeiros a sepultar seus mortos.

- **Homo sapiens (ser humano moderno)** — surgiu há cerca de 200 mil anos, nas savanas africanas, e se espalhou depois por todos os continentes. Construiu instrumentos variados e sofisticados, desenvolveu a linguagem e expressões artísticas. Foi a única espécie do gênero Homo que sobreviveu.

A descoberta em 2008, na África do Sul, do fóssil de uma espécie nomeada de Australopithecus sediba sugere que este poderia ser o ancestral do gênero Homo.

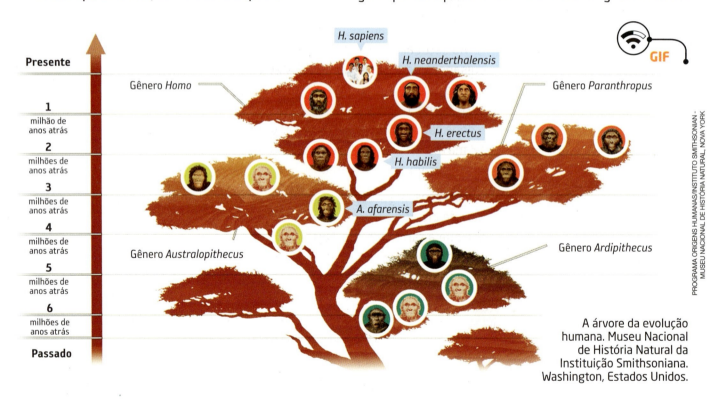

A árvore da evolução humana. Museu Nacional de História Natural da Instituição Smithsoniana. Washington, Estados Unidos.

ORGANIZAR O CONHECIMENTO

1. Identifique a única afirmativa que não diz respeito à teoria da evolução.

   a) Teoria aceita pela comunidade científica para explicar a origem das espécies que habitam a Terra.

   b) Os seres mais bem adaptados ao ambiente tendem a sobreviver e a gerar descendentes.

   c) Charles Darwin e Alfred Wallace são considerados os pais da teoria evolucionista.

   d) A Terra e todos os seres que nela vivem foram criados por um ser divino e superior.

2. Elimine a espécie que não faz parte do grupo.

   > Homo erectus   Homo habilis
   > Homo neanderthalensis
   > Australopithecus sediba   Ser humano moderno

TEMA 2

A VIDA HUMANA NO PALEOLÍTICO

Como era a alimentação dos primeiros *Homo sapiens*? Como uma nova descoberta pode mudar o que sabemos sobre isso?

PALEOLÍTICO OU IDADE DA PEDRA ANTIGA

Para muitos pesquisadores, a história humana teve início quando os hominídeos começaram a fabricar, regularmente, utensílios de pedra com um formato e uma intenção determinada. A capacidade de produzir objetos, como facas, machados e lanças, é o que diferenciaria a humanidade dos outros animais. Essa mudança teria começado com o gênero *Homo*, há cerca de 2,5 milhões de anos.

Ao estudar o passado primitivo da história humana, os pesquisadores deram o nome de **Paleolítico** (da pedra antiga ou da pedra lascada) ao período que vai do aparecimento do gênero *Homo*, há cerca de 2,5 milhões de anos, quando os hominídeos começaram a fabricar utensílios de pedra, até cerca de 12 mil anos atrás, quando as técnicas de trabalho com a pedra se tornaram mais elaboradas.

Diversos pesquisadores criticam o uso desse termo pelo fato de ele abranger um tempo muito longo e por dar a entender que a fabricação de objetos de pedra era a única tecnologia que os humanos desenvolveram nesse período. Outros estudiosos defendem a validade do termo **Idade da Pedra**. Eles argumentam que de fato outros materiais devem ter sido usados pelos humanos primitivos. Porém, utensílios de pedra foram o que restou dessa época, por isso o uso desse termo não é equivocado.

O Paleolítico foi um período muito longo. Durante quase 2,5 milhões de anos, os hominídeos foram se adaptando à natureza. Eles produziram e aperfeiçoaram vários artefatos e criaram as primeiras manifestações artísticas, como esculturas e pinturas feitas nas rochas.

Mapa localizador

Vênus de Willendorf, escultura paleolítica de cerca de 25 mil anos atrás. A peça foi descoberta no sítio paleolítico de Willendorf, na Áustria.

A VIDA NO PALEOLÍTICO

Os primeiros humanos viviam principalmente da caça e da coleta de frutos silvestres. Ao longo de milhares de anos, passaram de predadores de pequenos animais a caçadores de grandes mamíferos, como rinocerontes e elefantes.

Eles viviam nas savanas africanas, abrigando-se em acampamentos provisórios ou no interior de cavernas. Com o tempo, alguns grupos começaram a construir moradias simples, feitas de madeira ou ossos, para a estrutura, e peles, para a cobertura.

Os nossos mais antigos ancestrais eram **nômades**, ou seja, não moravam em um lugar fixo. Viviam se deslocando de uma região para outra, em busca de alimentos. Eles não domesticavam animais nem praticavam a agricultura.

DA ÁFRICA PARA TODO O PLANETA

O ser humano é uma espécie viajante. A capacidade de adaptar-se a diferentes ambientes ajuda a explicar por que os humanos, partindo da África, espalharam-se por todo o planeta, sobrevivendo tanto em terras tropicais quanto em regiões polares.

Acredita-se que os primitivos humanos começaram a sair da África durante o Paleolítico e pertenciam à espécie *Homo erectus*. Outro hominídeo que deixou marcas de sua presença fora da África foi o *Homo neanderthalensis*. As duas espécies, no entanto, desapareceram sem deixar descendentes.

As maiores levas migratórias foram formadas por indivíduos *Homo sapiens*. Segundo alguns pesquisadores, houve duas grandes dispersões do homem moderno para fora da África: a primeira, por volta de 130 mil anos atrás, em direção à Oceania; e a segunda, cerca de 80 mil anos atrás, rumo ao sul da Ásia.

É BOM SABER

A descoberta do uso do fogo

A maior parte dos arqueólogos defende que o *Homo erectus* foi o primeiro hominídeo a usar o fogo para facilitar a sua sobrevivência, mas eles divergem sobre qual espécie teria aprendido a produzir o fogo e quando isso teria acontecido. Teria sido o remoto *Homo erectus*, entre 1 milhão e 400 mil anos, ou o *Homo sapiens*, há cerca de 200 mil anos?

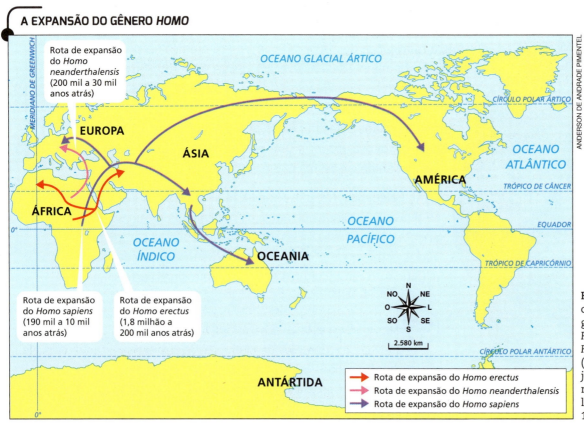

Fonte: SANTOS, Fabrício R. A grande árvore genealógica humana. *Revista da Universidade Federal de Minas Gerais* (UFMG), v. 21, n. 1 e 2, jan./dez. 2014. Disponível em <http://mod.lk/ad7ql>. Acesso em 13 jun. 2017.

PARA NAVEGAR

● **Caverna de Chauvet**
Disponível em <www.archeologie.culture.fr/chauvet>. Acesso em 13 jun. 2017.

A Caverna de Chauvet, na França, foi descoberta por pesquisadores em 1994. Neste *site* do governo francês, você pode assistir ao vídeo da descoberta do local, fazer um passeio virtual na caverna, onde estão preservadas centenas de pinturas rupestres, e ter uma ideia de como viviam os humanos naquela região.

Dialogando com Arte

A ARTE RUPESTRE

Os seres humanos do Paleolítico não produziram apenas objetos relacionados à sua sobrevivência, como armas para abater animais e utensílios para retirar a pele e cortar a carne. Eles também criaram pinturas e gravuras que representavam o seu cotidiano e o significado que davam à sua existência.

Essas pinturas e gravuras foram feitas em paredes de cavernas ou em outros abrigos pré-históricos e são conhecidas como **figuras rupestres**. As primeiras eram desenhos de animais, feitos entre 35 mil e 30 mil anos atrás. O mais famoso conjunto de pinturas rupestres dessa fase é a Caverna de Chauvet, situada no sul da França. Por volta de 17 mil anos atrás, já se produziam figuras mais definidas. Exemplo disso são os desenhos de animais encontrados na Caverna de Lascaux, também na França.

Aproximadamente 5 mil anos mais tarde, as imagens ganharam mais realismo e proporção. As pinturas da Caverna de Altamira, na Espanha, são um exemplo dessa nova fase. Por volta de 10 mil anos atrás, as imagens passaram a representar também a figura humana em cenas de dança, luta e caça ou em rituais mágicos. Na Cueva de las Manos, na Patagônia argentina, há pinturas de mãos humanas datadas de aproximadamente 9.500 anos atrás.

Pintura rupestre da Caverna de Lascaux, na França, representando bois, cavalos e outros animais. Acredita-se que essas pinturas tenham aproximadamente 17 mil anos.

ORGANIZAR O CONHECIMENTO

1. Responda às questões sobre a vida humana no Paleolítico.
    a) Quais são as principais fontes ou evidências utilizadas pelos pesquisadores para estudar esse período?
    b) Por que os utensílios de pedra são os que mais restaram daquele remoto período?
2. Reveja o mapa da página anterior. Anote o local de origem do gênero *Homo* e a primeira espécie a sair da África.

ATIVIDADES

APLICAR

1. Calvin, um garoto de 6 anos, e Haroldo, seu tigre de pelúcia, são dois personagens de uma série de tirinhas muito conhecida. Leia o diálogo entre os dois e responda.

Calvin e Haroldo, tirinha de Bill Watterson, 1986.

   a) Que relação existe entre as perguntas feitas por Calvin e o trabalho de um estudioso da Pré-história?

   b) Que aspecto dessa tirinha tem relação com o comportamento de Calvin e não com o trabalho dos pesquisadores? Você também é como ele?

2. Um antigo mito chinês conta que o mundo foi criado a partir de um ovo primitivo, dentro do qual dormia Pan-Ku, o gigante ancestral. Quando ele acordou e abriu os braços para se espreguiçar, a casca do ovo rompeu e originou os continentes e o céu. Milhares de anos depois, o gigante morreu. Leia para saber o que aconteceu depois disso. Em seguida, assinale a afirmativa correta sobre esse mito chinês.

   "Seu suspiro tornou-se o vento que até hoje sopra; seus cabelos, levados pelo vento, tocaram o céu e transformaram-se em estrelas; a sua voz converteu-se no trovão; seu olho esquerdo tornou-se o Sol, e seu olho direito, a Lua; o sangue que percorria o seu corpo passou a ser os oceanos; as veias que conduziam seu sangue se tornaram as montanhas e os rios; sua pele transformou-se nos campos e nos prados; seu suor converteu-se na chuva e no orvalho que forma a noite.

   Os vermes que devoraram seu corpo originaram os seres humanos.

   E assim, conta-se na China como o mundo foi criado."

   OBEID, César. *Quando tudo começou*: mitos da criação universal. São Paulo: Panda Books, 2015. [e-book].

   a) Esse mito de fundação mostra a maneira como os antigos chineses viam o ser humano, a natureza e o mundo em que viviam.

   b) A explicação que esse mito apresenta sobre a origem do mundo pode ser comprovada por meio da pesquisa científica.

   c) Como outros mitos de fundação, esse mito chinês explica a origem do mundo como obra de um deus único, sagrado e eterno.

   d) A narrativa feita nesse mito é uma criação fantasiosa de pessoas ingênuas; por isso não tinha valor para a maior parte dos chineses antigos.

RETOMAR

3. Responda, agora, às questões centrais da abertura dos temas 1 e 2.

   a) Quais são as principais explicações sobre a origem da vida na Terra?

   b) Como era a alimentação dos primeiros *Homo sapiens*? Como uma nova descoberta pode mudar o que sabemos sobre isso?

TEMA 3

O INÍCIO DA AGRICULTURA

O FIM DA ÚLTIMA ERA GLACIAL

No período que se estendeu de 40 mil a 12 mil anos atrás, os grupos humanos aprimoraram o uso do osso, da madeira e do marfim para fabricar arpões, lanças, pontas, garfos e agulhas com furos. Com os novos objetos, puderam desenvolver a pesca e organizar caçadas coletivas de grandes manadas.

Aproximadamente 12 mil anos atrás, iniciou-se também uma mudança na fabricação de instrumentos. Os grupos humanos começaram a produzir enxadas, foices, pilões e machados com pedras polidas, inaugurando o período **Neolítico** (pedra nova ou polida).

O centro principal dessas mudanças foi o **Oriente Próximo**. Com o aquecimento da Terra, formou-se nessa região uma vegetação de savana rica em plantas e animais selvagens.

Com a coleta de vegetais selvagens, completada com a caça e a pesca, os grupos humanos já não precisavam migrar constantemente em busca de alimento. Diante disso, esses grupos puderam adotar um modo de vida **sedentário**, mesmo sendo ainda caçadores-coletores.

> O ser humano sobreviveria hoje sem a prática da agricultura? Como seria?

À medida que os grupos humanos se fixaram em um mesmo local, passaram a construir moradias feitas com barro, madeira e pedra. Separadas umas das outras, elas formavam pequenos vilarejos.

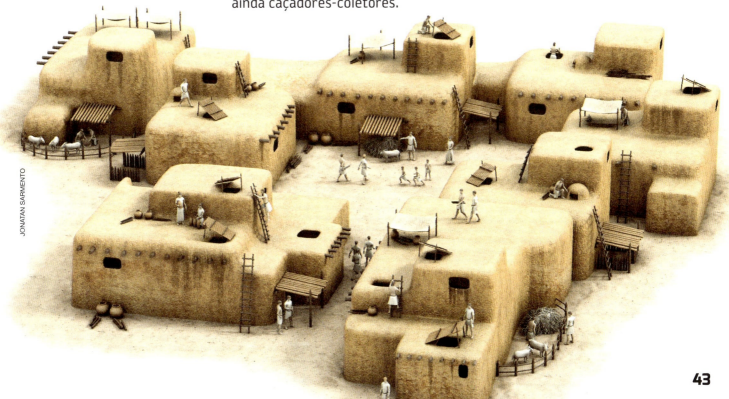

JONATAN SARMENTO

O INÍCIO DA AGRICULTURA E DA CRIAÇÃO DE ANIMAIS

Acredita-se que a agricultura tenha sido uma invenção das mulheres. Como elas geralmente eram responsáveis pela coleta de vegetais selvagens, puderam observar que as sementes das plantas, uma vez enterradas no solo, davam origem a novas plantas. Começaram, assim, a cultivar a terra para obter produtos para a sua subsistência.

Por ter tido um papel fundamental na domesticação das plantas, a mulher conquistou uma posição social mais elevada na comunidade, e a fertilidade da terra passou a ser associada à fecundidade feminina. A crença no poder da mulher de garantir boas colheitas é o que explicaria a confecção de pequenas estatuetas femininas encontradas em sítios paleolíticos e neolíticos.

O cultivo das primeiras espécies de plantas (trigo, cevada, lentilha e ervilha) se desenvolveu na parte central do Oriente Próximo (veja o mapa do boxe), por volta de 10 mil anos atrás (ou 8000 a.C.). Dali a agricultura se difundiu por todo o **Crescente Fértil**. Cerca de mil anos depois, dois outros centros agrícolas começaram a florescer: o Vale do Rio Huang-Ho (Rio Amarelo), no norte da **China**; e o sul do **México**, na parte central do continente americano.

Por volta de 9 mil anos atrás, as comunidades neolíticas do Oriente Próximo começaram também a selecionar animais selvagens (cabras, porcos e ovelhas) para mantê-los em cativeiro e domesticá-los. Com o tempo, esses animais procriavam e garantiam aos grupos humanos carne, leite, couro, lã e outros produtos.

Domesticar: amansar um animal ou cultivar uma planta para submetê-los ao controle do ser humano.

Fecundidade: condição daquilo que é fecundo, fértil, capaz de reproduzir-se.

ORGANIZAR O CONHECIMENTO

1. Consulte o mapa ao lado e responda às questões.
    a) Que países atuais ocupam a área do Oriente Próximo?
    b) Levante uma hipótese que explique por que o Crescente Fértil recebeu esse nome.

2. Explique a diferença entre nomadismo e sedentarismo.

Mapa interativo

Fonte: VIDAL-NAQUET, Pierre; BERTIN, Jacques. *Atlas histórico: da Pré-história aos nossos dias.* Lisboa: Círculo de Leitores, 1990. p. 39.

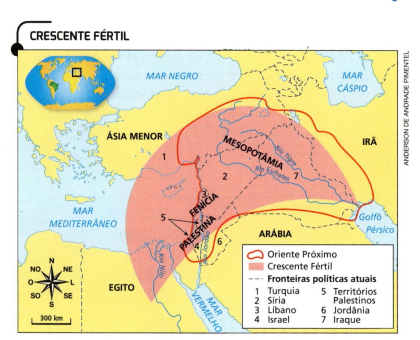

CRESCENTE FÉRTIL

ATITUDES PARA A VIDA

Agricultura: revolução e inovação

Imagine 7 bilhões de pessoas vivendo em um mundo sem a agricultura. Sem ela, é provável que 90% da população mundial morreria de fome. Os primeiros agricultores nem imaginavam que descobriam uma tecnologia que seria essencial para a sobrevivência da nossa espécie e para a sua expansão por todo o planeta.

Os primeiros produtos agrícolas eram muito diferentes dos atuais. Os produtos de hoje são resultado de milhares de anos de inovação tecnológica para melhorar as plantas. Uma das mais antigas tecnologias é a seleção de sementes. Os agricultores notavam diferenças entre plantas de uma mesma espécie: umas com folhas mais espaçadas, outras com folhas sobrepostas, outras ainda com flores maiores. Eles então separavam as sementes das plantas por tipos, replantavam e, após sucessivos cultivos, obtinham novas variedades daquela espécie. O repolho, a couve, o brócolis e a couve-flor, por exemplo, são hortaliças produzidas a partir de uma única espécie de planta: a *Brassica oleracea*.

O repolho, a couve-flor e o brócolis são variantes da mesma espécie de planta, a *Brassica oleracea*. A couve-de-bruxelas também pertence à mesma espécie.

QUESTÕES

1. Acredita-se que os primeiros agricultores tenham descoberto que era possível cultivar plantas observando a polinização feita pela ação do vento, da água, dos insetos, principalmente das abelhas, e dos pássaros. Escolha duas atitudes que, na sua opinião, mais teriam ajudado aqueles indivíduos a iniciar o cultivo da terra. Justifique.

   a) Controlar a impulsividade para não colher os produtos antes do tempo certo.

   b) Imaginar por que uma planta germinava geralmente perto de onde havia outras plantas da mesma espécie.

   c) Pensar criticamente sobre as situações que observava na natureza.

   d) Ser capaz de aplicar o que aprendeu em novas situações.

2. Algumas atitudes adotadas pelos antigos agricultores foram importantes para expandir as plantações por todo o planeta. Pensando nisso, associe a atitude mais adequada para cada ação.

   a) Persistir.
   b) Imaginar, criar e inovar.
   c) Aplicar conhecimentos prévios a novas situações.

   ( ) Após descobrir que o arroz precisa de muita água para se desenvolver, um agricultor decide cultivar essa planta às margens de um rio para facilitar a irrigação.

   ( ) Realizar cultivos sucessivos de um tipo de planta até obter uma nova variedade daquela espécie.

   ( ) Selecionar grãos de feijão com sabor, tamanho e cor diferenciados e plantá-los.

3. Que outra atitude você considera ter sido importante para o desenvolvimento da agricultura? Explique.

45

TEMA 4

A EXPANSÃO DA AGRICULTURA, AS CHEFIAS SOCIAIS E AS PRIMEIRAS CIDADES

Como surgiram os governos e as diferenças sociais entre os indivíduos?

Amoreira: árvore cujas folhas servem de alimento ao bicho-da-seda e cujo fruto é conhecido como amora.

Rio Amarelo em Shilou, na província de Shanxi, China, foto de 2011. O Rio Amarelo tem esse nome por causa do *loess*, um sedimento amarelado rico em calcário que deixa suas águas amareladas.

A LENTA DIFUSÃO DA AGRICULTURA NEOLÍTICA

Partindo do Oriente Próximo, a agricultura neolítica, ao longo de milhares de anos, expandiu-se em todas as direções. Depois de espalhar-se pelo Crescente Fértil, a agricultura penetrou no vale do Rio Danúbio e chegou à Europa Central. Na direção leste, ela atingiu a Índia e espalhou-se pelo vale do Rio Indo. Na África, a agricultura avançou em direção ao sul e chegou ao centro do continente.

Na China, os primeiros cultivos foram feitos no Vale do Rio Huang-Ho (Rio Amarelo), no norte, por volta de 8.500 anos atrás. Os principais produtos eram milhete, hortaliças e amoreira. O arroz começou a ser cultivado na China por volta de 7 mil anos atrás, espalhando-se pelos vales baixos dos rios Huang-Ho e Yang-Tsé (Rio Azul). No sul do México, local de origem da agricultura americana, os primeiros cultivos foram de pimenta e abacate. Por volta de 7 mil anos atrás, iniciou-se o cultivo de milho, produto que se tornou a principal fonte de alimento na região.

Partindo desses três principais centros de origem, os cultivos se espalharam em áreas antes cobertas por vegetação de florestas e de savanas. Para isso, os agricultores do Neolítico usaram instrumentos de pedra polida para cortar e derrubar as árvores, além do fogo para queimar o terreno, iniciando o sistema de **derrubada-queimada**. Essa prática se espalharia pelas áreas arborizadas do planeta nos milênios seguintes.

ORIGEM E EXPANSÃO DA AGRICULTURA NEOLÍTICA

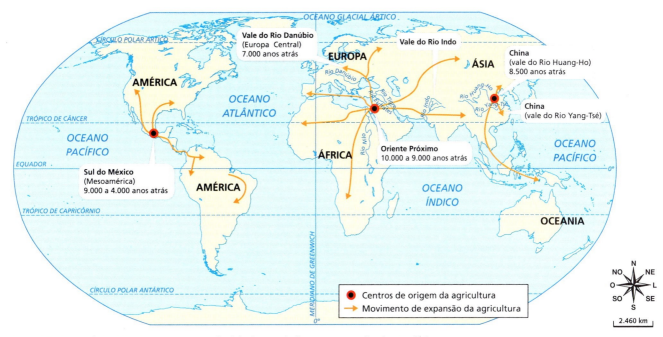

Fonte: MAZOYER, Marcel; ROUDART, Laurence. *História das agriculturas no mundo*: do Neolítico à crise contemporânea. São Paulo: Editora Unesp; Brasília: Nead, 2010. p. 98-99.

A PRODUÇÃO DE EXCEDENTES AGRÍCOLAS

O sistema de cultivo baseado na derrubada-queimada causou grandes transformações na natureza. O solo começou a perder sua fertilidade e a sofrer com a erosão. No Oriente Próximo, pioneiro na agricultura, o desmatamento contribuiu ainda para ressecar o clima e formar os grandes desertos do Saara, da Arábia e do Irã, o que teria ocorrido entre 7 mil e 5 mil anos atrás.

Essas novas condições ambientais exigiram a criação de novos instrumentos, novas formas de cultivo e de técnicas para renovar a fertilidade do solo. Nas áreas afetadas pela desertificação, a situação era mais grave. Diante de um clima cada vez mais árido, por volta de 6 mil anos atrás, agricultores e criadores do Saara, da Arábia e da Pérsia começaram a migrar para os vales baixos dos rios Indo, Tigre, Eufrates e Nilo e a cultivar nas suas margens.

Mesmo havendo água abundante nas novas áreas, havia muito trabalho a fazer. Chuvas em excesso ou secas prolongadas podiam destruir toda a produção. Além disso, para alimentar uma população crescente, era preciso desenvolver tecnologias para controlar a água dos rios, irrigar as plantações e ampliar a produção agrícola. Assim, ao longo de centenas de anos, invenções como o arado, veículos de roda com tração animal e sistemas de irrigação permitiram melhorar os cultivos.

Com as novas técnicas e mais pessoas para trabalhar nos campos, foi possível produzir **excedentes**, ou seja, mais alimentos do que o necessário para a população sobreviver. A partir desse momento, iniciava-se uma profunda mudança nas relações humanas. Isso porque, durante milhares de anos, as sociedades tinham sido igualitárias, não havendo chefes nem subordinados entre os indivíduos.

SURGEM AS DIFERENÇAS SOCIAIS E O ESTADO

Entre 7 mil e 6 mil anos atrás, é provável que as mudanças que descrevemos tenham exigido daquelas comunidades a criação de um grupo dirigente, capaz de coordenar a construção de obras hidráulicas e planejar a melhor época para o plantio e para a colheita. Surgiram, assim, chefes políticos, provavelmente sacerdotes que tinham autoridade para controlar o trabalho na agricultura e apoderar-se dos excedentes agrícolas.

Nesse contexto, começou a tomar forma uma instituição que tinha plena autoridade sobre a população: o poder político. Em outras palavras, o **Estado** e as **diferenças sociais** começavam a fazer parte das relações humanas.

Obra hidráulica: construção ou estrutura criada para controlar o escoamento da água e melhorar o seu aproveitamento, como barragens, reservatórios de água, canais de irrigação e sistemas de drenagem da água.

É BOM SABER

Outras explicações para a origem da desigualdade social

Alguns autores defendem que a desigualdade social surgiu porque, naquelas comunidades hidráulicas, havia **personalidades criadoras**. Diante do desafio de encontrar soluções para melhorar os cultivos, essas pessoas foram capazes de pensar e criar o arado, sistemas de irrigação, veículos com roda etc. Outros autores argumentam, ainda, que a desigualdade social surgiu porque o avanço da agricultura criou uma natureza humana **competitiva** e **ambiciosa**. Ao praticar uma agricultura sedentária, as pessoas passaram a se identificar com a terra onde viviam e a querer se apossar dela para garantir uma vida mais satisfatória.

Labirinto pré-histórico

Nesse jogo, você deve relacionar corretamente as informações estudadas na unidade. Disponível em <http://mod.lk/y1hwm>.

Explore

- Com um grupo de colegas, debata a questão que a personagem Mafalda fez à mãe. Procure ouvir seus colegas com compreensão e empatia, prestando atenção aos argumentos que eles apresentam. É necessário, da mesma forma, questioná-los com perguntas do tipo: como você pode afirmar que essa é a causa da pobreza? Se é assim, por que há mais pobres no Brasil do que em tal país? E se todas as pessoas tivessem...? Depois disso, um integrante do grupo apresentará às demais equipes as conclusões do debate.

Tirinha da Mafalda, personagem criada pelo cartunista argentino Quino.

48

A DIVISÃO DO TRABALHO, O COMÉRCIO E AS PRIMEIRAS CIDADES

Como havia excedentes agrícolas, muita gente podia deixar o trabalho na terra para exercer outros ofícios, por exemplo, de artesão, padeiro, soldado, sacerdote etc. Em outras palavras, surgia uma diferenciação entre as pessoas de acordo com o trabalho que elas exerciam na sociedade. A produção de um excedente agrícola também permitiu que as comunidades fizessem trocas comerciais. Por exemplo, uma aldeia que tinha trigo em excesso podia trocar esse produto com o excedente de cevada de outra aldeia. Dessa forma, tinha origem o **comércio**.

Com a formação do Estado e a divisão dos indivíduos de acordo com seu trabalho, nasceram também as primeiras **cidades**. Elas não eram apenas aldeias que haviam crescido, mas a sede do poder político, o local de onde os reis e os sacerdotes controlavam um território e a população que nele vivia. Os moradores das cidades exerciam diferentes ofícios, como os de sacerdote, funcionário do Estado, artesão, comerciante, padeiro, entre outros. Todos eles eram mantidos com os excedentes agrícolas produzidos pelos camponeses.

As cidades mais antigas de que se tem notícia se formaram na região do Crescente Fértil (Mesopotâmia, Egito, Síria e Palestina), na Ásia Menor e nos vales dos rios Indo (Índia) e Amarelo (China). Veja o mapa abaixo.

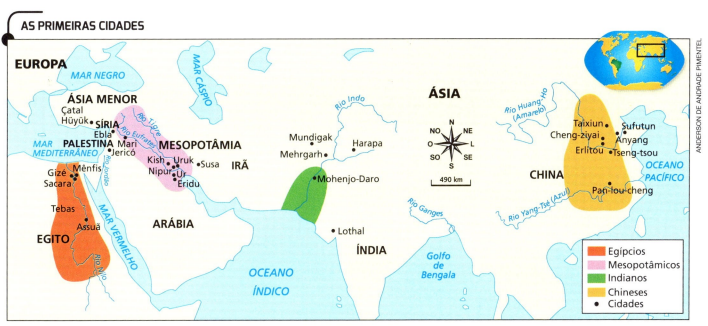

Fonte: BENEVOLO, Leonardo. *História da cidade*. São Paulo: Perspectiva, 2007. p. 24-25.

ORGANIZAR O CONHECIMENTO

1. Cada uma das frases a seguir diz respeito a um termo ou conceito importante que você estudou no tema 4. Identifique-os.

   a) Região considerada pioneira no desenvolvimento da agricultura e no surgimento do poder político (Estado).

   b) Sistema de cultivo desenvolvido desde o Neolítico que causou uma grande transformação ambiental.

   c) Importante transformação social ocorrida no período Neolítico em que os indivíduos começaram a se especializar em determinado ofício.

   d) Parte da produção camponesa que ultrapassa o que é necessário para alimentar a população de uma comunidade.

   e) As primeiras delas se formaram no Neolítico e ainda hoje elas são a sede de um poder político local.

2. Observe o quadro e o complete.

Rio Nilo   Rio Tigre
Rio Eufrates   Rio Indo

ATIVIDADES

APLICAR

1. O texto a seguir é o ponto de partida para uma explicação sobre o significado que tinham as figuras rupestres. Leia-o e observe a imagem.

   "Imagine-se recortando uma foto do seu ídolo esportivo do jornal de hoje – você gostaria de pegar uma agulha e furar-lhe os olhos? Será que lhe seria tão indiferente se abrisse buracos em qualquer outro ponto do jornal? Creio que não. Por mais que, no fundo, saiba que o quer que faça à foto não afetará em nada meu amigo ou ídolo, ainda assim sinto uma vaga relutância [resistência] em danificá-la. De algum modo, subsiste a sensação absurda de que o que se fizer ao retrato atingirá também a pessoa que ele representa."

   GOMBRICH, Ernst Hans. *A história da arte.* Rio de Janeiro: LTC, 2013. p. 38.

Bisões, cavalos e cervos representados nas pinturas rupestres da Caverna de Altamira, na Espanha. Acredita-se que esse conjunto de pinturas tenha sido feito entre 15 mil e 11 mil anos atrás.

a) Qual é a ideia central defendida nesse texto sobre as fotos de um ídolo ou de um amigo nosso?

b) Pense nessa relação entre a imagem e aquilo que ela representa e observe as pinturas rupestres da Caverna de Altamira, mostradas na foto acima. Qual seria, para o autor desse texto, a finalidade dessas pinturas rupestres?

c) Que outro objetivo o artista ou os artistas primitivos poderia(m) ter tido ao fazer essas pinturas rupestres reproduzidas acima?

2. Observe a tirinha e o texto a seguir para responder às questões.

Frank & Ernest, tirinha de Bob Thaves, 2012.

"É provável que o ouro e o cobre [...] tenham sido os primeiros metais a serem utilizados pelo homem. E, possivelmente, a primeira obtenção de um material metálico ocorreu por acidente, quando pedras que circundavam as fogueiras contendo óxido de cobre foram reduzidas a metal pelo contato com a madeira carbonizada e a ação do calor."

BROCCHI, Eduardo de A. Os metais: origem e principais processos de obtenção. Disponível em <http://mod.lk/ictf0>. Acesso em 8 ago. 2017.

a) Quais tecnologias desenvolvidas pelos grupos humanos pré-históricos você identifica na tirinha e no texto?

b) Como os humanos primitivos usavam essas tecnologias? Como elas são usadas hoje?

c) Na tirinha, que espécie do gênero *Homo* os dois personagens da direita representam? E os da esquerda?

d) Quais palavras da tirinha não poderiam ter sido ditas pelos primitivos humanos? Por quê?

RETOMAR

3. Responda, agora, às questões centrais da abertura dos temas 3 e 4.
   a) O ser humano sobreviveria hoje sem a prática da agricultura? Como seria?
   b) Como surgiram os governos e as diferenças sociais entre os indivíduos?

 Mais questões no livro digital

AUTOAVALIAÇÃO

CONTEÚDOS

1. Como você avalia seu aprendizado nesta unidade? Bom, regular, insatisfatório? Consulte os materiais que você utilizou durante seus estudos, incluindo atividades e anotações pessoais. Escreva no caderno uma frase explicando sua resposta para cada um dos itens abaixo.
   a) Como a seleção natural atua para a sobrevivência ou para a extinção das espécies.
   b) As principais diferenças entre o *Homo sapiens* e as demais espécies do gênero *Homo*.
   c) As principais características da vida humana no Paleolítico.
   d) A origem e a importância da agricultura para a espécie humana.
   e) Como surgiram a divisão de trabalho, as diferenças sociais entre os indivíduos e as cidades.

ATITUDES

2. Você conseguiu superar alguma dificuldade ao estudar os temas desta unidade? Como? Retome a descrição das atitudes e escolha aquelas que o ajudaram a superá-las.

51

EM FOCO

A ALIMENTAÇÃO QUE NOS FEZ HUMANOS

Alimentos para todos

Em 2009, a Organização das Nações Unidas para a Alimentação e a Agricultura (FAO) publicou um relatório com uma estimativa alarmante: por volta de 2050, a produção de alimentos precisará ter aumentado cerca de 70% para alimentar a população de todo o planeta, que deverá somar 9 bilhões de pessoas. Isso é um problema, porque a maior parte das terras cultiváveis do mundo já está sendo utilizada. Ou seja, será preciso produzir mais com menos e priorizar o uso da terra para a produção de alimentos.

O primeiro desafio, tornar as terras mais produtivas, significa desenvolver tecnologias para produzir mais alimentos com menos terra. Nos países ricos, a mecanização da agricultura começou no século XIX e as inovações continuaram no século seguinte: seleção de sementes e de raças de animais, produção de fertilizantes e agrotóxicos cada vez mais eficientes, desenvolvimento de novos métodos de irrigação e planejamento informatizado da produção.

Mas essa não é a realidade da agricultura dos países em desenvolvimento da Ásia, da África e da América Latina. A maior parte dos camponeses, sem recursos, continua fazendo o seu trabalho com ferramentas basicamente manuais e sementes comuns. Porém, nesse grupo de países a agricultura também é desigual. Em regiões do Brasil, Argentina e África do Sul, por exemplo, alguns ricos empresários agrícolas, beneficiados pelo crédito barato e pelo baixo custo da mão de obra, fizeram grandes investimentos em tecnologia. Hoje, muitos dos seus estabelecimentos agrícolas são tão produtivos e lucrativos quanto os norte-americanos e europeus.

• A agricultura no Brasil

O Brasil é um bom exemplo de agricultura desigual. De um lado, há grandes estabelecimentos rurais que empregam modernas tecnologias na produção de **culturas comerciais**. Em geral, esses estabelecimentos se especializam em cultivar um produto de valor no mercado internacional. Atualmente, duas culturas comerciais se destacam no Brasil: a soja, destinada principalmente ao preparo de ração animal, e a cana-de-açúcar, visando sobretudo à produção de etanol e açúcar.

O avanço do agronegócio no Brasil, embora gere tributos e empregos, tem causado graves impactos ambientais e socioculturais. A expansão da soja e da pecuária em direção à Amazônia, por exemplo, é responsável por grande parte do desmatamento da floresta, dano ambiental que vem acompanhado da extinção de espécies vegetais e animais e da erosão do solo. Além disso, comunidades indígenas, posseiros e pequenos agricultores têm suas terras e culturas ameaçadas pelo avanço do agronegócio.

Agronegócio: conjunto de atividades ligadas à agropecuária, desde a etapa da produção até a comercialização.

Jovens comem alimentos industrializados.

No lado oposto ao do agronegócio, encontramos a **agricultura familiar**. No Brasil, é um tipo de estabelecimento agropecuário de até 100 hectares mantido pelo trabalho da família, com ajuda de poucos trabalhadores externos. Em 2006, 4,4 milhões de estabelecimentos rurais brasileiros pertenciam a grupos familiares. Mesmo ocupando pequenas propriedades, a agropecuária familiar produzia, em 2015, 70% dos alimentos consumidos no país, com destaque para feijão, mandioca, milho, batata, cebola, frutas, hortaliças, leite, suínos e aves. Ou seja, a maior parte dos alimentos que estão na mesa da sua casa, dos pratos quentes à salada, foi produzida pela agricultura familiar.

Fonte 1

BRASIL: ESTABELECIMENTOS AGROPECUÁRIOS (2006)

Grupos de área (ha)	Número (%)	Área (%)
De 0,1 a menos de 10	47,9	2,4
De 10 a menos de 100	38,0	19,0
De 100 a menos de 1.000	8,2	34,2
De 1.000 a menos de 2.500	0,6	14,6
Mais de 2.500	0,3	29,8
Produtor sem área	5,0	-
Total	100,0	100,0

Fonte: IBGE. Censo agropecuário 2006. Disponível em <http://mod.lk/ksptw>. Acesso em 24 ago. 2017. (números arredondados)

É difícil imaginar uma população de mais de 7 bilhões de pessoas sobrevivendo atualmente sem os alimentos processados na indústria. Por isso, em vez do modismo das dietas radicais, podemos adotar como referência para uma alimentação saudável e adequada o Guia Alimentar para a População Brasileira, reeditado pelo Ministério da Saúde em 2014. Segundo ele, o mais recomendado é evitar os alimentos ultraprocessados e reduzir o consumo dos processados. Na foto, família consome refeição caseira.

EM FOCO

• Os primitivos humanos: predadores de alimentos

Podemos afirmar que, atualmente, a maior parte dos alimentos que consumimos tem origem na produção agropecuária. Alguns são consumidos *in natura*, como frutas e hortaliças; mas muitos outros, como chocolates, embutidos e enlatados, passam por algum tipo de processamento na indústria. Diferentemente do que ocorre hoje, os primeiros hominídeos não produziam seus alimentos. Eles eram predadores de folhas, frutas, raízes e grãos encontrados na natureza. Acredita-se que o consumo de carne apenas se iniciou entre 2 milhões e 1,5 milhão de anos atrás.

A caça, o consumo de carne e o tamanho das presas cresceram ao longo do Paleolítico, principalmente após a descoberta do uso do fogo. Com o consumo de carne, vegetais silvestres e recursos aquáticos, os grupos humanos obtinham as calorias necessárias à sua sobrevivência.

BRUNO ROSAL

Tundra: vegetação composta de arbustos, gramíneas e musgos, que ocorre em regiões com temperaturas muito baixas.

Carboidrato: importante fonte de energia encontrada na forma de sacarose (presente no açúcar); na forma de amido (presente no milho, no trigo, no arroz etc.); e na forma de frutose, presente nas frutas.

Genocídio: extermínio de uma comunidade ou grupo étnico.

Autoinfligir: impor, aplicar uma pena, castigo ou sofrimento a si próprio.

As presas, inicialmente pequenos animais, eram caçadas ou roubadas de outros predadores. Mais tarde, com armas de pedra mais eficientes, os caçadores *sapiens* puderam caçar animais de grande porte, como elefantes, rinocerontes ou ursos. Entre 40 mil e 12 mil anos atrás, o alvo eram manadas de renas, cavalos, mamutes ou bisões, variando em cada região.

O derretimento das geleiras, ocorrido entre 12 mil e 10 mil anos atrás, foi acompanhado de uma grande mudança ambiental, que afetou a alimentação humana. Na Europa, por exemplo, a vegetação de tundras e estepes foi reduzida, dando lugar a grandes florestas, ricas em pinheiros, bétulas, aveleiras e pistacheiras. Privadas de grande parte de seu antigo hábitat, manadas de grandes animais desapareceram ou migraram para o norte. A saída para os grupos humanos foi caçar animais menores, como javalis, lebres e cervos. A alimentação era completada com peixes, moluscos, pássaros, nozes e cereais silvestres, espécies que apareceram em grande quantidade com o degelo.

Fonte 2

O doce vilão

O cientista e estudioso das doenças cardiovasculares Ernst Schaefer pesquisou sobre os efeitos da introdução do açúcar em comunidades inuítes (esquimós) do Ártico canadense. Conheça o que ele constatou no texto a seguir.

"Schaefer percebeu que onde os inuítes comiam 'de acordo com os antigos costumes nativos' [carne e gordura], a boa saúde parecia prevalecer [...] e concluiu que asma, úlcera, gota, câncer, problemas cardiovasculares, diabetes, colite ulcerativa eram problemas quase inexistentes entre os inuítes que se alimentavam de acordo com sua dieta tradicional [...].

Por outro lado, toda vez que os inuítes comiam carboidratos em vez dos alimentos tradicionais, sua saúde decaía. Grande número de mulheres e crianças sofria de anemia; e Schaefer constatou então o primeiro caso de diabetes, do qual então não se tivera notícia no Ártico canadense, num inuíte que comia esses alimentos 'civilizados'. [...]

Ele observou que o consumo de uma grande quantidade de açúcar [...] 'ocorreu bem abruptamente nos últimos vinte anos para os esquimós canandenses'. [...] Em Iqaluit, cujos moradores comiam salgadinhos de batata e tomavam refrigerante, ele disse a um jornal local que as mudanças alimentares representavam quase um 'genocídio autoinfligido'."

TEICHOLZ, Nina. *Gordura sem medo*: por que a manteiga, a carne e o queijo devem fazer parte de uma dieta saudável. São Paulo: WMF Martins Fontes, 2017. p. 358-359.

Ilustração representando mamutes durante a última era glacial. Cores-fantasia.

EM FOCO

• Agricultores e criadores

O surgimento da agricultura no Neolítico não foi repentino nem atingiu todas as comunidades ao mesmo tempo. Quase três mil anos separam, por exemplo, o início da agricultura no Oriente Próximo da introdução da agricultura na Europa. Além disso, é possível que os primeiros criadores tenham tentado domesticar um ou outro animal, fracassado e tentado de novo até obter êxito.

Muitas inovações tecnológicas ocorreram desde que as primeiras plantas e animais foram domesticados pelo ser humano. Entre a invenção do arado, milhares de anos atrás, e a produção de alimentos transgênicos, no final do século XX, várias outras tecnologias foram desenvolvidas para produzir mais e em menos tempo. Também houve, ao longo desses milhares de anos, várias trocas de produtos e costumes alimentares entre os povos.

Mas nenhuma dessas trocas alimentares envolveu tantos povos como a que se iniciou com a chegada dos europeus à América, no final do século XV. Depois disso, os alimentos se globalizaram. O cacau, nativo da Amazônia e levado para a Europa, deu origem ao chocolate. O milho, cultivado no México, tornou-se na Europa a base da polenta. A batata, nativa da região andina, assumiu um papel central na culinária de muitos países europeus. O contrário também ocorreu. O arroz, asiático, tornou-se a base da alimentação dos brasileiros. O trigo, originário do Oriente Próximo, conquistou toda a América.

• Alimentos industrializados

Ao longo do século XIX, na Europa, as máquinas também começaram a ser empregadas no processamento de alimentos de origem agropecuária. A primeira indústria alimentícia que se desenvolveu foi a de conservas, aproveitando técnicas de conservação dos alimentos que já vinham sendo testadas. A indústria de conservas ganhou impulso com a pasteurização do leite.

À medida que a indústria alimentar se expandiu, no século XX, novos produtos saíram das fábricas e entraram no mercado, como alimentos embutidos e enlatados. O sucesso da indústria alimentícia facilitou o abastecimento da população urbana, que cresceu rapidamente a partir do século XIX.

Mas os benefícios da indústria de alimentos não vieram sem custo. Hoje enfrentamos doenças que estão também relacionadas ao consumo elevado de sal, gordura saturada, açúcar, conservantes, condimentos e corantes, como a hipertensão, a diabetes e a obesidade, fatores de risco para o desenvolvimento de doenças cardiovasculares.

Atualmente, a indústria de alimentos convida ao consumo, ao mesmo tempo que a indústria cultural impõe um padrão de beleza associado à magreza, gerando a insatisfação com o próprio corpo, baixa autoestima e o isolamento social.

Transgênico: ser vivo que contém material genético retirado de outra espécie por meio da engenharia genética.

O cacau, originário do continente americano, é a base do chocolate, alimento industrializado que hoje é consumido mundialmente.

Fonte 3

A tirania do corpo perfeito

"Nunca se vendeu tanto a ideologia do corpo perfeito como hoje. E, atrelado a ela, todo um mercado surgiu: clínicas de estética, nutricionistas, academias, lojas de suplementos etc. Há alguns anos atrás, era possível viajar para uma bucólica [campestre] cidade de Minas Gerais, Caxambu, hospedar-se em hotéis com excelente serviço gastronômico [...] e partir alguns dias depois transportando [...] alguns quilos a mais estampados no corpo. Hoje até os hotéis menores oferecem uma sala de ginástica para aliviar a consciência dos que se entregam às tentações da gula. Parece haver no ar um sentimento de culpa quando estamos acima do peso ou ostentamos um corpo divergente dos padrões estabelecidos."

BERGER, Mirela. *Corpo e identidade feminina*. Tese de doutorado apresentada ao Programa de Pós-Graduação em Antropologia da Faculdade de Filosofia, Letras e Ciências Humanas da Universidade de São Paulo, 2006. Disponível em <http://mod.lk/m8plh>. Acesso em 23 ago. 2017.

Dominadas pela ditadura da beleza, muitas pessoas criam uma visão distorcida do próprio corpo.

ATIVIDADES

ORGANIZAR O CONHECIMENTO

1. Explique a seguinte afirmação: Por volta de 10 mil anos atrás, os primitivos humanos começaram a passar de predadores de alimentos a produtores de alimentos.

ANALISAR AS FONTES

2. **Fonte 1** Compare o número de estabelecimentos rurais dos dois primeiros grupos com o dos dois últimos. Depois, assinale a afirmativa correta.
   a) As propriedades rurais que existem em maior quantidade no Brasil são aquelas que ocupam a maior parte da área total da agropecuária.
   b) Os estabelecimentos rurais de até 10 hectares dedicam-se às culturas comerciais.
   c) A tabela mostra que poucos estabelecimentos rurais no Brasil concentram quase a metade da área total da agropecuária no país.
   d) Os estabelecimentos rurais de mais de 2.500 hectares dedicam-se à agricultura familiar.

3. **Fonte 2** Com base no texto, relacione a mudança de hábitos alimentares dos inuítes do Canadá com os problemas de saúde que esse povo passou a ter.

4. **Fonte 3** Com base no texto e na imagem, responda.
   a) Que mudança na relação com a comida a autora descreve no texto?
   b) Qual relação existe entre o texto e a imagem?

POR UMA CONDUTA CIDADÃ

5. O Guia Alimentar para a População Brasileira, publicado pelo Ministério da Saúde, contém orientações para uma dieta saudável e adequada.
   a) Individualmente, acesse a versão atualizada desse guia no *site*: <http://mod.lk/0lvvk>. Leia os capítulos 2 e 3 do documento e anote no caderno as principais ideias e recomendações.
   b) Em grupo, com base nas recomendações desse guia, elaborem um cardápio alimentar adequado para as famílias do seu município.

57

REVISANDO

A origem da vida e do ser humano

1. **Mito** é uma narrativa sagrada que explica as coisas que fazem parte do mundo e dá sentido a ele. Os **mitos de fundação** narram a origem de algo, como o ser humano, o mar, o Sol, a morte, entre outros.

2. **Criacionismo** é um movimento de pensadores cristãos que explica a origem da vida por meio da *Bíblia*.

3. **Evolucionismo** é a teoria aceita pela ciência para explicar a origem da vida e a sobrevivência ou a extinção das espécies.

4. A espécie *Homo sapiens*, à qual pertencemos, é a única do gênero *Homo* que conseguiu sobreviver.

A vida humana no Paleolítico

1. Existem várias **hipóteses** sobre a vida humana no Paleolítico. **Novas descobertas** podem confirmar, negar ou ampliar o que sabemos sobre o tema.

2. Os primeiros grupos humanos viviam da **caça** e da **coleta** de frutos e raízes. Produziam **artefatos de pedra**, eram **nômades** e viviam no interior de cavernas ou em acampamentos provisórios.

3. A **capacidade do ser humano de adaptar-se** a diferentes ambientes possibilitou que nossa espécie povoasse praticamente todo o planeta.

4. A **descoberta do uso do fogo** foi decisiva para a sobrevivência humana.

A origem da agricultura, do Estado e das diferenças sociais

1. As evidências mais antigas de **prática agrícola** foram encontradas no Oriente Próximo, no sul do México e no norte da China.

2. É provável que o **Estado** e as **diferenças sociais** tenham surgido quando se tornou necessário criar um grupo dirigente para administrar as **obras hidráulicas** e as **atividades agrícolas**.

3. Com a produção de excedentes agrícolas, a diversificação dos ofícios e a formação dos governos, nasceram as **primeiras cidades**.

 **Trilha de estudo**

Vai estudar? Nosso assistente virtual no *app* pode ajudar! <http://mod.lk/trilhas>

PARA ASSISTIR

- **Homem pré-histórico: vivendo entre as feras**
  Direção: Pierre de Lespinois
  País: Estados Unidos
  Ano: 2005
  Duração: 100 minutos

  #### Sinopse

  O documentário recria o modo de vida de diferentes espécies do gênero *Homo* e analisa como o desenvolvimento da capacidade cerebral permitiu a elas criar ferramentas que facilitaram sua adaptação ao ambiente e sua sobrevivência.

  #### O vídeo e esta unidade

  1. Cite três hipóteses sobre a vida do homem na Pré-história estudadas nesta unidade que aparecem no documentário.
  2. Liste três outras hipóteses que aparecem no vídeo, mas não foram apresentadas na unidade.

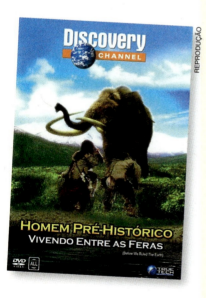

58

UNIDADE 3
O POVOAMENTO DA AMÉRICA

POVOS EM MOVIMENTO

Em algumas escolas brasileiras, é cada vez mais comum a presença de alunos estrangeiros. Na cidade de São Paulo, por exemplo, em 2017, havia mais de 10 mil estudantes imigrantes nas escolas públicas. A maioria tinha vindo da Bolívia, do Haiti e de Angola.

Atualmente, milhões de pessoas, em todo o mundo, vivem fora de seu país de origem. Muitos não pretendem ou não conseguem retornar, pois deixaram sua terra natal fugindo de guerras civis ou de graves dificuldades econômicas.

As migrações acompanham a nossa história desde os tempos primitivos. Partindo da África, grupos humanos atingiram a Ásia, a Europa e a Oceania e, por volta de 12 mil anos atrás, já estavam na América.

COMEÇANDO A UNIDADE

1. Imagine que sua família decidiu imigrar para outro país. Quais dificuldades vocês provavelmente enfrentariam? Como elas poderiam ser superadas?

2. Vocês estudaram que a espécie humana se originou na África e depois se espalhou por outros continentes. Aponte duas semelhanças e duas diferenças entre essas primeiras migrações e as atuais.

Alunos imigrantes em uma escola pública da cidade de São Paulo (SP), 2016.

ATITUDES PARA A VIDA

- Pensar com flexibilidade.
- Escutar os outros com atenção e empatia.

TEMA 1

A CHEGADA DO HOMEM À AMÉRICA

Como e quando os primeiros humanos chegaram ao continente americano?

O *HOMO SAPIENS* POVOA TODO O PLANETA

Os primeiros habitantes da América não eram **autóctones**, ou seja, não eram originários do próprio continente. Os pesquisadores chegaram a essa conclusão porque não se descobriu, até o momento, nenhum vestígio em terras americanas de hominídeos anteriores à espécie *Homo sapiens*.

Então, de onde eles vieram? Que caminhos percorreram? Quando chegaram a essas terras? Para responder a essas questões, é importante lembrar duas características humanas que citamos na unidade anterior: somos uma espécie viajante e capaz de se adaptar a diferentes ambientes. Isso permitiu que seres humanos, originários da África, se espalhassem mais tarde por todo o planeta.

A primeira grande migração de humanos modernos para fora da África teria começado por volta de 130 mil anos atrás. Eles se espalharam pela Europa e pela Ásia e venceram a última barreira para povoar o planeta: os oceanos. Deslocando-se por terra e por trechos de mar raso, entre 60 mil e 40 mil anos atrás, levas humanas atingiram a Austrália e algumas ilhas do Pacífico.

A segunda grande migração para fora da África começou há cerca de 80 mil anos. Não foram migrações lineares, contínuas. Provavelmente, à medida que a população crescia e faltavam recursos para alimentar todo o grupo, indivíduos saíam em busca de alimentos e iam se dispersando aos poucos por novos territórios. Isso significa que foram deslocamentos lentos, pequenos, de vários grupos, ao longo de milhares de anos.

Família inuíte do Alasca (Estados Unidos), em fotografia de 1929. Os inuítes, popularmente conhecidos como esquimós, são um povo indígena que habita terras árticas do Alasca, do Canadá e da Groenlândia (território da Dinamarca). Tudo indica que eles descendam de grupos humanos que entraram na América pelo Estreito de Bering.

O SÍTIO ARQUEOLÓGICO DE CLÓVIS

O povoamento da América provavelmente teve início a partir da segunda dispersão para fora da África. Até os anos 1980, defendia-se que grupos humanos de traços asiáticos, em uma única onda migratória, teriam entrado na América por volta de 11.500 anos atrás.

Os defensores dessa teoria apoiavam suas conclusões na existência de sítios arqueológicos, datados de 11 mil a 10 mil anos atrás e espalhados por toda a América. Entre eles está o **sítio de Clóvis**, situado no estado do Novo México, nos Estados Unidos.

No sítio de Clóvis, foram descobertos artefatos de pedra e ossos de mamutes e de bisões datados de 11.500 anos. Os objetos encontrados, principalmente as pontas de flecha, tinham formatos muito semelhantes, o que sugere que os moradores da região seriam originários de uma mesma cultura. Por essa razão, o modo de vida deles foi chamado de **cultura Clóvis**.

VIAGENS POR TERRA E PELO MAR

As descobertas das últimas décadas praticamente derrubaram a teoria de Clóvis. Primeiro, tudo indica que a chegada do ser humano à América aconteceu através de vários deslocamentos, e não em uma única onda migratória.

Os diferentes deslocamentos humanos teriam ocorrido durante a última glaciação. Com a retração das águas, uma ponte natural de terra surgiu no **Estreito de Bering**, que foi usada como passagem para atingir o Alasca.

O baixo nível da água do mar também teria facilitado as viagens. Navegando em pequenas embarcações ao longo da costa do Mar da Sibéria, grupos humanos cruzaram o litoral de Bering e chegaram à costa do Alasca (veja o mapa abaixo).

Distanciando-se da teoria de Bering, a arqueóloga Niède Guidon defende que os primeiros grupos humanos migraram diretamente da África em direção à América, navegando pelo Oceano Atlântico.

Mapa interativo

Explore
- De que forma esse mapa confirma a característica migrante do ser humano?

OS CAMINHOS DO SER HUMANO PARA A AMÉRICA

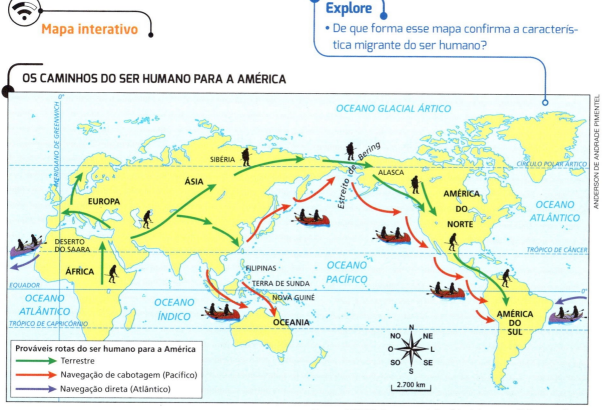

Fonte: DUBY, Georges. *Atlas histórico mundial*. Barcelona: Larousse, 2010. p. 14-15.

61

NOVAS HIPÓTESES SOBRE O POVOAMENTO DA AMÉRICA

Além de indicar que houve vários movimentos migratórios em direção à América, as descobertas levam a crer que a presença humana na América é muito anterior à cultura Clóvis. Nos sítios de Piedra Museo e Los Toldos, na Argentina, e de Debra L. Friedkin, nos Estados Unidos, há indícios de assentamentos humanos de 15 mil anos. Artefatos de pedra e restos de alimentos encontrados em Monte Verde, no Chile, foram datados em 12.300 anos. Novas escavações realizadas no sítio levaram à descoberta de objetos de pedra e restos de fogueira com idade entre 14.500 e 18.500 anos.

Outra dúvida sobre o povoamento da América é determinar se os primeiros povoadores do continente tinham características asiáticas, como os povos ameríndios. Essa discussão surgiu porque crânios e ossadas humanos encontrados na região de **Lagoa Santa**, em Minas Gerais, apresentavam traços faciais semelhantes aos dos africanos e dos aborígenes australianos atuais. Assim, esses grupos fariam parte de outra onda migratória para a América, diferentemente da migração dos grupos mongoloides, que teriam originado os povos ameríndios.

Fontes: NEVES, Walter; HUBBE, Mark. Os pioneiros das Américas. *Nossa História*, n. 22. São Paulo: Vera Cruz, ago. 2005. p. 18; National Geographic Maps. *Paths to a new world*. Disponível em <http://mod.lk/o8m4s>. Acesso em 22 mar. 2018.

OS SÍTIOS ARQUEOLÓGICOS MAIS ANTIGOS DA AMÉRICA

Sítio arqueológico
1 Fontes Termais Serpentine
2 Upper Sun River
3 Caverna do Lago Charlie
4 Manis
5 Lindsay
6 Anzick
7 Cavernas Painsley
8 Schaefer e Hebior
9 Meadowcroft
10 Clóvis
11 Debra L. Friedkin
12 Page-Ladson
13 Hoyo Negro
14 Taima-Taima
15 Pedra Furada
16 Lagoa Santa
17 Monte Verde
18 Los Toldos
19 Piedra Museo

ORGANIZAR O CONHECIMENTO

1. Preencha o quadro sobre o povoamento da América.

O POVOAMENTO DA AMÉRICA			
Espécie do gênero *Homo*	Rotas mais prováveis	Quando teria começado	Sítios arqueológicos mais antigos
_____	_____	_____	_____

2. Quais são os principais tipos de evidências arqueológicas que os pesquisadores têm examinado para elaborar hipóteses sobre o povoamento da América?

62

TEMA 2 - OS MODOS DE VIDA DOS ANTIGOS AMERÍNDIOS

O que sabemos sobre a vida dos primeiros americanos?

POVOS NÔMADES, CAÇADORES E COLETORES

Independentemente de qual tenha sido a data exata da chegada do ser humano à América e de quais rotas tenham sido percorridas, é certo que quase todas as regiões do continente estavam habitadas por volta de 10 mil anos atrás.

Ao longo de milhares de anos, as inúmeras sociedades que povoaram a América desenvolveram modos diferentes de organizar sua vida econômica, política e social. Mas, apesar das diferenças, também havia muitas semelhanças, principalmente entre sociedades que viviam próximas umas das outras.

Os primeiros americanos se organizavam em grupos muito reduzidos. Eles praticavam a caça, a pesca e a coleta de frutos e raízes e deslocavam-se constantemente em busca de alimentos. A vida nômade desses grupos explica a difusão dos artefatos de pedra pela América. Armas parecidas com as descobertas no sítio arqueológico de Clóvis, por exemplo, foram encontradas no México e em áreas da América Central.

A grande quantidade de pontas de lanças feitas de pedra encontradas na região de Clóvis sugere que seus habitantes eram basicamente caçadores de grandes mamíferos. No entanto, eles também praticavam a coleta de frutos e de recursos de rios e lagos. Além da pedra, outros materiais, como ossos, madeira, fibras vegetais e peles, eram utilizados na confecção de abrigos, casas, vestimentas e instrumentos de trabalho.

> **É BOM SABER**
>
> **A datação dos vestígios**
>
> O **carbono-14** é um dos métodos usados para descobrir a idade dos materiais de origem biológica encontrados nas escavações. Todos os seres vivos, animais ou plantas, têm em sua constituição certa quantidade de carbono radioativo.
>
> Quando eles morrem, o carbono radioativo diminui a um ritmo constante com o passar dos anos. Essa diminuição é medida em laboratórios para fornecer a idade aproximada de plantas e animais de até 50 mil anos de idade, aproximadamente.

Mapa localizador

Pinturas de figuras humanas, algumas com 4 metros de altura, que fazem parte do estilo chamado Grande Mural. Inicialmente datadas em 3.300 anos, essas pinturas foram feitas em paredes rochosas localizadas no estado da Baixa Califórnia, no México. Novas pesquisas, realizadas na década de 1990, revelaram que elas podem ter entre 8 mil e 9 mil anos.

O FIM DA ÚLTIMA GLACIAÇÃO

Por volta de 10 mil anos atrás, a elevação da temperatura na Terra provocou o derretimento de grande parte da camada de gelo que cobria o espaço terrestre. O clima tornou-se mais quente e úmido, causando inúmeras mudanças ambientais. Acompanhe a seguir.

- O aumento do volume das chuvas e da umidade levou à formação de vastas florestas e à destruição de áreas de savanas, que eram o hábitat dos grandes animais.

- A ampliação das florestas e a redução das pastagens no continente americano provocaram a fome, o aumento da disputa por alimentos e a extinção de grandes animais, como as preguiças-gigantes e os gliptodontes (uma espécie de tatu gigante).

O fim da era glacial causou transformações na fauna e na flora americanas, além de alterar a forma de vida dos seres humanos, que tiveram de se adaptar para sobreviver.

Representação de animais da megafauna extinta na América. Cores-fantasia.
Hoje, a anta e o bisão são os maiores mamíferos terrestres da América.

O INÍCIO DA AGRICULTURA NA AMÉRICA

O fim da era glacial coincidiu, no Oriente Próximo, com o início da domesticação de plantas. Na América, acredita-se que o cultivo da terra tenha se iniciado um pouco mais tarde, por volta de 7 mil anos atrás.

Os primeiros produtos cultivados foram feijão, pimentão, abóbora, tomate e milho, além do algodão, usado na confecção de tecidos, e da cabaça. Posteriormente, na América do Sul, também foram cultivadas a batata, a batata-doce e a mandioca.

Com o início da agricultura, em algumas regiões da América os grupos humanos tenderam a se fixar mais tempo no mesmo lugar, surgiram divisões hierárquicas na sociedade, a população cresceu e formaram-se pequenos assentamentos urbanos.

Cabaça: fruto da cabaceira, planta flutuante encontrada em diversas regiões do planeta.

ORGANIZAR O CONHECIMENTO

1. Elimine a expressão que não se encaixa no grupo e a substitua por outra que seja comum a ele.

> caça e coleta   nomadismo
> artefatos de pedra
> *Homo habilis*   pinturas rupestres

2. Cite duas mudanças, na América, decorrentes do fim da última era glacial: uma no ambiente e outra na vida humana.

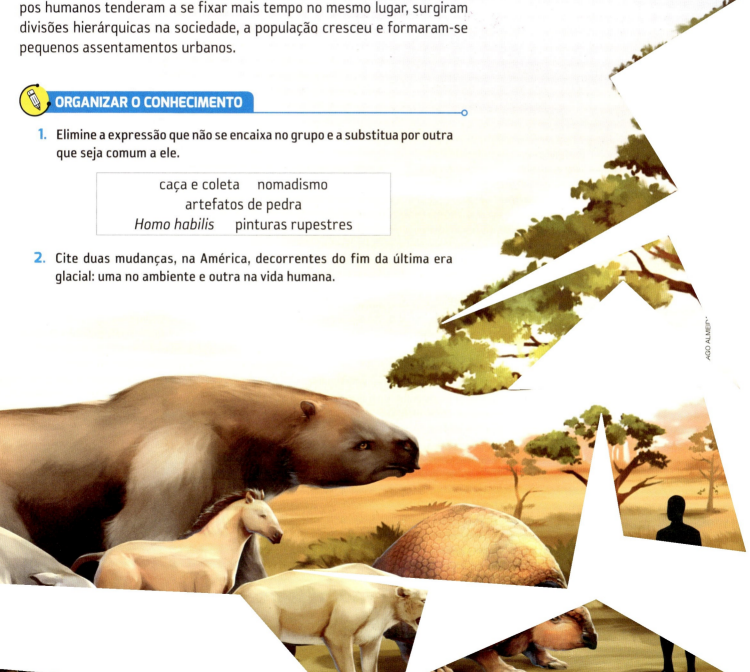

ATIVIDADES

APLICAR

As tiras abaixo fazem referência ao modo de vida dos primeiros habitantes da América. Observe-as para responder às questões 1 e 2.

1. *PC e Pixel*, tira de Tak Bui, 2016; 2 e 3. Tiras dos personagens *Frank & Ernest*, do cartunista Bob Thaves, 2012, 2006.

1. Responda às questões.
   a) Que atividades ligadas à sobrevivência dos primitivos americanos são representadas nessas tiras?
   b) Como a fala do personagem da terceira tira explica a criação das pinturas rupestres?
   c) Pense e dê outra justificativa para a criação das pinturas rupestres.

2. Indique as afirmativas corretas sobre as tirinhas.
   a) A figura do homem segurando um cartaz na tirinha 1 está relacionada principalmente com a sociedade atual.
   b) As tirinhas retratam como eram as vestes, o físico e a fala dos primitivos habitantes da América.
   c) A última tirinha mostra que a profissão de *designer* gráfico existe desde a Pré-história.
   d) A tirinha 1 faz referência ao papel atual das pinturas rupestres como fonte de recursos para o turismo cultural.
   e) As três tirinhas representam uma visão do presente sobre alguns aspectos da vida humana na Pré-história.

RETOMAR

3. Responda às questões-chave da abertura dos temas 1 e 2.
   a) Como e quando os primeiros humanos chegaram ao continente americano?
   b) O que sabemos sobre a vida dos primeiros americanos?

TEMA 3 — OS MAIS ANTIGOS HABITANTES DO BRASIL

Qual é a origem dos primeiros habitantes do Brasil e como eles viviam?

O AMBIENTE DO BRASIL PRÉ-HISTÓRICO

Existem muitas discussões sobre o início do povoamento do território brasileiro. Até o momento, é aceito pelos cientistas que, há pelo menos 12 mil anos, o território que hoje corresponde ao Brasil era ocupado por pequenos grupos de caçadores e coletores que descendiam de populações que chegaram à América pelo noroeste do continente.

O ambiente encontrado pelos primeiros "brasileiros" era muito diferente do atual: as áreas florestais eram reduzidas, predominava uma vegetação rasteira e o clima era mais seco e frio. Os grupos humanos dividiam o território com preguiças-gigantes, tigres-dentes-de-sabre e gliptodontes, animais da megafauna americana que desapareceram com o fim da era glacial.

Além disso, os primitivos habitantes do Brasil viviam principalmente em habitações a céu aberto ou em abrigos sob rochas e, às vezes, em cavernas. Nos paredões rochosos, costumavam pintar cenas da vida cotidiana e figuras de animais e de pessoas.

A confecção de artefatos de pedra e de anzóis feitos de ossos, além da descoberta de conchas perfuradas, indica que tais povos praticavam a caça, a pesca e a coleta.

Os mais antigos vestígios de agricultura no Brasil datam de aproximadamente 7 mil anos atrás e foram encontrados na região amazônica. Os agricultores do Brasil pré-histórico plantavam milho, algodão e feijão, mas a mandioca era o principal cultivo.

Raízes de mandioca e os seus principais derivados: polvilho, que é a base para o preparo do pão de queijo; goma de mandioca, usada no preparo de tapioca; e farinha-seca. A mandioca (macaxeira ou aipim), de origem amazônica, pode ser consumida *in natura* (mandioca-mansa) ou na forma de produtos derivados, como os da foto (mandioca-brava).

67

LAGOA SANTA

O estudo de esqueletos humanos do Brasil pré-histórico teve início no século XIX, com escavações nas grutas de Lagoa Santa, em Minas Gerais. Lá foram encontrados ossos de animais já extintos, pontas de lança e machados, além da ossada de trinta humanos.

No século XX, novas escavações levaram à descoberta de um crânio feminino de aproximadamente 11.500 anos. Ao examiná-lo, na década de 1990, o pesquisador Walter Neves nomeou o crânio de **Luzia**. A reconstituição científica do rosto de Luzia revelou traços muito parecidos com os dos atuais africanos e aborígenes australianos, distintos dos traços dos povos de origem mongoloide.

Com base nesses estudos, alguns pesquisadores concluíram que deve ter havido duas levas migratórias diferentes da Ásia em direção à América, ambas pelo Estreito de Bering: uma, mais antiga, de origem não mongoloide, e outra, mais recente, de origem mongoloide. Esses últimos povoadores seriam os ancestrais dos indígenas americanos.

PARA LER

● **Entrevista: No rastro do povo de Luzia**
Disponível em <http://mod.lk/ir20v>.
Acesso em 22 mar. 2018.

Nesta entrevista concedida ao jornal *Le Monde Diplomatique Brasil*, o biólogo e arqueólogo Walter Neves esclarece alguns equívocos relacionados ao crânio de Luzia e apresenta, em linguagem acessível, as principais teorias aceitas pela ciência sobre o povoamento da América.

O pesquisador Walter Neves examina o crânio de Luzia e a reconstituição de seu rosto, 2015. Apesar de o rosto de Luzia ter forma semelhante à dos africanos e australianos atuais, não temos a menor ideia de como era a cor da sua pele.

Pintura rupestre localizada no sítio arqueológico Boqueirão da Pedra Furada, no Parque Nacional Serra da Capivara (PI), 2000.

SÃO RAIMUNDO NONATO

Na década de 1970, escavações no sítio arqueológico Boqueirão da Pedra Furada, em São Raimundo Nonato, no Piauí, levaram à descoberta de centenas de artefatos de pedra lascada e pedaços de carvão vegetal. O sítio é um abrigo de paredes rochosas cobertas por mais de mil pinturas e grafismos rupestres.

Os objetos ali encontrados, segundo a arqueóloga Niède Guidon, teriam sido produzidos por grupos humanos há mais de 50 mil anos. Para muitos estudiosos, porém, os objetos de pedra e os pedaços de carvão podem ter resultado do esfacelamento das rochas ou de incêndios florestais. Assim, eles não provam que o território já era habitado pelo ser humano em um período tão remoto.

OS POVOS DOS SAMBAQUIS

Com o degelo, muitos povos americanos se instalaram perto de rios, lagos e mares à procura de alimentos aquáticos. Nesses locais, foram encontrados grandes montes formados do acúmulo de restos orgânicos e de conchas. Essas elevações foram chamadas de **sambaquis**.

Muitos sambaquis foram encontrados no Brasil, principalmente nas regiões Sul e Sudeste. Neles foram achados artefatos, restos de fogueira, adornos e ossos humanos e de animais. Alguns desses montes chegam a atingir 30 metros de altura e 400 metros de comprimento.

É possível que o sambaqui fosse um local preparado para enterrar os mortos e depositar oferendas. Isso explicaria os esqueletos humanos descobertos nesses locais, cada um deles protegido por uma cerca, como se fosse um ritual funerário.

Porém, como em vários sambaquis não foram encontrados sinais de sepulturas, é possível também que esses montes servissem de plataformas sobre as quais aqueles povos construíam suas moradias. Ou seja, há várias hipóteses, mas nenhuma certeza.

É BOM SABER

A descoberta de Luzio

A região do Vale do Rio Ribeira do Iguape, no sul do estado de São Paulo, concentra muitos sambaquis fluviais. Escavações arqueológicas realizadas em um sambaqui da bacia do Rio Jacupiranga, em 2000, levaram à descoberta de um crânio masculino com idade estimada de 10 mil anos. No local também foram encontrados pontas de lança e de flecha e adornos feitos com dentes de macaco e de tubarão. Por ter traços semelhantes ao crânio de Luzia, o esqueleto foi apelidado de Luzio.

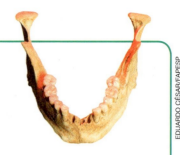

Arcada dentária do esqueleto apelidado de Luzio.

A construção de um sambaqui podia ter finalidade funerária e ritual ou também servir para demarcar o território. É possível também que os sambaquis fossem uma plataforma sobre a qual aqueles povos construíam suas moradias.

Os grupos mais populosos e com maior prestígio geralmente construíam sambaquis mais elevados, que podiam atingir 30 metros de altura.

Os mortos eram enterrados com alguns objetos pessoais em covas demarcadas por estacas de madeira.

As técnicas de construção de barcos e de confecção de flechas e anzóis possibilitaram a pesca em rios e mares, onde os sambaquieiros obtinham recursos para sua sobrevivência.

Fontes: O Brasil antes do Brasil. Revista *Nova Escola*, n. 212. São Paulo: Abril, maio 2008. p. 47; PROUS, André. *Arqueologia brasileira*. Brasília: Editora UnB, 1992. p. 208.

ORGANIZAR O CONHECIMENTO

1. Sobre o crânio de Luzia, responda às questões.
   a) Onde e quando ele foi encontrado?
   b) Como foi possível determinar a idade aproximada da "primeira brasileira"?
   c) O que o exame do crânio de Luzia revelou sobre o povoamento da América?

2. Elimine a expressão que não se encaixa no grupo e a substitua por outra que faça sentido.

> sambaqui   rios, lagos e mares
> conchas   degelo   Luzia
> rito funerário ou moradia

70

TEMA 4
TRANSFORMAÇÕES NA PAISAGEM AMAZÔNICA

É possível explorar os recursos da Amazônia sem colocar em risco o futuro da floresta? Se sim, como?

A AMAZÔNIA E SEUS PRIMEIROS HABITANTES

As terras que fazem parte do bioma Amazônia estão distribuídas entre Brasil, Peru, Bolívia, Colômbia, Equador, Venezuela, Suriname e as Guianas. A maior parte dessa região está situada no Brasil (59%) e recebe o nome de **Amazônia Legal**. Ela engloba os estados do Pará, Amazonas, Roraima, Acre, Rondônia e Tocantins, além de parte dos estados do Maranhão, Goiás e Mato Grosso.

O bioma Amazônia abriga a maior bacia hidrográfica do mundo, um terço de toda a madeira tropical do planeta e uma diversidade de plantas e animais. Além disso, na parte brasileira desse bioma reside mais da metade da população indígena do país. Por isso, a preservação da Amazônia não é uma luta apenas ambiental, mas também sociocultural.

Segundo a arqueóloga estadunidense Anna Roosevelt, a ocupação humana comprovadamente mais antiga na Amazônia é de 11.200 anos, que corresponde à idade dos registros encontrados na **Caverna da Pedra Pintada**, em Monte Alegre, no estado do Pará. Os primeiros povoadores amazônicos usavam o interior das cavernas como abrigo e local para praticar sua arte e seus rituais religiosos. Mas alguns também habitavam abrigos provisórios feitos de madeira e palha, pois mudavam regularmente de lugar.

Crianças Kayapó da aldeia Moikarako brincam em rio em São Felix do Xingu (PA), 2016. De acordo com as tradições indígenas, a natureza garante a sobrevivência das comunidades e por isso deve ser respeitada e manejada sem causar danos graves.

O MODO DE VIDA DOS POVOS AMAZÔNICOS

Os registros encontrados no interior das grutas nos mostram alguns aspectos do cotidiano daqueles humanos. Nas paredes, eles pintavam cenas de animais, pessoas e astros. Além de figuras, desenhavam motivos geométricos abstratos. Também faziam artesanato. Para produzir instrumentos como facas e lanças, usavam cristal de quartzo e sílex, lascados ou polidos, entre outros materiais.

Registros de cerca de 8 mil anos levam a crer que os grupos humanos da região eram nômades e viviam da caça de pequenos animais, da coleta de frutos e raízes e da pesca. Os moradores da Caverna da Pedra Pintada, por exemplo, eram caçadores-coletores. Alimentavam-se de jutaí (jatobá), pitomba, castanha-do-pará, tucumã e outros frutos. Pescavam peixes, tartarugas, anfíbios e moluscos.

Outras evidências indicam que na mesma época havia grupos humanos vivendo em diferentes partes da Amazônia. Eles não estavam isolados uns dos outros, mas articulados em redes locais e regionais de trocas de produtos, migrações e guerras. Pela grande oferta de pescado e moluscos e pela facilidade do transporte, muitos grupos se estabeleceram às margens do Rio Amazonas e de seus afluentes. Seus rastros podem ser vistos em vários sambaquis da região.

Os antigos indígenas amazônicos desenvolveram diferentes formas de intervir na floresta, dispersando espécies e plantando árvores. A atual floresta amazônica não é "selvagem". Ela foi, de alguma forma, modificada pelos antigos indígenas da região em um processo que levou milhares de anos. O uso contínuo da floresta resultou, a partir de 8 mil anos atrás, na domesticação de várias espécies: cacau, castanha-do-pará, mandioca, pupunha, açaí, urucum, entre outras.

DE OLHO NO INFOGRÁFICO

DESMATAMENTO DA AMAZÔNIA BRASILEIRA

Em meados do século XX, incentivos do governo a empresas e pessoas interessadas em explorar a Amazônia estimularam atividades que destruíram matas, expulsaram povos tradicionais e multiplicaram os conflitos na região.

1950-1960

Amazônia Legal (brasileira)

- Florestas
- Outras vegetações nativas
- Áreas desmatadas

Do período colonial até 1960, cerca de 97 mil km², menos de 2% da Amazônia, tinham sido desmatados.

Desmatamento acumulado da Amazônia brasileira (km²)

1978
152 mil km²
Nas décadas de 1960 e 1970, o Governo Federal abriu rodovias na floresta, estimulou a colonização e a exploração de recursos naturais.

Em um quilômetro quadrado cabem 140 campos de futebol.

1988
384 mil km²
A Constituição de 1988 reconheceu os direitos dos indígenas a suas terras e a obrigação do Estado em preservar o meio ambiente, após o desmatamento e os crimes contra povos da floresta indignarem o mundo.

A AGRICULTURA E A SEDENTARIZAÇÃO

Entre 4 mil e 3 mil anos atrás, os povos da região amazônica se tornaram mais dependentes da agricultura e iniciaram um processo de sedentarização, o que permitiu a formação de grandes aldeias.

A atividade agrícola era exercida pela família e pelo grupo de parentes próximos. Não era uma agricultura especializada em uma única planta. Cultivavam diversas espécies na mesma área e, assim, garantiam alimentos variados para o ano todo. Eles incluíam a mandioca, o milho e a batata-doce, que se somavam aos recursos dos rios e da floresta.

Abrindo roçados com machados de pedra, os antigos indígenas desmataram muito pouco a floresta amazônica, se compararmos com a ação da agropecuária comercial dos dias de hoje. Eles preferiam reutilizar as capoeiras e cultivar apenas algumas espécies de plantas.

Não podemos esquecer que os antigos amazônicos não dependiam somente da agricultura, mas praticavam uma economia que combinava caça, pesca, coleta e artesanato.

Capoeira: área da floresta derrubada com o objetivo de fazer um pequeno cultivo e onde o mato depois começa a crescer.

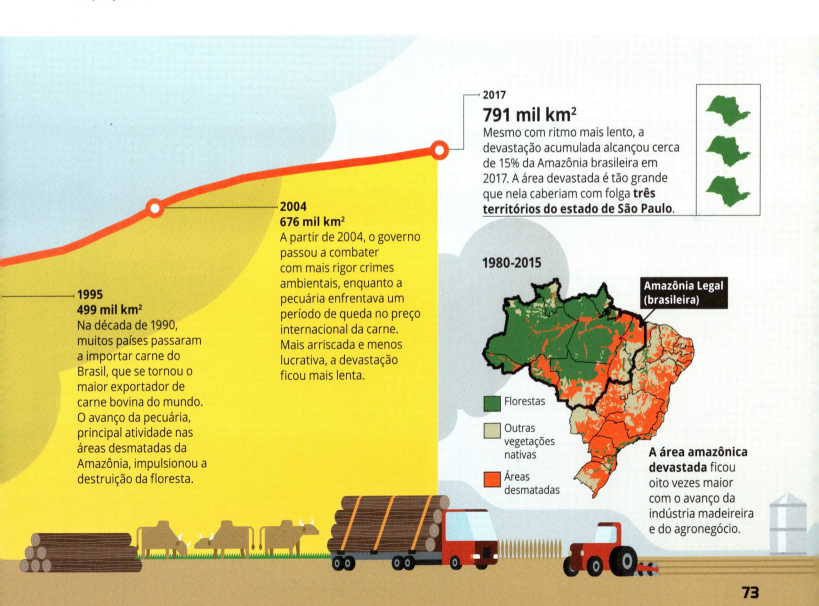

1995
499 mil km²
Na década de 1990, muitos países passaram a importar carne do Brasil, que se tornou o maior exportador de carne bovina do mundo. O avanço da pecuária, principal atividade nas áreas desmatadas da Amazônia, impulsionou a destruição da floresta.

2004
676 mil km²
A partir de 2004, o governo passou a combater com mais rigor crimes ambientais, enquanto a pecuária enfrentava um período de queda no preço internacional da carne. Mais arriscada e menos lucrativa, a devastação ficou mais lenta.

2017
791 mil km²
Mesmo com ritmo mais lento, a devastação acumulada alcançou cerca de 15% da Amazônia brasileira em 2017. A área devastada é tão grande que nela caberiam com folga **três territórios do estado de São Paulo**.

1980-2015

Amazônia Legal (brasileira)

- Florestas
- Outras vegetações nativas
- Áreas desmatadas

A área amazônica devastada ficou oito vezes maior com o avanço da indústria madeireira e do agronegócio.

AS SOCIEDADES COMPLEXAS DA AMAZÔNIA

Segundo a arqueóloga Anna Roosevelt, algumas sociedades amazônicas adotaram o sedentarismo e passaram a viver em grandes aglomerados, com complexas formas de produção e comercialização de alimentos. Construíram estradas, represas, pontes e **geoglifos**, enormes desenhos feitos no solo, por meio de valas, que provavelmente tinham função ritual. Vários deles podem ser vistos hoje no estado do Acre.

Aquelas sociedades desenvolveram um refinado artesanato em cerâmica com fins rituais e comerciais. Entre os objetos de cerâmica que produziam havia urnas funerárias, bacias, pratos, tigelas e outras vasilhas de uso cotidiano. As mais antigas cerâmicas da América, com idade aproximada de 6 mil anos, foram encontradas na região entre Santarém e a Ilha de Marajó, no Pará.

Vista aérea de um geoglifo no estado do Acre, 2016.

A DEVASTAÇÃO VISTA DO ESPAÇO

As queimadas e os desmatamentos na Amazônia são fotografados por satélites artificiais desde os anos 1970. Documentando décadas de destruição, as imagens mostram que o agronegócio é a principal atividade nas áreas desmatadas.

Imagem de satélite de São José do Xingu (MT), 2016.

Essa foto de 2016 mostra um município no **Arco do Desmatamento**, zona da Amazônia brasileira mais degradada. A área fotografada equivale à das capitais do Rio de Janeiro e São Paulo juntas.

A CULTURA MARAJOARA

Na Ilha de Marajó, no Pará, surgiu, a partir do século IV d.C., a chamada **civilização Marajoara**. Seus habitantes construíram, sobre uma área inundável, aterros monumentais com dezenas de metros de comprimento e com até 12 metros de altura, chamados de *tesos* pelos atuais moradores da região. Acredita-se que esses aterros tivessem fins cerimoniais (culto aos antepassados) ou funerários, além de servir de moradia em áreas inundadas.

A cultura Marajoara criou uma tradição de cerâmica de admirável beleza e sofisticação, com decoração de motivos figurativos e abstratos. Muitas peças trazem representações de seres com formas humanas e animais. Para alguns pesquisadores, seria um indício de que aquele povo acreditava no poder do xamã (líder espiritual) de se transformar em animais. A complexa cultura Marajoara desapareceu antes da chegada dos portugueses ao Brasil.

> **Explore**
> - Por que os indígenas Marajoara produziam urnas sofisticadas para guardar restos mortais?

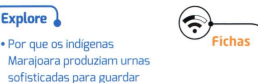

Urna funerária Marajoara, c. 1000-1250.

O AVANÇO DO AGRONEGÓCIO

Para estudar a história do atual desmatamento da Amazônia e sua relação com as atividades econômicas do agronegócio, a profª. drª. em geografia Mariana Soares Domingues interpretou imagens feitas por satélite em diferentes anos e fez estes mapas.

- ■ Floresta
- ■ Área urbana
- ■ Desmatamento
- ■ Agricultura
- — Estradas
- — Rios

1984
O verde dominou essa área até o início da construção de rodovias e da migração de agricultores para a região, na década de 1970. Na década seguinte, 1/5 da área, incluindo nascentes de rios, tinha sido desmatado e ocupado pela pecuária.

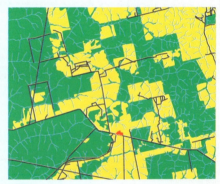

1994
Cerca de 18% desse município está localizado em Terras Indígenas (TIs, a área à esquerda que permanece verde nesses mapas). Fora delas, porém, em dez anos a área de pastagens dobrou e a maioria dos rios foi degradada.

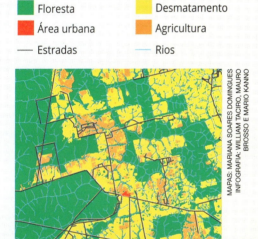

2009
O ritmo de devastação ficou mais lento no século XXI (reveja a primeira parte deste infográfico nas páginas anteriores), e a área de alguns pastos antigos foi ocupada por uma nova atividade — o cultivo de soja.

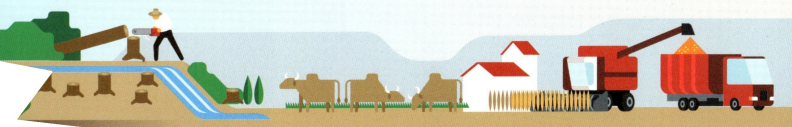

DOMINGUES, Mariana Soares. *Avaliação da monocultura de soja como matéria-prima para a produção de biodiesel e sua relação com o ...nento da floresta amazônica:* estudo de caso na região de São José do Xingu (MT). Dissertação de mestrado (PPGE – IEE-USP), 2010.

OS ATUAIS INDÍGENAS DA AMAZÔNIA

Os povos indígenas, além de desmatar pouco, ainda enriqueciam a floresta com o cultivo de novas espécies. Durante os milhares de anos de convivência com a floresta, não levaram nenhuma planta à extinção. É interessante notar que algumas frutas, cujos vestígios foram encontrados na caverna da Pedra Pintada, datados de 11 mil anos atrás, ainda existem na região e são muito consumidas pelos atuais indígenas e pelos demais povos da floresta.

Afinal, o modo como as populações caboclas e ribeirinhas usam a floresta, reaproveitando capoeiras e plantando árvores, é bastante parecido com a tradição dos seus antepassados indígenas. A crença de que a floresta e os rios são habitados por seres encantados, que exigem respeito, também contribui para manter o equilíbrio da natureza.

Do outro lado, a exploração mecanizada da floresta com monoculturas, o chamado **agronegócio**, destrói amplas áreas da mata, com toda a sua biodiversidade, e deixa no lugar capim ou soja. Esse "deserto" mata aos poucos as ilhas de floresta que ficam em pé, além de aumentar consideravelmente o calor e o risco de incêndios. Segundo dados do próprio governo, o desmatamento cresceu 30% em 2016, concentrando-se principalmente em Mato Grosso, Rondônia e Pará.

Não apenas a grande agropecuária ameaça o futuro da floresta. A exploração ilegal de madeira e os assentamentos do programa de reforma agrária também contribuem para derrubar a mata. Mas nada que se compare à ação do agronegócio, que explora grandes extensões de terra e tem recursos financeiros para promover o desmatamento em larga escala.

Dois mil anos atrás, os antepassados do povo Kuikuro viviam nas mesmas terras que seus descendentes atuais. Nelas, eles formaram grandes aldeias, interligadas por um complexo sistema de estradas bem adaptado à floresta em pé, que sobreviveu. Quantos séculos ela poderá resistir à ofensiva da agropecuária comercial? Como declarou o arqueólogo Michael Heckemberger, diante do agronegócio, as atuais Terras Indígenas são "áreas de esperança" de que teremos floresta e futuro.

Caboclo: termo que designa os pequenos produtores familiares da Amazônia que vivem da exploração dos recursos da floresta.

O povoamento da América

Confira se você compreendeu os conceitos mais importantes da unidade nessa atividade de formar palavras. Disponível em <http://mod.lk/f5lb7>.

Indígena Yanomami limpa peixes no município de Santa Isabel do Rio Negro (AM). Foto de 2017.

MARCOS AMEND/PULSAR IMAGENS

ORGANIZAR O CONHECIMENTO

1. Preencha a ficha sobre a Amazônia Legal.

Nome e características do bioma	
Estados brasileiros da Amazônia Legal	
Importância para os povos indígenas	

2. Indique algumas evidências da ocupação da Amazônia brasileira pelos primitivos habitantes dessa região.

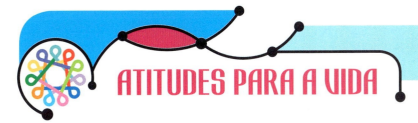

ATITUDES PARA A VIDA

Os povos da floresta

Segundo dados do Censo 2010, vivem hoje na Amazônia Legal pouco mais de 25 milhões de pessoas. A maioria delas descende de indígenas, de colonizadores portugueses e, em menor escala, de africanos escravizados. No século XX, migrantes de várias partes do Brasil também foram morar na região amazônica.

Do contato entre os indígenas e os portugueses formou-se uma população que desenvolveu um modo de vida característico, adaptado às condições da natureza local. Essas pessoas estabeleceram pequenos povoados nas margens dos rios, geralmente formados por um núcleo familiar (pai, mãe e filhos) que podia incluir outros parentes (jovens casais, avós, tios etc.) e agregados. As palafitas, habitações tradicionais dessa população, resistem às cheias anuais dos rios, que é o principal e às vezes o único meio de comunicação com regiões próximas ou distantes. Daí originou-se a denominação "comunidades ribeirinhas".

Os ribeirinhos desenvolveram maneiras eficientes de explorar os recursos naturais, como a caça, a pesca, o extrativismo e o cultivo de espécies que já existem na floresta. Guaraná, açaí, cupuaçu, pequi, bacuri e castanha-do-pará são outros exemplos de frutos da Amazônia bastante consumidos e apreciados, inclusive fora do Brasil.

Na Ilha de Marajó e no nordeste da Amazônia, vive outro tipo de comunidade tradicional, a dos quilombos, formado de descendentes de escravos fugidos. Como se mantiveram isolados por muito tempo, também preservaram seu modo de vida tradicional. Comunidades indígenas, ribeirinhas e quilombolas detêm conhecimentos e métodos de exploração das riquezas naturais que garantem sua subsistência e podem gerar riquezas para as comunidades e para o país sem levar à destruição do meio ambiente.

Palafitas construídas à margem do Rio Amazonas, com plantação de eucaliptos e trechos da floresta ao fundo. Município de Almeirim (PA), em foto de 2017.

Agregado: indivíduo que convive com uma família, mesmo não sendo parente, e presta serviços variados.

QUESTÕES

1. Assinale as frases corretas sobre o texto.
   a) O extrativismo de espécies nativas da floresta é uma atividade econômica importante para a subsistência da população ribeirinha da Amazônia.
   b) Todos os povos da floresta amazônica vivem até hoje isolados, sem manter contato com outras comunidades ou com cidades da região.
   c) As comunidades tradicionais da Amazônia exploram os recursos naturais sem causar nenhum dano à floresta, ao contrário do agronegócio.
   d) Os conhecimentos das comunidades tradicionais sobre o uso dos recursos naturais, por exemplo, no preparo de ervas medicinais, são um bem cultural da Amazônia.

2. De que maneira as comunidades tradicionais da Amazônia contribuem para a preservação da floresta?

3. Pensar com flexibilidade e escutar os outros com atenção e empatia são as atitudes selecionadas nesta unidade. Explique como elas são importantes para valorizar os conhecimentos desenvolvidos pelas comunidades tradicionais da Amazônia.

ATIVIDADES

APLICAR

Leia o texto e observe a imagem para responder às questões 1 a 4.

"Formada em história natural pela USP (Universidade de São Paulo), com doutorado em Pré-história pela Sorbonne, Université de Paris, França, Niède dava aulas em Paris, em 1992, quando recebeu um chamado brasileiro: mudar-se para São Raimundo Nonato, no Piauí, para dar início a um projeto de proteção da Serra da Capivara.

A importância do local se explica: trata-se de uma unidade de conservação arqueológica com uma área de 130 mil hectares que abriga mais de 900 sítios: 500 deles contêm pinturas rupestres.

Desde que se restabeleceu no Brasil, ela tenta provar, a partir das evidências encontradas nos sítios da Serra da Capivara, como ferramentas, esqueletos, pinturas rupestres e outros vestígios, que o homem chegou à América muito antes do que se aceita (há 13 mil anos). Sua equipe encontrou, por exemplo, pinturas rupestres datadas de cerca de 35 mil anos, além de dentes humanos com 15 mil anos.

Além dessa batalha, a doutora trava outra, mais complicada. Tenta, a todo custo, manter em pé o Parque da Serra da Capivara. Em 2015, sem recursos, a fundação foi obrigada a parar seus trabalhos por um tempo. As atividades foram retomadas, ainda que com menos dinheiro do que o necessário, e não se sabe até quando as verbas serão suficientes."

LAGO, Paula. Niède Guidon, a arqueóloga símbolo da luta por um parque. *Catraca Livre*, 13 mar. 2017. Disponível em <http://mod.lk/aBfWH>. Acesso em 29 jan. 2018.

1. Responda às questões a seguir.
   a) Qual é o objetivo central desse texto?
   b) Com base no texto, explique a importância do Parque Nacional Serra da Capivara para o patrimônio cultural brasileiro.
   c) Qual das evidências arqueológicas citadas no texto pode fornecer mais informações sobre a idade e as características físicas de nossos antepassados? Justifique sua resposta.

Niède Guidon no Parque Nacional Serra da Capivara (PI), em foto de 2014.

2. Assinale a afirmativa correta. De acordo com o texto, a primeira batalha de Nième Guidon é:

   a) proteger o patrimônio arqueológico do Parque Nacional Serra da Capivara, composto de pinturas rupestres, artefatos, esqueletos etc.

   b) encontrar evidências da presença humana no local com idade anterior a 13 mil anos.

   c) administrar de forma competente os recursos financeiros destinados à preservação do parque.

   d) garantir que as pinturas e outros achados arqueológicos do parque sejam aceitos como evidências de que a ocupação humana no local é muito anterior a 13 mil anos.

3. Qual das batalhas travadas por Nième você considera a mais difícil? Justifique.

4. Observe a foto da página anterior. Como você interpreta essa cena?

5. Observe o infográfico das páginas 72 a 75 e responda.

   a) Quais atividades econômicas contribuíram para o desmatamento da Amazônia ao longo dos séculos XX e XXI? Utilize dados do infográfico para explicar sua resposta.

   b) O que é o Arco do Desmatamento? Quais estados brasileiros estão localizados nessa área?

RETOMAR

6. Responda às questões-chave da abertura dos temas 3 e 4.

   a) Qual é a origem dos primeiros habitantes do Brasil e como eles viviam?

   b) É possível explorar os recursos da Amazônia sem colocar em risco o futuro da floresta? Se sim, como?

 Mais questões no livro digital

AUTOAVALIAÇÃO

CONTEÚDOS

1. Como você avalia o seu aprendizado nesta unidade? Bom, regular ou insatisfatório? Consulte os materiais que você utilizou durante seus estudos, incluindo atividades e anotações pessoais. Escreva no caderno uma frase explicando sua resposta para cada um dos itens abaixo.

   a) As polêmicas sobre o povoamento das Américas.

   b) A importância das descobertas feitas em sítios arqueológicos brasileiros.

   c) O modo de vida dos primeiros americanos: caçadores, coletores e agricultores.

   d) Quem eram e como viviam os primeiros habitantes da floresta amazônica.

   e) Os atuais indígenas da Amazônia e sua relação com a floresta.

ATITUDES

2. Nesta unidade, priorizamos as seguintes atitudes: **pensar com flexibilidade e escutar os outros com atenção e empatia**.

   a) Essas atitudes foram úteis para você durante o estudo da unidade? Em qual momento, tema ou atividade?

   b) Retome a descrição das atitudes para responder a esta questão. Você encontrou outra atitude importante no seu aprendizado sobre o povoamento da América e seus primeiros habitantes? Se sim, qual? Justifique.

3. Você percebe a presença das atitudes selecionadas para esta unidade em sua vida cotidiana? Se sim, em quais situações?

79

COMPREENDER UM TEXTO

Você já imaginou como seria um dia de festa e de celebração na Pré-história? Será que as pessoas faziam visitas umas às outras? Como você acha que os arqueólogos responderiam a essas perguntas? O texto a seguir nos dá algumas respostas a essas perguntas. Trata-se de um relato ficcional, mas com referências baseadas em pesquisas arqueológicas.

Cânion: vale sinuoso e profundo, cavado por um curso de água; fenda entre dois picos de montanhas.

Guanaco: mamífero da região andina da mesma família da lhama e da alpaca.

Marcas de mãos gravadas na pedra

"As duas irmãs acordaram cedo e estavam ansiosas. Do interior da caverna, sobre suas camas feitas de palha, viam o jogo de sombras que oscilavam mais e mais à medida que as primeiras luzes iluminavam o cânion. Ativaram o fogo e, em voz baixa, enquanto os adultos e as crianças dormiam, repassaram os preparativos para o dia. Esperavam a chegada de parentes que vinham do oeste, da região da cordilheira [...]. Buscaram a bolsa de couro de guanaco que estava em um buraco da parede e se sentaram ao redor do fogo para rever seu conteúdo: gesso branco moído muito fino, argila ocre, argila vermelha, óxido de manganês negro e, finalmente, uma pedra para moer e um tubo de osso com pigmento. Prepararam uma porção de minerais bem triturados e aproveitaram o breve momento de calma para pintar o rosto uma da outra, com esmero [...].

Um bom tempo se passou quando um dos meninos que estava mais longe do acampamento deu um grito alegre, que era simultaneamente uma recepção e um anúncio de chegada. O encontro, depois de tanto tempo e tamanha distância, parecia ter um encanto especial, quase mágico; às saudações de boas-vindas seguiu-se uma profusão de trocas de gentilezas. Foi assim que, por longo tempo, iam e vinham pelas mãos daquelas pessoas objetos pouco usuais que haviam sido preparados com ansiedade e zelo para a ocasião.

Pintura rupestre na Cueva de las Manos, em Santa Cruz, Argentina. Estima-se que as pinturas encontradas na caverna tenham sido produzidas entre 13.000 e 9.500 anos atrás.

Passado esse primeiro momento, os homens se juntaram para falar da próxima caça e planejar a cena que pintariam. Olharam mais uma vez as paredes da caverna que conheciam nos mínimos detalhes e ficaram imaginando qual seria o local mais adequado para pintá-la, que fenda representava melhor o cânion, onde colocariam os guanacos [...]. Reunidos diante da caverna, prepararam-se para deixar mais um sinal nas paredes já abarrotadas de histórias, um sinal que marcasse esse dia de encontro. As irmãs trouxeram as tintas e, uma de cada vez, apoiaram a mão esquerda aberta contra a pedra áspera, enquanto um primo espalhava cor como uma chuva fina sobre o dorso bronzeado. Haviam deixado ali as suas mãos [...]. Nelas, cada uma levaria, positivamente, o símbolo do encontro, registrado para sempre sobre a pedra [...]."

FLEGENHEIMER, Nora e outros. Llegar a un mundo nuevo. La arqueología de los primeros pobladores del actual territorio argentino. In: *En tus manos... Cueva de las Manos*. Agencia Española de Cooperación Internacional para el Desarrollo. p. 32. Disponível em <http://mod.lk/ZlIeu>. Acesso em 22 mar. 2018.

ATIVIDADES

EXPLORAR O TEXTO

1. Segundo o texto, as duas irmãs acordaram ansiosas, sabendo que aquele seria um dia atarefado.
   a) Por que elas estavam ansiosas?
   b) Por que aquele seria um dia atarefado?

2. Indique a frase que melhor descreve o encontro entre os membros do grupo e seus parentes.
   a) Sem se ver depois de muito tempo, as pessoas se cumprimentaram alegremente e trocaram presentes.
   b) As mulheres preparavam a comida e os homens cuidavam de suas lanças quando os parentes chegaram.
   c) Para celebrar o encontro, após longa data, os membros do grupo e os visitantes pintaram o rosto com esmero.
   d) O encontro, quase mágico de tão especial, foi comemorado ao redor do fogo, que os aquecia enquanto preparavam uma mistura especial.

3. No último parágrafo, a expressão "símbolo do encontro" está diretamente relacionada:
   a) às mãos das meninas.
   b) às mãos pintadas na pedra.
   c) à perenidade da tinta na pedra.
   d) às paredes abarrotadas de história.

RELACIONAR

4. Faça uma lista dos objetos citados no texto que podem servir de evidências para o estudo dos arqueólogos.

5. Em geral, os pesquisadores sabem explicar como as pinturas rupestres foram feitas, mas ainda não têm uma explicação definitiva sobre suas funções.
   a) De acordo com o texto, como essas pinturas foram feitas?
   b) Segundo esse relato, por que os grupos humanos pré-históricos deixaram sua marca na parede da Cueva de las Manos? Você considera essa explicação verossímil, ou seja, coerente? Justifique.

81

REVISANDO

Principais hipóteses sobre o povoamento da América

1. Os diferentes **deslocamentos** em direção à **América** aconteceram durante a última **era glacial**, período em que o baixo nível da água do mar facilitou as viagens, tanto por terra quanto por mar.

2. A maior parte dos pesquisadores defende que os primeiros humanos entraram no continente americano pelo **Estreito de Bering**. Eles teriam feito a travessia por **terra** ou navegando pela **costa do Pacífico** vindos do Mar da Sibéria.

3. Determinar **quando** os primeiros humanos pisaram em **solo americano** é a grande **questão** que divide os pesquisadores.

4. Segundo a **teoria Clóvis Primeiro**, uma única onda migratória teria iniciado o povoamento da América há cerca de **11.500 anos**.

5. **Descobertas arqueológicas** no Chile, no Brasil e nos Estados Unidos colocaram em dúvida a **teoria Clóvis Primeiro**.

6. O exame do crânio de Luzia, encontrado no Brasil, indicou que teria havido duas **ondas migratórias** para a América, uma de grupos com morfologia semelhante à dos **africanos e australianos atuais** e outra de **grupos mongoloides**.

A vida dos primeiros americanos

1. Os primeiros americanos eram basicamente **caçadores** de grandes mamíferos e **coletores** de vegetais e de recursos aquáticos. Com pedra, ossos, madeira, fibras vegetais e peles, produziam diferentes objetos.

2. A **região do México** foi pioneira na prática da **agricultura** na América, que começou no continente por volta de 7 mil anos atrás. Os principais produtos eram feijão, tomate, algodão, abóbora e milho. Na **América do Sul**, destacavam-se a batata, na região andina, e a mandioca, na **Amazônia**.

3. Os **sambaquis** são grandes **montes** formados de conchas e materiais orgânicos encontrados na costa brasileira e em áreas de rios e lagos.

4. Os mais antigos indícios de **ocupação humana na Amazônia** datam de 11.200 anos e foram encontrados na **Caverna da Pedra Pintada**, no Pará. As **culturas Marajoara** e **Santarém** deixaram evidências de terem formado **sociedades complexas** na Amazônia.

Trilha de estudo

Vai estudar? Nosso assistente virtual no *app* pode ajudar!
<http://mod.lk/trilhas>

PARA ASSISTIR

● **Jornada da vida**
Produção: Rede Globo
País: Brasil
Ano: 2014
Duração: 13 min

Sinopse

Como eram os primeiros habitantes do território que hoje chamamos Brasil e de que forma chegaram aqui? Como eles viviam? Por meio de entrevistas com alguns dos maiores especialistas no assunto, a reportagem mostra de que maneira os vestígios encontrados nas regiões de Lagoa Santa, em Minas Gerais, e na Serra da Capivara, no Piauí, auxiliam os pesquisadores a desvendar a Pré-história americana.

Você pode assistir a essa reportagem acessando o *link* <http://mod.lk/12wHi>.

O vídeo e esta unidade

1. Cite duas hipóteses sobre o início do povoamento da América, estudadas nesta unidade, que aparecem na reportagem.

2. Identifique no vídeo uma informação sobre as pesquisas arqueológicas feitas na Serra da Capivara que não foi apresentada na unidade.

UNIDADE 4
MESOPOTÂMICOS, EGÍPCIOS E AMERICANOS

PASSADO E PRESENTE ÀS MARGENS DO NILO

Os templos de Abu Simbel, situados no sul do Egito, representam um imponente complexo arquitetônico dos antigos egípcios. Sua fachada exibe esculturas monumentais do faraó Ramsés II e esculturas menores da rainha Nefertari e do faraó. O interior dos templos é decorado com desenhos e esculturas da família real e de várias divindades.

Atualmente, esse grande conjunto arquitetônico não está mais em seu lugar original. Entre 1964 e 1968, toda a construção precisou ser removida para um ponto mais alto para não ser coberta pelas águas da represa Assuã.

Estátua do faraó Ramsés II sendo remontada, em 1967. Toneladas de rocha foram minuciosamente recortadas e transportadas 67 metros acima do local original dos templos de Abu Simbel.

ATITUDES PARA A VIDA

- Imaginar, criar e inovar.
- Esforçar-se por exatidão e precisão.
- Pensar de maneira interdependente.

COMEÇANDO A UNIDADE

1. Você consegue imaginar qual era o significado dos templos de Abu Simbel para os antigos egípcios? E para os egípcios atuais? Exponha sua opinião para a turma.

2. A construção dos templos de Abu Simbel, na Antiguidade, e sua remoção, no século XX, envolveram o trabalho de muita gente. Exponha para os colegas os conhecimentos, técnicas e profissionais que você imagina terem sido necessários nos dois momentos.

83

TEMA 1
MESOPOTÂMIA: TERRA ENTRE RIOS

Quais realizações dos povos da Mesopotâmia marcaram o surgimento das primeiras civilizações humanas?

AS PRIMEIRAS CIVILIZAÇÕES

Na unidade 2, você estudou a origem do ser humano, a descoberta e a expansão da agricultura e a formação do Estado e das diferenças sociais. Agora, você verá que em algumas regiões essas mudanças levaram ao surgimento das primeiras **civilizações**.

As primeiras civilizações conhecidas surgiram no Oriente Próximo, na região entre os rios Tigre e Eufrates. Esta região era chamada pelos gregos antigos de **Mesopotâmia** (que significa "terra entre rios").

Os grupos que se estabeleceram na Mesopotâmia construíram barragens e canais para distribuir as águas para áreas mais secas e criaram sistemas de drenagem para os campos alagados. Assim, a agricultura e a criação de animais se desenvolveram na região, a população cresceu e nas proximidades dos rios surgiram as primeiras aldeias e cidades.

Por volta de 3000 a.C., as cidades já haviam adquirido muita importância na Mesopotâmia. Elas eram independentes entre si, ou seja, cada uma delas tinha seu rei, seu palácio e suas leis. Por isso elas são chamadas de **cidades-Estado**.

OS SUMÉRIOS

Por volta de 3000 a.C., os sumérios já haviam se estabelecido no sul da Mesopotâmia. Eles teriam sido os primeiros a construir canais e outras obras para a utilização das águas dos rios. Também são atribuídas a eles invenções importantes para o desenvolvimento da agricultura, como o arado e a roda.

Os sumérios foram também os fundadores das mais antigas cidades-Estado da Mesopotâmia, como Ur, Kish, Lagash, Uruk e Eridu, localizadas onde atualmente se encontra o Iraque.

Acredita-se também que os sumérios tenham inventado a **escrita**. Os registros escritos mais antigos conhecidos até o momento foram encontrados em ruínas de um templo na cidade de Uruk, com data aproximada de 4000 a.C. Eram sinais com aspecto de um prego de cabeça larga, lembrando uma **cunha**, gravados na argila. Por isso, a escrita suméria ficou conhecida como **cuneiforme**.

Tábua com escrita cuneiforme do terceiro milênio a.C. Inicialmente, a escrita cuneiforme era utilizada apenas para registrar pagamentos, impostos recolhidos, controlar os estoques de produtos etc. Com o passar do tempo, ela foi aprimorada e passou a ser usada também na elaboração de contratos, declarações reais, cartas e poemas.

FORMAÇÃO DOS IMPÉRIOS MESOPOTÂMICOS

Por volta de 2400 a.C., as cidades-Estado sumerianas entraram em declínio. À medida que as disputas por terras e rotas comerciais aumentaram entre as demais cidades-Estado na Mesopotâmia, as guerras de conquista se tornaram mais frequentes. Formaram-se, assim, grandes **impérios** na região.

- **Império Acádio**. O rei Sargão I, da cidade suméria de Kish, conquistou as cidades do centro-sul da Mesopotâmia e estabeleceu a capital de seu império em Acad, por volta de 2330 a.C. Os **acádios** adotaram a escrita cuneiforme e incorporaram muitas práticas sumerianas, desenvolvendo a cultura **sumério-acadiana**. Após a morte de Sargão I, o Império Acádio entrou em declínio.

Estatueta de terracota babilônica representando o trabalho de um carpinteiro, c. 1700 a.C.

- **Primeiro Império Babilônico**. Por volta de 1900 a.C., a cidade da Babilônia tornou-se sede de um grande império. Ele chegou ao auge com o rei Hamurábi (1792-1750 a.C.), que conquistou vários territórios e unificou quase toda a Mesopotâmia. Por ordem dele, organizou-se o conjunto de leis mais antigo de que se tem notícia: o **Código de Hamurábi**. No início do século XVI a.C., a Babilônia foi conquistada por povos vindos da Ásia Menor.

- **Império Assírio**. Partindo da cidade de Assur, no norte da Mesopotâmia, os assírios conquistaram um território que se estendia do Egito ao Golfo Pérsico. A famosa e temida capacidade militar assíria não impediu que revoltas eclodissem em várias partes do império. No final do século VII a.C., as cidades assírias foram conquistadas pelos novos babilônios.

- **Novo Império Babilônico**. Os caldeus, povo de origem semita, lideraram a libertação da Babilônia do domínio assírio e, no século VII a.C., dominaram toda Mesopotâmia. Nascia assim o **Segundo Império Babilônico**. O período de maior esplendor do império foi durante o reinado de Nabucodonosor II, quando a Babilônia se tornou um importante centro comercial.

Durante o reinado de Nabucodonosor II, o Novo Império Babilônico atingiu sua máxima extensão. Também sob suas ordens, a cidade de Jerusalém foi destruída, e seus habitantes foram enviados como prisioneiros para a Babilônia. Com a morte de Nabucodonosor, seguiu-se uma disputa pelo trono entre seus sucessores que enfraqueceu o império. Em 539 a.C., a Babilônia foi conquistada pelos persas.

Cunha: instrumento de metal ou madeira com uma ponta em ângulo bem agudo.

Semita: refere-se a um conjunto de povos, antigos e atuais, falantes de línguas aparentadas, em que se destacam o hebraico, o aramaico, o árabe, o fenício, o acadiano e o assírio. O termo deriva de "Sem", figura bíblica que seria o ancestral comum de todos esses povos.

IMPÉRIOS DA MESOPOTÂMIA

Você deve ter compreendido o que significa dizer que vários impérios foram formados na Mesopotâmia. Partindo de uma cidade principal, acádios, babilônios, assírios e, por último, caldeus conquistaram um território extenso, habitado por povos diferentes (veja o mapa abaixo). Nesse território, que variava de tamanho, o governo era exercido por um rei ou imperador.

Mapa interativo

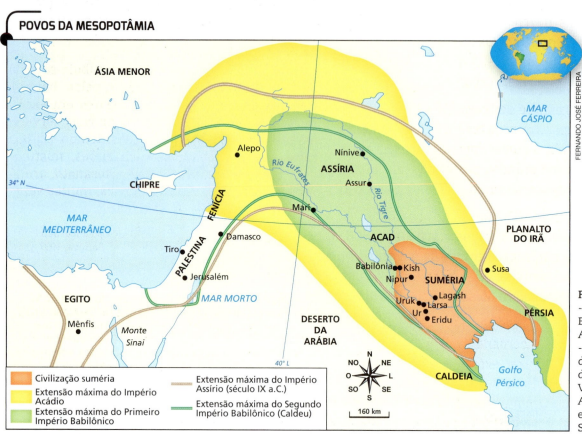

Fontes: VIDAL-NAQUET, Pierre; BERTIN, Jacques. *Atlas histórico: da Pré-história aos nossos dias.* Lisboa: Círculo de Leitores, 1990. p. 9; VICENTINO, Cláudio. *Atlas histórico: geral e Brasil.* São Paulo: Scipione, 2011. p. 34.

É BOM SABER

O Código de Hamurábi

As leis do Código de Hamurábi estabeleciam regras para a vida em família, as relações no trabalho, as trocas comerciais, os crimes de roubo e homicídio, entre outras situações da vida em sociedade.

O princípio que regia esse código é chamado **lei de talião**, também conhecido pela expressão "olho por olho, dente por dente". Isso significa a igualdade entre o crime e a punição, ou seja, o código babilônico estabelecia punições diretamente proporcionais aos danos causados pelo crime, sem levar em consideração a intenção ou as circunstâncias em que ele tinha sido cometido.

No direito contemporâneo, o princípio de punir o crime de acordo com o dano causado a algo ou a alguém é um dos critérios que orientam a sentença definida pelos juízes aos réus.

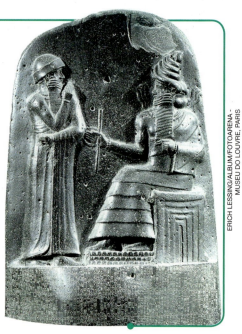

Estela do Código de Hamurábi, c. 1750 a.C. Na parte superior, Hamurábi foi representado recebendo o poder de Shamash, o deus da justiça na Babilônia. Na parte inferior, está o texto em escrita cuneiforme.

86

A VIDA SOCIAL NA MESOPOTÂMIA

As pessoas livres eram maioria nas sociedades mesopotâmicas. Entre elas, havia grandes distinções sociais, que dependiam da origem familiar, do ofício que exerciam e do local em que viviam.

Os escravos constituíam uma minoria. Em geral, eram prisioneiros de guerra ou pessoas livres que haviam se vendido ou sido vendidas por suas famílias para os mercadores de escravos. A maioria das pessoas escravizadas vivia no meio urbano.

No campo, as pessoas se dedicavam à agricultura, à criação de gado e ao pequeno artesanato. Em certas áreas da Mesopotâmia, algumas famílias concentraram terras e formaram grandes propriedades, conquistando riqueza e destaque social.

Parte do que era produzido nas áreas rurais destinava-se ao pagamento de impostos aos palácios e templos. Outra parte era trocada entre famílias de diferentes aldeias e também com as cidades. Isso contribuiu para o desenvolvimento do comércio.

Nos centros urbanos, as tarefas de controlar a arrecadação de impostos, coordenar a construção de obras de irrigação, organizar exércitos e abastecer os templos e palácios exigia uma grande variedade de profissionais: artesãos, ferreiros, escribas, médicos, soldados e outros tipos de ocupação, nos quais as **mulheres** também estavam presentes.

Nas cidades, as pessoas que exercem diferentes ofícios dividiam o mesmo espaço, como mostra o texto a seguir.

"A população das cidades distribuía-se pelo palácio real, pelos templos e pelos bairros. Na verdade, nenhum desses lugares era exclusivamente residencial, pois os imóveis serviam para várias atividades ao mesmo tempo. [...] Nas casas que formavam os quarteirões, misturavam-se moradias, oficinas de artesanato, armazéns, locais de comércio e currais, muitas vezes num único prédio."

REDE, Marcelo. *A Mesopotâmia*. São Paulo: Saraiva, 1997. p. 19.

Detalhe do Portão de Ishtar, construído no século VI a.C., durante o reinado de Nabucodonosor II. Dedicado à deusa Ishtar, era uma das várias portas que davam acesso à cidade da Babilônia. Ao longo do trajeto, paredes decoradas com mais de cem figuras de leões em tijolos envidraçados conduziam ao interior da cidade.

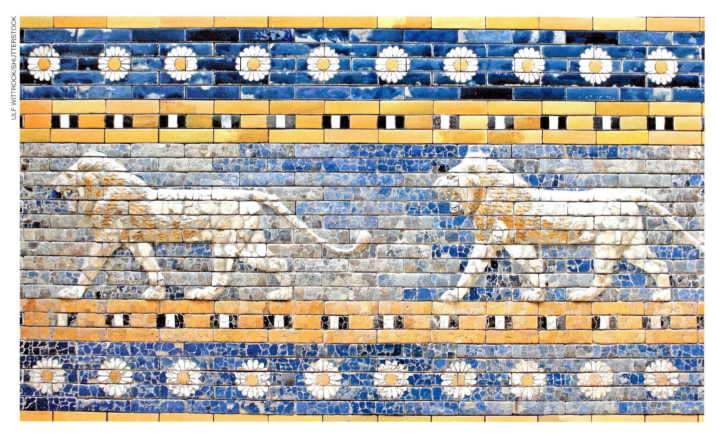

87

A ECONOMIA MESOPOTÂMICA

A base da economia mesopotâmica era a **agricultura**. Os principais produtos cultivados eram linho, lentilha, trigo, gergelim e cevada. Em pequenas áreas, os camponeses produziam legumes e hortaliças.

A água necessária para irrigar as plantações era captada dos rios Tigre e Eufrates, que também possibilitavam a pesca e a criação de animais. Os mesopotâmicos criavam ovelhas para a produção de lã; cabras e vacas para a obtenção do leite e de seus derivados; mulas e bois para o transporte e a tração dos arados nos campos.

Por meio de trocas, os povos da Mesopotâmia adquiriam de outras regiões produtos como madeira, metais e pedras preciosas, fornecendo, inicialmente, artigos agrícolas e objetos artesanais. Com o crescimento das cidades e o aumento das **atividades comerciais**, os mercadores passaram a utilizar peças de metal como pagamento. Até para o comércio os rios eram importantes: eles serviam de vias para a circulação de pessoas e de mercadorias.

Dialogando com Geografia

Explore

- Sabendo que a palavra "dádiva" significa presente, quais seriam as principais dádivas do Rio São Francisco para a região? Por que o uso da palavra "dádiva", nesse caso, poderia ser questionado?

É BOM SABER

"Dádivas" do Rio São Francisco

No passado e no presente, a água dos rios dá vida às plantações, às pessoas e aos animais e abastece as cidades. Você sabia que o Brasil tem a maior rede hidrográfica do mundo? Que o maior rio inteiramente brasileiro é o São Francisco?

Com 3.160 quilômetros de extensão, o "Velho Chico", como o rio é carinhosamente chamado, percorre cinco estados brasileiros: Minas Gerais, Bahia, Pernambuco, Alagoas e Sergipe. Suas águas irrigam terras áridas do sertão nordestino, possibilitando que a vida floresça em suas margens. O maior polo produtor de frutas tropicais do país, situado entre os municípios de Juazeiro, na Bahia, e Petrolina, em Pernambuco, desenvolveu-se graças às águas do São Francisco.

Além disso, o potencial hídrico do São Francisco é aproveitado pelas usinas hidrelétricas de Três Marias, Sobradinho, Itaparica, Paulo Afonso e Xingó, produzindo milhões de quilowatts (kW) de energia.

Trabalhadores colhem uva em área irrigada do Projeto Senador Nilo Coelho, em Petrolina (PE), foto de 2015.

UMA RELIGIÃO COM MUITOS DEUSES

Os mesopotâmicos eram **politeístas**, ou seja, cultuavam vários deuses. Entre estes destacavam-se Enki, deus sumério da água doce e da sabedoria; Ishtar, deusa babilônica do amor e da guerra; e Assur, o principal deus assírio, um forte guerreiro. Os deuses para eles eram semelhantes aos seres humanos, com a diferença de que eram poderosos e imortais. Eles casavam, tinham filhos, ficavam tristes ou alegres e podiam ser cruéis, invejosos ou caridosos.

Os templos representavam a moradia dos deuses na Terra. Geralmente eram construídos sobre uma torre de escadas chamada **zigurate** ("prédio alto"). Os zigurates ficavam em posição destacada na cidade para que todas as pessoas pudessem contemplá-los.

Dirigidos por um grão-sacerdote, os templos eram locais de culto e demais cerimônias religiosas. No interior deles, os sacerdotes dirigiam rituais de sacrifício de animais, práticas mágicas e oferendas aos deuses.

ORGANIZAR O CONHECIMENTO

1. Complete o quadro sobre as sociedades da antiga Mesopotâmia.

SOCIEDADES DA MESOPOTÂMIA				
Principais rios	Atividades econômicas	Grupos sociais	Religião	Técnicas agrícolas
		Indivíduos livres (_____ entre eles)	Cultuavam vários deuses (_____)	Arado e _____
	Comércio/ _____	_____ (minoria)	_____ eram os deuses principais	

2. Escreva A para assírios, B para babilônios ou S para sumérios.

a) (   ) Acredita-se que tenham fundado as primeiras cidades e o primeiro sistema de escrita de que se tem notícia.

b) (   ) Criaram o Código de Hamurábi, o mais antigo código de leis de que se tem registro.

c) (   ) Destacaram-se por sua habilidade no campo militar, que garantiu grandes conquistas territoriais ao seu império.

d) (   ) Construíram o primeiro e o último império da Mesopotâmia.

Zigurate da antiga cidade suméria de Ur, no atual Iraque. Foto de 2015. Na Mesopotâmia, religião, política e ciência estavam intimamente ligadas. Por isso, os templos também eram centros de pesquisa e ensino, onde a escrita e a astronomia tiveram um grande desenvolvimento.

Reprodução proibida. Art. 184 do Código Penal e Lei 9.610 de 19 de fevereiro de 1998.

RASOUL ALI/CROWDSPARK/AFP

TEMA 2

EGITO: TERRA DOS FARAÓS

NILO: O RIO QUE DÁ A VIDA AO EGITO

Ao longo do vale do **Rio Nilo**, os antigos egípcios desenvolveram uma grande civilização. Observando a natureza, eles perceberam que o Rio Nilo tinha períodos de enchente (julho a setembro) e de vazante (a partir de outubro), fases que se repetiam regularmente. Ao notar isso, puderam planejar as atividades nas aldeias para aproveitar os benefícios do rio.

No período de enchentes, os camponeses eram recrutados pelo faraó para trabalhar na construção de templos, canais de irrigação, represas, fortalezas e outras obras públicas. Nas vazantes, eles começavam a semear a terra, umedecida e fertilizada pelo húmus.

Os camponeses egípcios cultivavam trigo, cevada, ervilha, lentilha, verduras, frutas, linho e outros produtos. Além do trabalho agrícola, eles também criavam porcos, carneiros, bois, gansos e patos.

Os egípcios logo perceberam que o ciclo do rio tinha a sua inconstância. Por isso, passaram a estocar alimentos para os períodos de seca, a construir diques para barrar a força da correnteza e um sistema de canais para distribuir melhor a água pelo vale.

Húmus: material orgânico formado principalmente de vegetais decompostos ou em decomposição.

> Como os egípcios aproveitaram as águas do Nilo para construir uma grande civilização?

Vista do Rio Nilo cortando a cidade do Cairo, capital do Egito. Foto de 2011. No Egito atual, o rio é utilizado não apenas para a agricultura, mas também no transporte, no abastecimento das cidades e na geração de energia.

Clipe

90

O NASCIMENTO DO EGITO FARAÔNICO

Os primeiros grupos humanos começaram a se instalar no vale do Rio Nilo por volta de 6000 a.C. Vivendo inicialmente de forma igualitária, com o tempo as comunidades cresceram e surgiram diferenças sociais entre seus membros. É provável que a necessidade de organizar a irrigação tenha levado essas comunidades a se unir formando grupos maiores, chamados **nomos**.

Os nomos cresceram rapidamente. Por volta de 3300 a.C., a união de vários nomos deu origem a dois reinos: o **Alto Egito**, no sul, e o **Baixo Egito**, no norte. Conta a tradição que duzentos anos mais tarde o rei Menés, do sul, unificou os dois reinos e fundou a realeza faraônica. Menés, por isso, é considerado o primeiro **faraó** do Egito.

O FARAÓ: GUARDIÃO DO EGITO

O faraó era o rei e o sumo sacerdote do Egito antigo. Era considerado um deus encarnado, escolhido por outros deuses para garantir a estabilidade no mundo. Ele estava ligado ao deus Hórus, filho dos deuses Ísis e Osíris e rei do mundo dos vivos. O faraó tinha de estar sempre pronto para enfrentar as forças visíveis e invisíveis que ameaçavam destruir o Egito.

Considerado o protetor da ordem universal, o faraó passava por muitos ritos ao longo do seu reinado. O primeiro era a cerimônia de entronização. Ao assumir o trono, o faraó incorporava o espírito de Hórus, que o guiaria pelo resto da vida. Outro ritual de grande importância era realizado no Festival Heb-Sed. Nessa festividade, celebrada após muitos anos de governo, o faraó passava por um ritual de morte e renascimento, que renovava suas forças e fertilizava a terra.

O EGITO ANTIGO

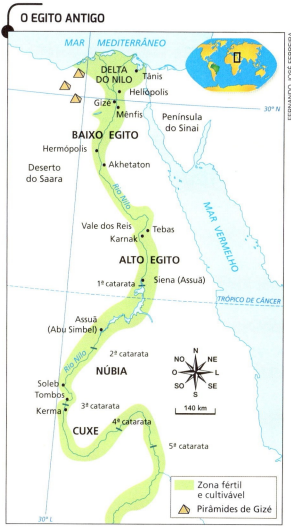

Fonte: DUBY, Georges. *Atlas historique mondial.* Paris: Larousse, 2003. p. 7.

DIVISÃO POLÍTICA DO EGITO ANTIGO

A história política do Egito unificado divide-se tradicionalmente em três fases.

Linha do tempo sem escala temporal.

Entre essas três fases da história política do Egito antigo, há o que os historiadores chamam de **períodos intermediários**, em que os faraós tiveram pouco poder ou o Egito esteve sob domínio estrangeiro.

91

OS COLABORADORES DO FARAÓ

O faraó, com sua autoridade divina, definia os objetivos do governo, comandava o exército e controlava a administração de todo o Egito. Na prática, porém, o faraó era auxiliado por pessoas que recebiam dele o poder de celebrar os cultos e de administrar e proteger as terras do império: sacerdotes dos templos, ministros, funcionários das províncias e generais do exército.

Até a quinta dinastia (c. 2500 a.C.), muitas dessas funções eram exercidas por membros da própria família real. Depois disso, com o crescimento do império, criou-se uma camada numerosa de burocratas encarregados de coordenar as obras públicas, cobrar impostos, zelar pela segurança e cuidar dos templos e dos palácios. Os funcionários mais importantes eram o vizir, os sacerdotes e os escribas.

- **Vizir**. Uma espécie de primeiro-ministro do faraó, era o mais importante funcionário do Estado. Ele presidia o tribunal de justiça, chefiava a polícia e os assuntos externos e controlava a arrecadação de impostos em todo o império.

- **Sacerdotes**. Estavam encarregados de administrar os templos e todos os serviços religiosos. Possuíam muitas terras, e milhares de pessoas trabalhavam para eles.

- **Escribas**. Como sabiam ler e escrever, eles registravam os impostos arrecadados e faziam o censo da população, dos animais e das colheitas.

As guerras travadas contra os invasores hicsos, iniciadas por volta de 1600 a.C., fortaleceram o exército e seus chefes militares. No esforço para expulsar o invasor, o governo egípcio criou um exército profissional. Mas, enquanto os oficiais provinham geralmente das camadas mais abastadas da população egípcia, os soldados eram recrutados entre os estrangeiros.

Hicso: povo de origem asiática que dominou o Egito entre 1782 e 1570 a.C.

PARA NAVEGAR

- **Passeio virtual pelas Pirâmides de Gizé**
Disponível em <http://mod.lk/AFE6r>.
Acesso em 3 maio 2018.

Que tal conhecer as Pirâmides de Gizé de perto? O Google disponibiliza um link em que, além de fazer uma visita autoguiada por este sítio arqueológico, é possível também conhecer detalhes a respeito de sua construção. Você acredita que foram utilizados cerca de 2,3 milhões de blocos nessa obra?

Pirâmides de Gizé, nos arredores da cidade do Cairo, no Egito. Foto de 2016. Construídas no Antigo Império para abrigar o túmulo dos faraós, as pirâmides de Quéops, Quéfren e Miquerinos são, atualmente, um dos locais mais visitados do mundo.

Maquete de madeira, c. 1990 a.C., que representa escribas (embaixo da cobertura) fazendo o inventário do rebanho de um alto funcionário do faraó.

VIDA E TRABALHO NO EGITO ANTIGO

A maior parte da população do Egito era constituída de **camponeses**. Eles cultivavam as terras do faraó, dos sacerdotes e dos altos funcionários do Estado. Os camponeses viviam com poucos recursos, pois a maior parte da colheita era destinada aos donos da terra e ao faraó.

Além do trabalho duro na semeadura e na colheita, os camponeses tinham de combater insetos, pássaros e ratos que destruíam as plantações e manter os ladrões longe da lavoura. Na época das cheias, eles eram recrutados pelo Estado para trabalhar na construção de pirâmides, canais de irrigação e outras obras públicas; durante as guerras, eram obrigados a servir o exército.

As campanhas militares egípcias serviam também para obter escravos, que eram recrutados tanto entre os prisioneiros de guerra quanto como forma de tributo cobrada das regiões conquistadas. Entretanto, os escravos eram minoria na sociedade egípcia.

À medida que os domínios egípcios se expandiram e a economia se desenvolveu, novas profissões apareceram, a maior parte delas nas **cidades**. Estas se diferenciavam pelas funções que ocupavam.

- Havia cidades de **pirâmides**, como Gizé, que abrigavam operários que construíam as tumbas reais e sacerdotes que cuidavam do culto ao faraó morto.

- Outras cidades eram construídas para ser a **residência da família real**. Era o caso de Per-Ramsés, na região do delta, que abrigava joalheiros, sapateiros, oleiros, padeiros, entre outros artesãos, além de escribas e sacerdotes.

- Nas **cidades-porto**, que funcionavam como centros de comércio ou bases navais, havia mercadores, construtores de barcos, ferreiros, militares, entre outros ofícios.

No Egito antigo, um assentamento era considerado urbano se uma parte expressiva dos seus habitantes se dedicava a atividades não agrícolas.

Escultura egípcia em rocha calcária representando sacerdotisa com mesa de oferendas, c. 1450 a.C.

93

A CONDIÇÃO DE VIDA DAS MULHERES

A real situação da mulher no Egito antigo é objeto de muita polêmica entre os estudiosos. Há, de um lado, os que defendem que as mulheres e os homens tinham os mesmos direitos e importância social; e, de outro, os que avaliam que as mulheres estavam relegadas a uma posição secundária naquela sociedade. Para esses especialistas, as poucas rainhas-faraós conhecidas só teriam assumido o trono porque não havia sucessores do sexo masculino.

Apesar da incerteza, os historiadores admitem que as mulheres egípcias tinham direitos que inexistiam na maior parte das civilizações antigas. Em geral, podiam exercer os mesmos ofícios que os homens, divorciar-se deles, casar-se por amor, adquirir bens próprios e aparecer em público sem restrições.

No entanto, tudo indica que não havia uma situação homogênea entre elas. As mulheres da elite eram mais protegidas pela lei do que as camponesas e as artesãs.

"É incrível o que um pouco de trabalho em equipe é capaz de realizar!"

Charge de Loren Fishman, 2012.

Explore

1. Quais características da sociedade egípcia foram representadas nessa tirinha? Aponte elementos da imagem para justificar sua resposta.
2. Explique o humor provocado pelo quadrinho.

ORGANIZAR O CONHECIMENTO

1. Complete o quadro a seguir sobre a antiga civilização egípcia.

EGITO ANTIGO	
Continente	
Rio principal	
Governante	
Capitais	
Atividades econômicas	

2. Elabore uma pergunta a respeito da sociedade egípcia para cada uma das respostas a seguir.
   a) Faraó.
   b) Vizir.
   c) Escribas.
   d) Sacerdotes.
   e) Camponeses.

94

ATIVIDADES

APLICAR

1. O Estandarte de Ur, peça suméria produzida entre 2600 a.C. e 2400 a.C., foi encontrado na década de 1920 em um túmulo da antiga cidade de Ur, no atual Iraque. A obra é formada de dois pequenos painéis conhecidos como "Guerra e Paz". Observe as imagens ao lado e descubra por quê.

   a) Qual painel corresponderia à "Guerra"? Justifique.

   b) Descreva o que está representado no painel conhecido como "Paz".

   c) Com base na análise feita dos dois painéis, apresente algumas características da sociedade suméria.

Os painéis do Estandarte de Ur são ricamente trabalhados com calcário, concha, betume e pedras de lápis-lazúli.

2. Leia o trecho de um hino que celebrava a elevação de Ramsés II (c. 1280-1213 a.C.) ao trono no Egito. É possível reconhecer, nesse hino, o significado que a figura do faraó tinha para os antigos egípcios? Justifique.

   "Ó dia feliz! O céu e a terra estão alegres porque tu és o grande senhor do Egito! [...]

   Todos resplandecem de júbilo desde que foi dito: 'o rei do Alto e Baixo Egito Heqamaatra, ostenta de novo a coroa branca!

   O filho de Rá, Ramsés, ocupou o trono que foi de seu pai!'

   As duas terras dizem-lhes: 'Belo é Hórus no trono de seu pai Amon-Rá, do deus que o enviou, do protetor deste soberano, que conquista todos os países!'"

   HORNUNG, Erik. O rei. In: DONADONI, Sérgio (Org.). *O homem egípcio*. Lisboa: Presença, 1990. p. 251-252.

RETOMAR

3. Responda às questões-chave da abertura dos temas 1 e 2.

   a) Quais realizações dos povos da Mesopotâmia marcaram o surgimento das primeiras civilizações humanas?

   b) Como os egípcios aproveitaram as águas do Nilo para construir uma grande civilização?

TEMA 3

A VIDA E A MORTE NO EGITO ANTIGO

Qual era o papel da religião para os antigos egípcios? Por que eles mumificavam os mortos?

O FARAÓ E OS DEUSES EGÍPCIOS

No Egito dos faraós, a religião estava presente em todos os momentos da vida. Cada cidade, cada vila e cada lar cultuavam divindades específicas, mas havia também deuses e deusas cultuados em todo o Egito. De tempos em tempos, o deus relacionado à dinastia do faraó poderia chegar a ser uma divindade de todo o território, pois, afinal de contas, o faraó também era um escolhido dos deuses.

Por que chove tanto em alguns meses? Por que há o dia e a noite? Por que a Lua muda de fases? Questões como essas, hoje respondidas com explicações científicas, no Egito antigo tinham respostas religiosas. O deus **Hapi**, por exemplo, era a divindade que trazia as inundações e cobria a terra com o húmus fertilizante.

O Sol era representado por diversas divindades. O deus **Rá** (também conhecido como Amon-Rá) era o principal e mais conhecido. **Hórus**, com corpo de homem e face de falcão, representava o dia. As esfinges, com corpo de felino e cabeça humana, também eram representações das divindades solares. A Lua era representada pelo deus **Ah** e a noite pela deusa **Nut**.

Os deuses também simbolizavam as qualidades humanas. A deusa **Ísis**, por exemplo, representava a boa esposa e a mãe que cuida muito bem do seu filho (o deus Hórus). A deusa **Hathor**, representada por uma mulher com chifres ou com cabeça de vaca, tinha a capacidade de trazer prosperidade e felicidade.

Escultura em granito da deusa Hathor, c. 1390-1353 a.C. Hathor era também a deusa do amor. Muitas de suas qualidades foram atribuídas a Ísis; por isso, as representações dessas duas divindades são muito semelhantes.

O MUNDO DOS MORTOS

A crença na vida após a morte era um ponto central da religião no antigo Egito. Na visão de mundo dos egípcios, havia uma relação de continuidade entre a vida terrena e o que eles chamavam de mundo inferior. A vida, para eles, era vista como uma caminhada. No momento da morte física, o coração parava e essa caminhada era interrompida. Por isso, era necessário preparar o morto para retomar, após a morte, o caminho iniciado no mundo terreno.

O preparo do morto para renascer no mundo inferior envolvia várias práticas funerárias que tinham como centro o ritual da **mumificação**. Os rituais funerários, da preparação da múmia ao enterro na tumba, tinham como função eliminar do corpo tudo que causasse corrupção e podridão e criar um corpo purificado para trilhar o caminho da eternidade.

O PROCESSO DE MUMIFICAÇÃO

Primeiro, os órgãos internos do corpo eram removidos para serem guardados em uma vasilha.

Em seguida, o corpo era coberto com bicarbonato de sódio para secar e preservar o cadáver.

Passados sessenta dias, o corpo era preenchido com óleos e resinas para perfumá-lo e conservá-lo.

Por fim, o corpo era envolvido em faixas de linho, colocado no sarcófago e enterrado.

Fonte: HERÓDOTO. *História* [II, 86]. Rio de Janeiro: Ediouro, s.d. p. 111.

DE OLHO NA IMAGEM

O *LIVRO DOS MORTOS* E A PESAGEM DO CORAÇÃO

O Livro dos mortos é uma coletânea de orações e cânticos religiosos que serviam para guiar o falecido em sua viagem pelo mundo inferior. No início do Novo Império (c. 1570 a.C.), os textos eram escritos nas paredes das tumbas. Com o tempo, eles começaram a ser copiados em papiros ou em faixas de linho e colocados no caixão, acompanhando o morto.

Segundo a tradição egípcia, quando uma pessoa morria, a alma se separava do corpo e o reencontrava antes de apresentar-se no Tribunal de Osíris, esposo de Ísis e rei do mundo dos mortos.

No tribunal, ocorria a pesagem do coração. Na presença do deus Anúbis, o coração do morto era colocado em uma balança que tinha como contrapeso Maat, a deusa da verdade e da justiça, geralmente representada por uma pluma. Se o coração pesasse mais que Maat, ocorria a segunda morte da pessoa, que seria esquecida para sempre. Se o peso do coração fosse menor ou igual ao de Maat, o morto poderia continuar sua caminhada no mundo inferior.

A cena representada nessa passagem do Livro dos mortos mostra a cerimônia de julgamento de Hunefer, escriba da corte do faraó Ramsés I (c. 1307-1306 a.C.).

Página do *Livro dos mortos* de Hunefer, c. 1307-1306 a.C.

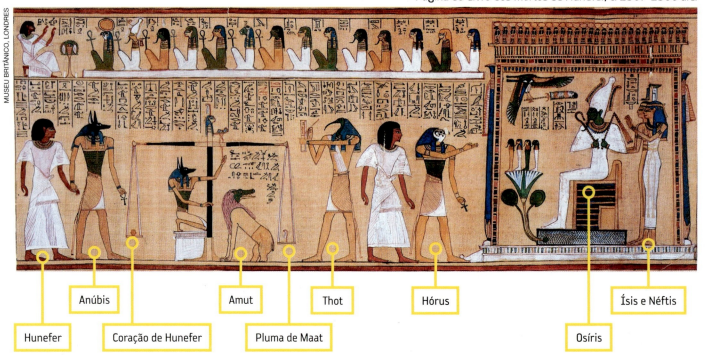

Legendas: Hunefer | Anúbis | Coração de Hunefer | Amut | Pluma de Maat | Thot | Hórus | Osíris | Ísis e Néftis

QUESTÕES

1. A imagem reproduzida nesta seção pode ser vista como uma narrativa.
    a) Qual é o tema central da história? Justifique com elementos da própria imagem.
    b) A última parte da pintura mostra o desfecho da história. Por que ela se destaca em relação às demais?

2. Quais características da religião e da arte do Egito antigo você identifica nessa passagem do *Livro dos mortos*?

3. A história contada nessa pintura tem vários deuses: Anúbis, Thot, Osíris, Ísis e Hórus. Com base na pintura e no estudo do tema 3 desta unidade, redija uma narrativa contando a história mostrada na imagem. Use a **imaginação** e a **criatividade**!

98

A ESCRITA DOS SÁBIOS E A ESCRITA DO COTIDIANO

A primeira forma de escrita no Egito foi o **hieróglifo**, que surgiu por volta de 3300 a.C. No início, ela era pictográfica, isto é, representava objetos por meio de desenhos. Com o tempo, essa escrita passou a ser ao mesmo tempo ideográfica, contendo sinais representando ideias, e fonética, com sinais que representavam sons da fala.

A escrita **hierática** se desenvolveu posteriormente. Era uma escrita hieroglífica simplificada, usada para registros cotidianos. A escrita **demótica**, ou popular, apareceu por volta do ano 700 a.C. Era uma escrita mais simples, que servia também para escrever cartas, fazer contas e registros.

Saber ler e escrever no Egito antigo era indispensável ao indivíduo que quisesse seguir uma carreira de funcionário do faraó, ser sacerdote de um templo ou mesmo general de um exército.

Com o passar dos anos e o fim da realeza faraônica, os hieróglifos caíram em desuso e nem mesmo os egípcios compreendiam aqueles sinais.

Explore

1. Quais nomes foram utilizados por Champollion para decifrar os hieróglifos?
2. Explique a diferença entre hieróglifos fonéticos e determinativos e como eles se relacionam em uma mesma palavra.

Decifrando hieróglifos egípcios

Será que você consegue decifrar hieróglifos como Champollion? Vamos tentar! Disponível em <http://mod.lk/ar0604>.

É BOM SABER

A decifração dos hieróglifos

Em 1799, um grupo de soldados franceses descobriu na cidade de Roseta, no Egito, uma pedra com inscrições em hieróglifo, demótico e grego. Ao traduzir as inscrições em grego e em demótico, pesquisadores concluíram que se tratava de um mesmo documento, escrito em duas línguas.

O próximo passo era descobrir a relação entre os hieróglifos e os caracteres gregos e demóticos. O trabalho de tradução mais bem-sucedido foi o do linguista francês Jean-François Champollion, grande conhecedor da cultura egípcia.

Graças aos estudos do físico e egiptólogo britânico Thomas Young, Champollion reconheceu o nome do faraó egípcio "Ptolomeu", comparando a posição dele na escrita hieroglífica e nas escritas demótica e grega. A descoberta descortinou uma história de milhares de anos.

Pedra de Roseta. O péssimo estado de conservação da pedra fez com que Champollion levasse 23 anos para concluir seu trabalho de decifração.

ORGANIZAR O CONHECIMENTO

1. Descreva o processo de mumificação.
2. Elimine do quadro a expressão que não faz parte do grupo e a substitua por outra que faça sentido.

| escrita hierática | escrita cuneiforme | escrita demótica |

TEMA 4 - PRIMEIRAS CIVILIZAÇÕES AMERICANAS

Quais características das civilizações mesopotâmicas e egípcia se assemelham às das primeiras civilizações americanas?

Sítio arqueológico de Caral, no Peru. Foto de 2017.

CARAL: UMA CIVILIZAÇÃO PIONEIRA

Na unidade 2, você estudou que os registros mais antigos de prática agrícola foram encontrados na região do Crescente Fértil, no norte da China e no sul do México, no continente americano. Partindo desses três centros de origem, a agricultura teria se espalhado para outras áreas do planeta.

No Crescente Fértil, com a expansão da agricultura e da criação de gado, a população cresceu e na proximidade dos rios surgiram, com o tempo, as primeiras aldeias e cidades. As civilizações mesopotâmicas e egípcia, estudadas nos temas anteriores, são consideradas as mais antigas dessa região.

Na América, a cidade mais antiga da qual existem evidências surgiu na região andina, no sul do continente. Seu nome é **Caral**, localizada a 200 km de onde hoje se situa Lima, a capital do Peru. Ela foi o centro de uma civilização tão antiga quanto as do Crescente Fértil. Como se pode notar, a primeira civilização americana não surgiu no México, que é tido como o local de origem da agricultura no continente.

UM CENTRO CERIMONIAL

A civilização de Caral se desenvolveu no vale do Rio Supe e de outros menores na costa desértica do centro e do norte do Peru. Segundo pesquisas conduzidas pela arqueóloga peruana Ruth Shady, as construções descobertas no sítio arqueológico de Caral datam de 3000 a.C., o que significa que a cidade tem pelo menos 5 mil anos de antiguidade.

Acredita-se que a cidade de Caral tenha sido um centro cerimonial dedicado ao culto aos deuses. Seu conjunto arquitetônico é formado de sete grandes pirâmides, circuladas de 25 menores, e de uma área residencial, onde viviam cerca de 3 mil pessoas. A base da alimentação em Caral eram peixes e crustáceos. Mas há indícios do cultivo de abóbora, batata-doce, amendoim e feijão, que completavam a dieta da população. É possível também que cultivassem o milho.

Centro cerimonial: local formado por um centro religioso, comercial e administrativo, com a presença de pirâmides, templos e outros monumentos, e cercado por várias aldeias agrícolas.

CHAVÍN DE HUANTAR

Até as pesquisas demonstrarem a antiguidade de Caral, Chavín de Huantar era considerada a cultura mais antiga dos Andes peruanos. Centro político-cerimonial, Chavín surgiu nas terras altas da Cordilheira dos Andes por volta de 1000 a.C. O centro da cultura Chavín apresentava muitas características comuns a outros centros políticos da costa peruana, como pirâmides, praças e pátios afundados.

A monumentalidade de suas construções supera a de outros núcleos da região, o que demonstra sua relevância política regional. Além disso, a cerâmica desenvolvida pela primeira vez em Chavín de Huantar foi copiada em diversas regiões dos Andes Centrais, o que mostra sua influência cultural.

Por volta do ano 300 a.C., Chavín de Huantar entrou em colapso. Segundo alguns especialistas, é provável que um longo período de guerras entre diversos povos andinos tenha desarticulado as rotas de comércio que existiam na região e levado os chavíns a contestar a autoridade dos sacerdotes, os principais líderes desse povo.

POVOS DOS ANDES CENTRAIS (c. 3000 a.C.-300 a.C.)

Fontes: DUBY, Georges. *Atlas histórico mundial*. Barcelona: Larousse, 2010. p. 144; *Arqueología del Peru*. Disponível em <http://mod.lk/enwap>. Acesso em 18 maio 2018.

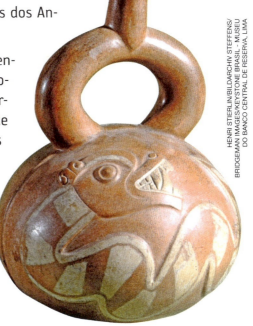

Vaso chavín, c. 200 a.C. De maneira geral, os chavíns representavam animais predadores em suas imagens. Os estudiosos acreditam que esses símbolos estivessem relacionados aos governantes e às elites dirigentes locais.

AS PRIMEIRAS CIVILIZAÇÕES DA MESOAMÉRICA

As primeiras civilizações da Mesoamérica, centro de origem da agricultura americana, são no mínimo mil anos mais jovens que a civilização de Caral. Chamamos de Mesoamérica uma grande área geográfica e cultural do continente americano que se estende do sul do México até a América Central (observe o mapa abaixo). Os povos que habitavam essa região, apesar de suas especificidades, também partilhavam características culturais e históricas comuns importantes.

Algumas das principais características do modo de vida mesoamericano eram a utilização do **milho** como base da alimentação, a criação de centros cerimoniais de culto aos deuses, a construção de grandes pirâmides escalonadas, o uso de um sistema de calendário baseado em dois ciclos simultâneos e o desenvolvimento de escritas pictoglíficas.

Escrita pictoglífica: forma de escrita que combina elementos pictóricos (escrita por meio de cenas figuradas) e glíficos (escrita por meio de símbolos, ou seja, desenhos).

Explore

1. Que países atuais se localizam na região denominada Mesoamérica?
2. Por meio desse mapa, é possível afirmar que os antepassados de muitos habitantes que vivem hoje nos países da Mesoamérica são indígenas? Por quê?

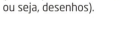

Mapa interativo

Fontes: Tiempo mesoamericano (2500 a.C.-1521 d.C.). *Arqueología Mexicana*. Edición especial. México (DF): Raíces/Instituto Nacional de Antropología e Historia, 2001. p. 23, 29 e 51; AUSTIN, Alfredo López; LUJÁN, Leonardo López. *El pasado indígena*. 2. ed. Cidade do México: FCE, COLMEX, FHA, 2001. p. 72.

POVOS DA MESOAMÉRICA (c. 1200 a.C.-1000 d.C.)

OLMECAS E ZAPOTECAS

Os primeiros centros cerimoniais da Mesoamérica foram construídos pelos **olmecas**, entre 1400 a.C. e 1200 a.C., próximo ao Golfo do México. Neles, os olmecas ergueram grandes edifícios e desenvolveram a agricultura. Entre os alimentos cultivados por essa civilização estavam o milho, o feijão, a abóbora e diferentes tipos de pimenta. A alimentação era complementada pela caça e pela pesca.

Os olmecas também criaram calendários com base na observação dos astros celestes e produziram um artesanato muito sofisticado. Nos principais centros, como La Venta, artesãos olmecas produziram estatuetas e cerâmicas de uso cerimonial que foram encontradas ou copiadas em muitas outras partes da Mesoamérica. Essa característica revela a importância da religião para essa sociedade.

Quando o domínio olmeca entrou em colapso, por volta de 400 a.C., os **zapotecas** começaram a construir seus centros cerimoniais na região de Oaxaca, no sul do México. O principal deles, Monte Albán, é considerado a primeira cidade da Mesoamérica. Além das construções típicas dos centros cerimoniais, como praças, templos e pirâmides, Monte Albán contava também com setores de residência permanente das elites dirigentes e com bairros especializados na confecção de certos produtos. A cidade chegou a ter 17 mil habitantes e a dominar outras regiões.

Assim como os olmecas, os zapotecas também desenvolveram esculturas e desenhos em pedra que representavam guerreiros, membros da nobreza, governantes e antepassados. Também há representações de rituais e cerimônias. Além disso, essa civilização chegou a desenvolver um tipo de escrita, que ainda não foi decifrada.

Cabeça colossal olmeca produzida entre os séculos XIII-X a.C. Esculpidas em rochas basálticas, as cabeças olmecas podiam medir até 3,40 metros de altura e pesar 10 toneladas. Elas representavam governantes olmecas e seu imenso poder.

Vista do sítio arqueológico de Monte Albán, primeira cidade da Mesoamérica. México, foto de 2014.

Vista do sítio arqueológico de Teotihuacán, no México, em foto de 2014.

A CIDADE-ESTADO DE TEOTIHUACÁN

Cerca de 150 anos antes da era cristã, enquanto os romanos construíam um grande império na região do Mediterrâneo, no planalto central do México florescia a cidade-Estado de **Teotihuacán**. Encravada no meio das montanhas, Teotihuacán se destacou pela construção de complexos residenciais e um magnífico centro cerimonial, onde foram erguidas a Pirâmide do Sol e a Pirâmide da Lua.

A localização privilegiada de Teotihuacán favoreceu sua prosperidade: a cidade estava cercada de rios e terrenos férteis para a agricultura e próxima a regiões em que era possível obter rochas vulcânicas e argila para o artesanato, além de estar situada no cruzamento de diversas rotas comerciais. O controle dessas rotas permitiu que Teotihuacán se tornasse a cidade mais poderosa da Mesoamérica por volta do século V, quando sua população chegou a 50 mil pessoas.

Ao estabelecer contatos comerciais com outros povos, os teotihuacanos também difundiram seus costumes, estilos artísticos e arquitetônicos e modas entre as elites estrangeiras. Apesar de ter exércitos, as evidências arqueológicas sugerem que eles serviam mais para proteger a estrutura comercial de Teotihuacán do que propriamente atacar outros povos mesoamericanos. Aparentemente, os contatos com os zapotecas de Oaxaca e com os maias do sudeste foram predominantemente pacíficos.

ORGANIZAR O CONHECIMENTO

1. Copie e complete no caderno o quadro sobre as antigas civilizações americanas.

	Onde floresceu	Em que período	Principais registros deixados
Caral			
Chavín			
Olmecas e zapotecas			
Teotihuacán			

2. Elimine do quadro o termo que não faz parte do grupo, explique e o substitua por outro que faça sentido.

| canais de irrigação   pirâmides |
| Mesoamérica   comércio   Caral |

ATITUDES PARA A VIDA

Teotihuacán: a cidade dos deuses

Entre as construções do centro cerimonial da cidade de Teotihuacán destacam-se a Pirâmide do Sol, a Pirâmide da Lua e o templo de Quetzalcoatl. A partir de uma base quadrada, eram erguidas plataformas feitas de terra e tijolos de barro, separadas por finas lajes. Depois, as pirâmides eram revestidas com pedras unidas por argamassa.

O conjunto formava uma paisagem imponente, onde aconteciam as cerimônias religiosas. No topo da Pirâmide do Sol, uma imagem portava no peito uma superfície polida, que refletia a luz do Sol sobre a multidão de fiéis. Ao entardecer, a Lua surgia no horizonte e iluminava a pirâmide construída em seu louvor, mantendo-a assim a noite toda. Os dois acontecimentos podiam ser vistos todo ano, no dia 6 de junho, e representavam a renovação da aliança entre o povo teotihuacano, a natureza e seus deuses.

A cidade de Teotihuacán também tinha bairros residenciais, que chegaram a abrigar cerca de 50 mil pessoas. Havia um sistema de escoamento para as águas da chuva e calçadas para os pedestres. Moradias maiores formavam outro bairro, onde provavelmente residiam os sacerdotes e os governantes da cidade. Nos quarteirões mais afastados, funcionavam oficinas de produção de utensílios de pedra e de cerâmica.

Desenho colorizado representando Quetzalcoatl, feito com base na imagem do *Codex Borbonicus*. Quetzalcoatl era uma divindade cultuada em várias sociedades da Mesoamérica, também conhecida como Serpente Emplumada. Estava associada ao cultivo do milho, alimento básico em toda a região, sendo também um símbolo de fertilidade e de regeneração.

 **QUESTÕES**

1. Que afirmativas apresentam atitudes decisivas para a formação de centros urbanos como Teotihuacán?
   a) As técnicas de construção utilizadas demonstram a criatividade daquele povo no aproveitamento de seus recursos naturais.
   b) Teotihuacán cresceu à medida que foram chegando novos habitantes, construindo moradias improvisadas ao acaso.
   c) Os idealizadores das grandes pirâmides do Sol e da Lua precisaram fazer cálculos precisos ao planejar sua construção.
   d) A capacidade das elites governantes de questionar e levantar problemas matemáticos foi decisiva para a construção das pirâmides.

2. Associe cada atitude a uma frase.
   1. Imaginar, criar e inovar.
   2. Esforçar-se por exatidão e precisão.
   3. Pensar de maneira interdependente.
   a) Em Teotihuacán desenvolveram-se estilos arquitetônicos e técnicas de construção que foram adotadas por outras civilizações da Mesoamérica.
   b) A edificação do centro cerimonial de Teotihuacán contou com a participação de muitas pessoas.
   c) A construção das pirâmides do Sol e da Lua demonstra o conhecimento que os teotihuacanos possuíam no campo da matemática, da geometria e da astronomia.

105

ATIVIDADES

APLICAR

1. O livro *Sátira das profissões*, escrito em papiro provavelmente entre 2060 a.C. e 1990 a.C., traz alguns conselhos do pai Kheti para seu filho Pepy durante uma viagem à escola de formação de escribas. O texto a seguir e outros conhecimentos que temos sobre a educação no Egito antigo foram produzidos principalmente com base nesse livro.

   "Os aprendizes da escrita, que ingressavam na escola [...] por volta dos cinco anos [...], deveriam aprender a escrever, a ler e a realizar pequenos cálculos. [O] treinamento era aplicado por professores, escribas profissionais e sacerdotes que não se encontravam a serviço do culto templário. Incentivava-se a cópia de textos [...] úteis para instruí-los sobre sua conduta e o modo de vida [...]. Como suporte para essas cópias os jovens estudantes empregavam lascas de calcário ou fragmentos de cerâmica [...], raramente teriam como praticar a escrita em um papiro [...], visto que se tratava de um material caro e de difícil confecção. Este só era destinado àqueles que possuíam a experiência e o conhecimento necessários com o pleno domínio das regras de sintaxe e da ortografia."

   SANTOS, Moacir Elias. A formação dos escribas entre os egípcios antigos. *Philía*. Jornal Informativo de História Antiga. Rio de Janeiro, ano XIII, n. 38, abr./maio/jun. 2001.

   a) Identifique no texto a idade com a qual os alunos entravam na escola, quem eram os professores e quais materiais eram usados no ensino.

   b) Quais diferenças e semelhanças você apontaria entre o ensino no Egito antigo e o ensino na sua escola?

   c) Na obra *Sátira das profissões*, o pai aconselha o filho Pepy a persistir nos estudos para ser um futuro escriba. Por que o pai recomendaria ao filho seguir essa profissão?

2. As obras de arte egípcias geralmente serviam para cobrir as tumbas dos faraós (pirâmides) ou para acompanhar os mortos em sua viagem ao além (sarcófagos, esculturas, pinturas, máscaras mortuárias etc.). A pintura seguia convenções rígidas. Ao pintar o corpo humano, cabeça, pernas e pés eram representados de perfil e o tronco de frente (lei da frontalidade). As figuras eram pintadas sem perspectiva, colocando em evidência os personagens mais importantes e o rosto das figuras. Com um colega, observem a imagem ao lado e respondam às questões.

   a) Descrevam os personagens e outras figuras que aparecem na pintura.

   b) Com base no que vocês estudaram sobre a religião dos egípcios antigos, que situação relacionada ao faraó Ramsés II foi representada nessa pintura?

   c) Na opinião de vocês, esse afresco segue as regras da pintura egípcia descritas no texto? Justifiquem.

Dialogando com Arte

O faraó Ramsés II entre os deuses Hórus (esquerda) e Anúbis (direita), c. 1290 a.C. Vale dos Reis, Luxor, Egito.

3. Leia o texto para responder às questões.

"Ela é também conhecida como a mãe de todas as culturas na Mesoamérica e representa uma das mais antigas que povoaram e floresceram no continente americano [...].

Algumas de suas obras mais majestosas são cabeças colossais que representam os governantes das regiões que hoje correspondem aos estados de Veracruz, Tabasco, Oaxaca y Chiapas no México [...]. Sabemos que algumas das cabeças colossais, pesando cerca de 40 toneladas, tiveram de ser transportadas costa acima por uma distância de 60 quilômetros."

Universidade Veracruzana. Disponível em <http://mod.lk/r39lv>. Acesso em 26 mar. 2018. (tradução nossa)

a) Qual é a civilização descrita no texto?
b) Que evidência aponta para ela?
c) Em que região do continente americano essa civilização floresceu?

4. Na América floresceram civilizações tão antigas quanto algumas que se desenvolveram na Mesopotâmia, no Egito e na Europa. Sobre elas, assinale a afirmativa correta.
   a) A construção de pirâmides é uma característica comum da arquitetura egípcia e da arquitetura das primeiras civilizações americanas.
   b) A mais antiga civilização americana de que se tem evidência surgiu no México, centro de origem da agricultura no continente.
   c) Ao contrário dos egípcios e dos mesopotâmicos, as primeiras civilizações americanas eram monoteístas.
   d) As civilizações de Caral e Chavín floresceram em uma planície encravada nas montanhas da Mesoamérica.

RETOMAR

5. Responda às questões-chave da abertura dos temas 3 e 4.
   a) Qual era o papel da religião para os antigos egípcios? Por que eles mumificavam os mortos?
   b) Quais características das civilizações mesopotâmicas e egípcia se assemelham às das primeiras civilizações americanas?

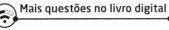 Mais questões no livro digital

AUTOAVALIAÇÃO

CONTEÚDOS

1. Como você avalia seu aprendizado nesta unidade? Bom, regular ou insatisfatório? Consulte os materiais que você utilizou durante seus estudos, incluindo atividades e anotações pessoais. Escreva no caderno uma frase explicando sua resposta para cada um dos itens abaixo.
   a) A importância dos rios e do trabalho humano para o desenvolvimento das civilizações mesopotâmicas e egípcia.
   b) Os grupos sociais, os sistemas de escrita e a religião na Mesopotâmia e no Egito antigo.
   c) A associação entre a religião no Egito antigo e o poder do faraó.
   d) A localização e as principais características das primeiras civilizações americanas.
   e) A importância das fontes da cultura material e da arqueologia para o estudo das civilizações antigas.

ATITUDES

2. Qual conteúdo ou atividade você considerou mais difícil nesta unidade? Alguma atitude o ajudou a superar essa dificuldade? Se sim, como? Retome a descrição das atitudes para responder.

3. Nesta unidade, priorizamos o trabalho com as seguintes atitudes: **imaginar, criar e inovar**; **esforçar-se por exatidão e precisão** e **pensar de maneira interdependente**. Dê exemplos de situações do estudo desta unidade em que você percebe que exercitou essas atitudes.

107

COMPREENDER UM TEXTO

Os costumes alimentares dos povos da Mesopotâmia geralmente variavam de acordo com a região e a posição social do indivíduo. Alguns desses costumes foram registrados em inscrições cuneiformes, que sobreviveram até os dias de hoje. Você vai conhecer alguns desses costumes alimentares no texto a seguir.

Ilustração atual representando o rei Assurbanipal e sua esposa sendo servidos durante um banquete.

Um banquete mesopotâmico

"O que comiam as pessoas na Mesopotâmia? Assim como outros povos antigos, comiam muito pão. [...]

Os mesopotâmios [...] usavam leite de vaca para fazer queijos e outros laticínios. Secavam peixe e o prensavam em blocos, depois cortavam a quantidade desejada. Às vezes faziam um molho de peixe chamado *shiqqu*. Em casamentos e outras ocasiões especiais, comiam carne de animais como cordeiro, cervo, cabra, pato ou ganso. Os babilônios gostavam também de comer uma espécie de camundongo.

Os mesopotâmios tinham a sorte de contar com uma variedade de frutas [...]. Comiam também cebola, alho, alface, pepino e cogumelos. Para temperar, usavam ervas e especiarias como hortelã, arruda, alecrim e coentro – e até pedaços de madeira aromática, como usamos a canela em pau. Adoçavam os alimentos com mel e açúcar de tâmara e tiravam óleo das sementes de gergelim, azeitonas e linhaça. Uma guloseima especial eram gafanhotos em salmoura servidos em espetos compridos.

As pessoas pobres, como os trabalhadores, tinham menos variedade de alimentos em sua dieta. Eles viviam sobretudo de pão e cebolas e comiam as cebolas cruas, como maçãs.

Espantosamente, estudiosos encontraram verdadeiras receitas mesopotâmicas escritas em tábuas de argila. Essas receitas – de sopas, guisados e tortas de aves – podem muito bem ter 3.700 anos de idade! [...]

LAÍS BICUDO

Na receita de torta de ave, o cozinheiro tempera aves pequenas com sal e as deixa cozinhando em uma panela com água, leite, banha e temperos. Enquanto isso, ele faz a massa com farinha de *sasku*, leite, alho, alho-poró, molho de peixe e outros ingredientes. O cozinheiro prepara a massa no formato de uma torta e também na forma de rolinhos *sebetu*. Enquanto as aves cozinham, ele assa a massa da torta e os rolinhos. Finalmente, coloca as aves e os rolinhos juntos dentro da massa tostada, fazendo uma torta.

Assurbanipal, um rei assírio, registrou o que serviu num banquete [...]. Nesse festim, [...] ele afirma ter servido:

– 14.000 carneiros comuns dos rebanhos pertencentes à deusa Ishtar;

– 1.000 carneiros engordados;

– 100 bois alimentados com cevada;

– 1.000 cordeiros;

– 1.000 bezerros e carneiros novos dos estábulos;

– 500 aves de caça;

– 500 gazelas;

– 1.000 aves grandes;

– 500 gansos;

– 10.000 pombos;

– 10.000 aves pequenas;

– 2.500 outras aves;

– 10.000 peixes;

– 10.000 ovos;

– 10.000 pães;

– 10.000 medidas de cerveja;

– 10.000 medidas de vinho.

E isso nem é o cardápio inteiro! Provavelmente alguns seres humanos partilharam esta refeição com os deuses."

BROIDA, Mirian. *Egito antigo e Mesopotâmia para crianças*. Rio de Janeiro: Zahar, 2002. p. 70-71.

ATIVIDADES

EXPLORAR O TEXTO

1. Podemos perceber que a alimentação dos mesopotâmicos era bastante diversificada. Extraia do texto informações que confirmem essa afirmativa.

2. Havia diferenças entre a alimentação dos ricos e a dos pobres? Se sim, quais?

3. A última frase do texto contém os termos "seres humanos" e "refeição". Em relação ao texto, os termos dessa frase se associam, respectivamente:

   a) a pessoas ricas e aos deuses mesopotâmicos.

   b) às pessoas que estiveram no banquete servido por Assurbanipal e aos deuses mesopotâmicos.

   c) a pessoas pobres e à abundância de alimentos do banquete servido por Assurbanipal.

   d) a pessoas ricas e à abundância de alimentos do banquete servido por Assurbanipal.

RELACIONAR

4. Com relação ao banquete oferecido por Assurbanipal, responda.

   a) De que maneira você imagina ter sido possível obter essa informação?

   b) Como o rei assírio conseguiu providenciar todas as delícias servidas em seu banquete?

5. Converse com alguém em sua casa sobre uma receita de torta salgada que é normalmente servida nas refeições. Em seguida, compare-a com a receita de torta mesopotâmica: você diria que são receitas parecidas ou muito diferentes? Justifique sua resposta.

109

REVISANDO

Mesopotâmia: berço de grandes civilizações

1. As sociedades mesopotâmicas se desenvolveram na região do **Crescente Fértil**, entre os rios **Tigre** e **Eufrates**.
2. As disputas entre as **cidades-Estado** mesopotâmicas levaram à formação de grandes **impérios**.
3. Na Mesopotâmia desenvolveu-se a primeira forma de **escrita** conhecida, chamada de **cuneiforme**.
4. A **agricultura** era a principal atividade econômica dos povos mesopotâmicos.

Egito: terra dos faraós

1. As **técnicas** criadas para aproveitar os benefícios das **inundações** periódicas do **Rio Nilo** propiciaram o desenvolvimento da civilização egípcia.
2. No Egito antigo, o **faraó** era considerado um **deus** encarnado, associado ao deus Hórus.
3. A **sociedade egípcia** era altamente hierarquizada, composta de membros da família real, funcionários do Estado, sacerdotes, militares, comerciantes, artesãos, camponeses e escravos.
4. A crença na **vida após a morte** era um aspecto fundamental da religião egípcia; por isso, foi desenvolvido o ritual de **mumificação** dos mortos.
5. O que sabemos sobre o Egito antigo se deve, principalmente, à decifração dos **hieróglifos** no século XIX por linguistas e historiadores.

As primeiras civilizações americanas

1. A mais antiga civilização da América da qual existem evidências é **Caral**, que floresceu nos **Andes peruanos** por volta de 3000 a.C.
2. **Chavín de Huantar**, que se desenvolveu na região andina, destacou-se pela construção de pirâmides e por uma **cerâmica** que inspirou outros povos ceramistas dos Andes.
3. Chamamos de **Mesoamérica** uma área geográfica e cultural que se estende do sul do México à América Central. Ela era habitada por **povos** que partilhavam **tradições culturais** comuns.
4. A civilização **olmeca**, a primeira da **Mesoamérica**, se destacou pela confecção de **cabeças colossais** esculpidas em pedra.
5. **Monte Albán**, construída pelos **zapotecas**, é considerada a primeira cidade da Mesoamérica.
6. As **pirâmides do Sol** e **da Lua**, construídas em **Teotihuacán**, são dois dos mais importantes patrimônios culturais do **México** atual.

 Trilha de estudo

Vai estudar? Nosso assistente virtual no *app* pode ajudar! <http://mod.lk/trilhas>

PARA LER

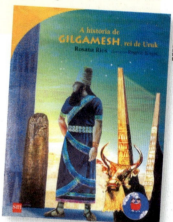

- **A história de Gilgamesh, rei de Uruk**
Autora: Rosana Rios
São Paulo: Edições SM, 2007

A epopeia de Gilgamesh foi escrita em 12 tabuletas de argila há cerca de cinco mil anos e narra os feitos memoráveis de heróis e deuses dos sumérios. O protagonista é Gilgamesh, rei da cidade de Uruk, que empreende uma jornada de muitas aventuras e peripécias em busca da imortalidade e da glória de sua cidade.

O livro e esta unidade

Leia as páginas 6 a 8 do livro para responder às questões.

1. Quais passagens do texto indicam o politeísmo dos sumérios?
2. Observe com atenção as diferenças entre Gilgamesh e Enkidu, percebendo o que cada um simboliza na narrativa. Qual é o significado do encontro entre os dois?
3. Compare a mudança que ocorreu a Enkidu à existência humana.

UNIDADE 5

GRÉCIA E ROMA ANTIGAS

DEMOCRACIA E REPÚBLICA NO BRASIL ATUAL

O Congresso Nacional do Brasil é formado pela Câmara dos Deputados e pelo Senado. Seus membros são eleitos periodicamente para representar os interesses dos cidadãos brasileiros. Pelo menos é esse o princípio da democracia representativa.

A democracia brasileira adota a república como forma de governo. Nesta unidade, você vai descobrir que os conceitos de **democracia** e **república** têm uma longa história, que começa nas antigas cidades gregas e romanas.

COMEÇANDO A UNIDADE

1. Você sabe explicar o que são democracia e república?

2. Em uma democracia representativa, os ocupantes de cargos políticos eletivos são eleitos para defender os interesses dos cidadãos que eles representam. Na sua opinião, isso tem sido respeitado no Brasil? Explique.

ATITUDES PARA A VIDA

- Escutar os outros com atenção e empatia.
- Pensar e comunicar-se com clareza.
- Questionar e levantar problemas.

Palácio do Congresso Nacional, Brasília (DF), 2014.

TEMA 1

A CIVILIZAÇÃO GREGA

O TERRITÓRIO GREGO NA ANTIGUIDADE

Você já ouviu falar da Grécia antiga? Sabia que o país que hoje chamamos de Grécia não ocupa exatamente o mesmo território nem tem a mesma organização política que a Grécia da Antiguidade?

A Grécia antiga não era um país ou um Estado unificado: era uma comunidade de **cidades-Estado** espalhadas pelo Mar Mediterrâneo e pelo Mar Egeu que falavam a mesma língua e tinham tradições culturais em comum. Surgido na Grécia continental e peninsular, a partir do século VIII a.C. o mundo grego se espalhou pela Turquia e pelo sul da Itália, França e Espanha atuais, além do norte da África.

Quais diferenças e semelhanças existem entre a Grécia antiga e a Grécia atual?

Dialogando com Geografia

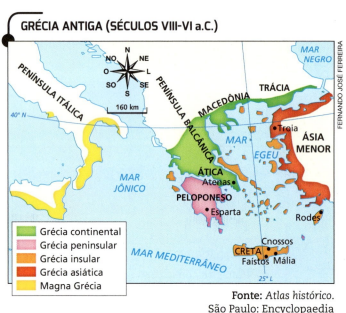

GRÉCIA ANTIGA (SÉCULOS VIII-VI a.C.)

Fonte: *Atlas histórico*. São Paulo: Encyclopaedia Britannica, 1977. p. 165.

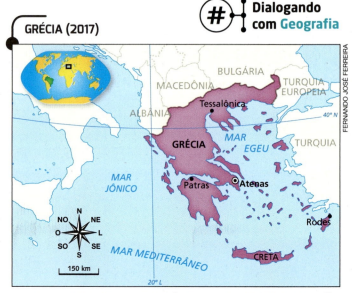

GRÉCIA (2017)

Fonte: FERREIRA, Graça Maria Lemos; MARTINELLI, Marcello. *Moderno atlas geográfico*: visualização cartográfica. 6. ed. São Paulo: Moderna, 2016. p. 45.

OS CINCO PERÍODOS DA HISTÓRIA GREGA

Período Micênico (séculos XVI-XIII a.C.)
Período Homérico (séculos XII-VIII a.C.)
Período Arcaico (séculos VIII-VI a.C.)

- **XV a.C.** — Início da expansão micênica.
- **c. 800 a.C.** — Composição da *Ilíada* e da *Odisseia*.
- **VIII a.C.** — Início da expansão colonial grega.
- **594 a.C.** — Reformas de Sólon: abolição da escravidão por dívidas.
- **508 a.C.** — A **democracia** é estabelecida em Atenas.

OS PRIMEIROS "GREGOS"

Centenas de anos antes do surgimento das primeiras cidades-Estado na Grécia, vários povos já haviam habitado o território. Eles tinham formado aldeias, e algumas delas tinham dado origem a importantes cidades. As mais antigas existiram por volta de 2000 a.C. e estavam localizadas na Ilha de Creta. Por isso, a sociedade que surgiu ali é chamada de **civilização cretense** ou **minoica**.

Centenas de anos depois, os **aqueus**, povo falante de uma língua grega primitiva, chegaram à Grécia peninsular. Eles também construíram cidades, entre elas Micenas, Pilos e Argos, onde ergueram palácios luxuosos. Como as principais evidências sobre aquelas cidades foram encontradas no sítio de Micenas, o modo de vida delas foi nomeado de **civilização micênica**. Com o tempo, os aqueus se estabeleceram também em Creta. Eles adotaram a escrita cretense e a adaptaram para a sua própria língua.

Por volta de 1200 a.C., a civilização micênica entrou em colapso. Os palácios foram destruídos ou abandonados, assim como as cidades, que praticamente desapareceram. As pessoas passaram a viver em pequenas aldeias, e a escrita micênica foi esquecida. Na mesma época, dórios, eólios e jônios se estabeleciam no território grego. Como os aqueus, eram povos indo-europeus. A mistura desses quatro povos deu origem aos gregos.

Indo-europeu: termo que abarca um conjunto de populações que falavam línguas aparentadas e se espalharam pela Europa e Ásia Central ao longo de centenas de anos. As línguas faladas por esses povos deram origem ao grego, latim, germânico, eslavo, sânscrito e persa.

Portal do Leão, no sítio arqueológico de Micenas, na Grécia. Foto de 2018. Construído entre 1400 e 1300 a.C., o portal dava acesso à antiga cidade de Micenas.

Os acontecimentos dessa linha do tempo não foram representados em escala temporal.

Período Clássico (508-338 a.C.) | **Período Helenístico (338-146 a.C.)**

- **490-479 a.C.**: Os gregos derrotam os persas nas **Guerras Greco-Pérsicas**.
- **431-404 a.C.**: **Guerra do Peloponeso**: guerras entre as cidades gregas.
- **338 a.C.**: A Grécia é conquistada pelos macedônios.
- **336 a.C.**: Alexandre, filho de Filipe II, sobe ao trono da Macedônia.
- **323 a.C.**: Alexandre morre, e seu império desmorona.
- **146 a.C.**: A Grécia é conquistada pelos romanos.

113

A FORMAÇÃO DAS *POLEIS* GREGAS

Entre os séculos XII e VIII a.C. formaram-se na Grécia sociedades que tinham características muito diferentes das que existiam nas cidades micênicas. As novas comunidades estavam organizadas em famílias, que incluíam escravos, animais, terras e casas, chamadas de *oikos*. O governo era exercido por uma assembleia composta de membros das famílias nobres, que cuidavam das leis, da administração, da justiça e da defesa do território.

A partir do século VIII a.C., o crescimento da população estimulou as trocas comerciais e o aparecimento de várias cidades, isoladas umas das outras. Chamadas de **pólis** (*poleis*, no plural), cada uma delas transformou-se em um Estado independente, com leis, justiça e governo próprios. Por isso, elas também são conhecidas como cidades-Estado.

As *poleis* eram governadas por reis, mas seus cidadãos podiam interferir nos assuntos do governo. Porém, nas primeiras *poleis*, apenas os aristocratas tinham direito à **cidadania**, ou seja, apenas eles podiam atuar na vida política da cidade.

Cidadão: palavra derivada da expressão latina *civitas*, que significa cidade ou cidadania. O termo correspondente no grego antigo é *politiko*, isto é, aquele que atua nas atividades da cidade.

Aristocrata: membro da aristocracia, camada social que detém privilégios adquiridos desde o nascimento; nobre.

A EXPANSÃO COLONIAL GREGA

A partir do século IX a.C., a população grega cresceu rapidamente, e as terras agrícolas tornaram-se insuficientes para o sustento de todos. Enquanto os aristocratas ficavam com as melhores terras, os camponeses pobres se viam obrigados a trabalhar para eles. Muitos camponeses, endividados, tornavam-se escravos. Essa situação gerou fortes tensões sociais.

A saída encontrada para diminuir o problema foi ocupar terras ao longo dos mares Mediterrâneo, Egeu e Negro. Assim, entre os séculos VIII e VI a.C., os gregos fundaram colônias no sul da Europa, no norte da África, na Ásia Menor e na costa do Mar Negro. As colônias gregas fundadas no sul da Península Itálica e na Sicília, por exemplo, ficaram conhecidas como **Magna Grécia**.

Vista da acrópole de Atenas, na Grécia, foto de 2017. [...] político das *poleis* e reunia os templos [...] e as construções mais importantes das cidades-Estado. No centro da imagem, podemos observar o Partenon, templo construído em homenagem à deusa Atena.

A EXPANSÃO COLONIAL GREGA

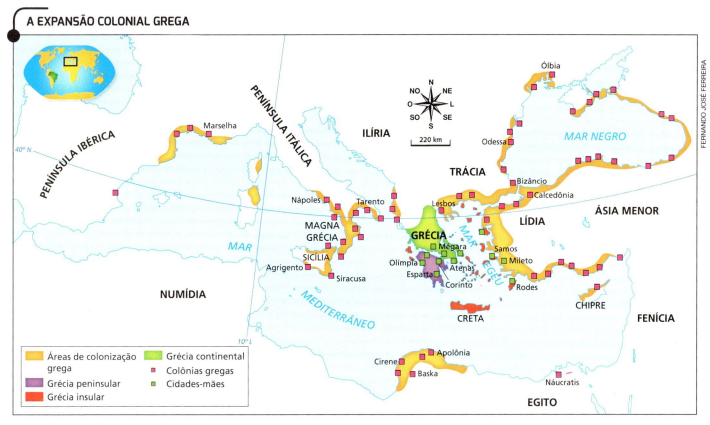

Fonte: HILGEMANN, Werner; KINDER, Hermann. *Atlas historique*. Paris: Perrin, 1992. p. 46.

É BOM SABER

O alfabeto fenício adaptado pelos gregos

A expansão colonial grega estimulou o contato com outros povos. No Oriente, os gregos conheceram o alfabeto fenício, que foi incorporado e adaptado por eles. Os gregos acrescentaram símbolos para representar sons que não existiam na língua fenícia, as vogais e sinais de pontuação para separar frases. Assim, muitos poemas e mitos, antes transmitidos oralmente, passaram a ser registrados por escrito.

Mapa interativo

Fenício: relativo ao povo que habitava a Fenícia, região da costa leste do Mar Mediterrâneo, onde hoje se localiza o Líbano. Grandes navegadores e construtores de navios, os fenícios fundaram várias colônias no norte da África e no sul da Europa.

ORGANIZAR O CONHECIMENTO

1. Escreva **V** (verdadeiro) ou **F** (falso) para cada afirmativa.
   a) A Grécia antiga não era um país, mas, sim, um conjunto de cidades que tinham tradições comuns, como a língua.
   b) Os gregos antigos habitavam o mesmo território onde hoje se situa a Grécia.
   c) Todos os habitantes da Grécia antiga eram cidadãos.
   d) O alfabeto grego é um exemplo das trocas culturais entre os diversos povos e sociedades.

2. Responda.
   a) O que era a pólis? Cite dois exemplos que mostram que esse termo foi incorporado ao nosso vocabulário.
   b) Por que os gregos fundaram colônias?

115

DE OLHO NA IMAGEM

A PINTURA NOS VASOS GREGOS

Os vasos são importantes fontes de pesquisa para o estudo da Grécia antiga. Suas pinturas permitem conhecer mitos, costumes, tipos de vestimentas e de adornos, cultivos, além de estilos de representação dos antigos gregos.

A cerâmica apresentada nesta página, por exemplo, é um stamnos, *vaso geralmente utilizado em grandes festas para misturar o vinho com a água. A cena mostrada na pintura representa um episódio da* Odisseia, *poema atribuído a Homero. Odisseu é o protagonista dessa narrativa mítica, ou seja, o personagem principal. As sereias são as antagonistas, isto é, inimigas ou opositoras de Odisseu.*

No imaginário mítico grego, as sereias eram monstros alados que cantavam melodias encantadoras para atrair e devorar todos que se aproximavam.

Odisseu está amarrado ao mastro do navio; assim, ao escutar o canto das sereias, ele não corre o risco de ceder à sedução. Ele ordenara aos marinheiros que não o soltassem mesmo que implorasse.

O estilo de pintura mostrado nesse vaso é conhecido como figura vermelha: o fundo era pintado de preto, e as figuras conservavam a cor natural da argila.

Os marinheiros usam tampões de cera nos ouvidos para não escutar o canto traiçoeiro das sereias.

Ulisses e as sereias, pintura em vaso *stamnos,* c. 470 a.C.

QUESTÕES

1. Identifique os elementos da imagem que revelam o protagonismo de Odisseu e o antagonismo das sereias.

2. Os vasos gregos foram amplamente comercializados em várias regiões da Europa, da África e da Ásia. Como apresentavam cenas da cultura grega da Antiguidade, esses vasos contribuíram para disseminar alguns costumes gregos pelas terras onde eram comercializados. Ao observar os costumes da sociedade brasileira da atualidade, você também percebe a influência de outra cultura? Exemplifique com situações de seu dia a dia.

116

TEMA 2 — CULTURA E POLÍTICA EM ESPARTA E ATENAS

O que é democracia? Como ela funcionava na cidade de Atenas?

ESPARTA: A PÓLIS GUERREIRA

O que sabemos sobre a Grécia antiga tem como base fontes históricas que se referem principalmente às cidades de Atenas, situada na região da Ática, e Esparta, localizada na Península do Peloponeso.

A cidade de Esparta foi fundada pelos dórios, que dominaram toda a região e conquistaram as melhores terras. A sociedade espartana era fortemente militarizada. Os **esparciatas**, descendentes dos dórios, controlavam as instituições políticas e se dedicavam às atividades militares.

A produção de alimentos e de outros bens era realizada pelos **hilotas**, antigos habitantes da região que foram dominados pelos dórios e transformados em servos. Eles eram obrigados a cultivar a terra dos esparciatas e a entregar a eles parte do que produziam.

Os habitantes dos arredores de Esparta formavam o grupo dos **periecos**. Eles se dedicavam à agricultura, ao artesanato e ao comércio.

Perieco: camada social composta de homens livres que habitavam os arredores de Esparta. Eles não tinham direitos políticos.

A OLIGARQUIA ESPARTANA

Em Esparta, apenas os esparciatas eram cidadãos, ou seja, tinham direitos políticos. Além disso, somente membros das famílias esparciatas mais importantes podiam ser eleitos para as funções de comando. Por isso, o regime político de Esparta é chamado de **oligárquico** (*olígos*, poucos; *arkhé*, governo).

Na cidade, dois reis comandavam o exército e cuidavam das tarefas sacerdotais. As leis eram formuladas pela **Gerúsia**, um conselho formado pelos dois reis e por 28 cidadãos com mais de 60 anos. Um comitê de cinco cidadãos, os **éforos**, era eleito todo ano pela assembleia para supervisionar as atividades políticas e julgar crimes importantes.

Os cidadãos maiores de 20 anos podiam participar da **Ápela**, assembleia que se reunia periodicamente para votar as leis propostas pela Gerúsia. Mas o poder da assembleia era limitado; quem comandava a cidade, de fato, eram os dois reis e os 28 anciãos da Gerúsia.

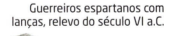

Guerreiros espartanos com lanças, relevo do século VI a.C.

ATENAS: A FASE ARISTOCRÁTICA

Enquanto Esparta se organizava como uma sociedade oligárquica e fortemente militarizada, mais ao norte a pólis de Atenas desenvolveu um modelo de cidade bem diferente.

Até o século VI a.C., Atenas foi governada por uma **aristocracia** de grandes proprietários rurais, que elegiam entre si magistrados encarregados de comandar o exército e fazer cumprir as leis.

Os aristocratas possuíam muitos **escravos**, em sua maioria prisioneiros de guerra e seus descendentes. Os escravos trabalhavam nas minas, na agricultura, no artesanato e nas tarefas domésticas, possibilitando que os homens ricos e livres se dedicassem exclusivamente à política e ao ócio.

O restante dos atenienses compunha o **demos**, que compreendia os camponeses, os artesãos e os comerciantes. Havia ainda os **metecos**, como eram chamados os estrangeiros e seus descendentes. Excluídos da vida política de Atenas, esses grupos foram, pouco a pouco, demonstrando seu descontentamento com o governo aristocrático.

O NASCIMENTO DA DEMOCRACIA

No início do século VI a.C., os conflitos entre o *demos* e a aristocracia caminhavam para uma guerra civil. Para conter as tensões, o magistrado **Sólon** promoveu algumas reformas, como o fim da escravidão por dívidas e a criação de um tribunal popular. Instituiu também uma assembleia chamada **Eclésia**, da qual podiam participar todos os cidadãos. Também criou a **Bulé**, um conselho de 400 homens eleitos que preparavam as leis a serem votadas pela assembleia.

Apesar das reformas, as camadas médias e baixas da população continuaram sem participar plenamente da política, pois a Eclésia quase nunca se reunia.

Somente na magistratura de **Clístenes** o governo de Atenas passou de fato a ser exercido pelo *demos*, e a democracia foi implantada na cidade. A Eclésia passou a opinar sobre todos os assuntos, e a Bulé foi ampliada para 500 membros, sorteados entre todos os cidadãos. Porém, em Atenas, os cidadãos eram somente os homens adultos filhos de pais atenienses.

Figuras femininas (cariátides) esculpidas para servir de coluna do templo de Erecteion. Acrópole de Atenas, construção do século V a.C.

#| Dialogando com Arte

Professor ensina um jovem ateniense a tocar diaulo, espécie de flauta dupla comum na Grécia antiga, em ilustração contemporânea.

A EDUCAÇÃO EM ESPARTA E EM ATENAS

Em Esparta, a educação dos cidadãos era um aprendizado para a guerra. Assim que nasciam, as crianças eram examinadas e, se aparentassem algum sinal de fraqueza ou deficiência física, eram mortas. Aos 7 anos de idade, os meninos passavam a viver em quartéis e se habituavam a suportar a dor, a fome e o frio. Após o período de treinos, os jovens eram submetidos a um ritual de passagem. Os que não fossem considerados aptos para a guerra eram relegados a uma condição inferior.

As fontes históricas levam a crer que as mulheres espartanas participavam ativamente da vida social na pólis. Elas praticavam exercícios físicos com os homens, circulavam livremente pela cidade e estimulavam a bravura dos filhos por meio de diálogos, além de aconselhar os maridos em questões políticas. A sociedade via as mulheres como o ventre gerador de valentes guerreiros.

Em Atenas, meninos e meninas eram educados de maneiras diferentes. Os meninos aprendiam a ler, a escrever, a recitar poemas e a cantar ou tocar instrumentos musicais. A partir dos 15 anos de idade, frequentavam o ginásio, onde praticavam exercícios físicos e discutiam questões políticas e filosóficas. Depois dos 20 anos, o jovem tinha mais dois anos de preparação militar, momento em que se tornava cidadão e estava preparado para atuar na vida pública.

As meninas atenienses eram educadas para a vida doméstica. Para isso, elas aprendiam a fiar, a tecer e a cozinhar, além de se preparar para a maternidade brincando com bonecas. Por volta dos 15 anos de idade, participavam de cerimônias religiosas que as tornavam aptas para o casamento.

É BOM SABER

O teatro na Grécia antiga

O teatro, da forma como conhecemos hoje, é uma invenção grega. Inicialmente era um ritual religioso organizado por populações rurais em honra a Dioniso, deus do vinho.

No século VI a.C., os atenienses introduziram a representação de falas e atos de personagens. As encenações incentivavam os espectadores a refletir sobre suas atitudes cotidianas, tornando-se parte da educação dos gregos.

À exceção dos escravos, todos podiam assistir aos espetáculos. Porém, apenas os homens encenavam as peças. Para representar personagens femininas, eles utilizavam máscaras.

119

CRENÇAS RELIGIOSAS NAS *POLEIS* GREGAS

Assim como a maior parte dos povos antigos, os gregos eram **politeístas**, ou seja, acreditavam em vários deuses. Cada um deles estava associado a um aspecto da natureza ou da vida humana, como você pode ver no quadro ao lado.

Nas cidades gregas, o indivíduo não participava dos cultos buscando a salvação da alma, como ocorre nas igrejas cristãs. A religião dos gregos era cívica, fazia parte do exercício da cidadania. O indivíduo participava dos rituais religiosos cumprindo um dever e um direito de cidadão, assim como devia atuar na política e na guerra. Sendo uma religião cívica, os deuses também estavam presentes na vida na cidade, relacionando-se com os humanos e interferindo em sua vida.

Para aconselhar-se com os deuses, os gregos consultavam os **oráculos**, templos em que havia sacerdotes que tinham o poder de se comunicar com as divindades. O mais famoso oráculo da Grécia ficava na cidade de Delfos e era consultado pelos gregos para a tomada de decisões políticas, o início de uma guerra ou até mesmo para questões pessoais.

Principais deuses gregos	Comandavam
Zeus	Céus
Hera	Casamento e parto
Poseidon	Mares
Ártemis	Luz e caça
Hefesto	Técnicas e artesãos
Deméter	Fogo e agricultura
Hades	Mundo dos mortos
Afrodite	Beleza e fertilidade
Atena	Sabedoria
Apolo	Artes
Ares	Guerra
Dioniso	Vinho

Ruínas do Templo de Apolo, onde se localizava o oráculo de Delfos. Sítio arqueológico de Delfos, na Grécia, foto de 2015.

OS DEUSES INSPIRAM A ARTE

A escultura é, sem dúvida, a mais conhecida manifestação artística dos antigos gregos. As primeiras esculturas começaram a ser produzidas com o surgimento das *poleis*. Eram feitas de pedra, e as formas rígidas do corpo humano se pareciam com as das antigas esculturas egípcias.

Com o passar do tempo, os artistas começaram a usar o mármore e o bronze e a representar o corpo humano da maneira mais realista possível. As estátuas davam a impressão de movimento.

A partir da **conquista macedônica** (leia o boxe), as obras ficaram ainda mais realistas. Os artistas pretendiam não apenas representar o corpo humano, mas também suas dores e emoções. Muitos artistas, porém, continuaram esculpindo figuras idealizadas, próprias do estilo clássico.

Observe nas imagens abaixo as principais diferenças entre os três momentos da escultura grega.

É BOM SABER

O declínio das *poleis* gregas

A crescente rivalidade entre as cidades-Estado gregas as levou a se enfrentarem na **Guerra do Peloponeso**, em 431 a.C. Mesmo após o fim da guerra, as lutas entre as cidades gregas continuaram. Enfraquecidas, elas foram conquistadas pelos exércitos do rei Filipe II da Macedônia em 338 a.C.

À esquerda, *Korai* (mulher jovem), escultura grega em mármore, c. 530 a.C.; no centro, *Discóbolo*, cópia romana do original grego de Míron, século V a.C.; à direita, *Atlas Farnese*, cópia romana em mármore de uma escultura grega do período helenístico, século II d.C.

 ORGANIZAR O CONHECIMENTO

1. Complete em seu caderno o organograma com os diferentes grupos que compunham a sociedade espartana no século V a.C.

   Esparciatas

	Trabalhavam nas terras dos esparciatas na condição de servos.	Viviam nos arredores de Esparta e se dedicavam ao comércio e ao artesanato.

2. Crie uma frase para cada item utilizando as palavras listadas.
   a) Democracia, cidadãos, mulheres.
   b) Educação, Esparta, guerra.
   c) Politeístas, deuses, cívico.

121

ATITUDES PARA A VIDA

A importância da palavra

Demóstenes foi um importante orador e político grego. Ele viveu em Atenas no século IV a.C. Ainda muito jovem, presenciou um julgamento que considerou injusto. Nesse momento, percebeu a força das palavras na vida pública de sua cidade e decidiu tornar-se um orador. Passou a frequentar aulas de oratória, estudando as melhores maneiras de convencer os ouvintes, tornando-se um dos oradores mais conhecidos da Grécia antiga.

Depois de atuar nos tribunais, ficou famoso por seus discursos na assembleia de Atenas, incentivando seus compatriotas a se organizar contra a ameaça representada por Filipe II da Macedônia, que iniciava a expansão ao norte da Grécia. O orador demonstrou que havia um grande perigo para a liberdade das cidades gregas, em especial para a democracia ateniense, e suas propostas foram aprovadas pela assembleia.

A história de vida de Demóstenes não é apenas um exemplo do valor de seu esforço pessoal. Demonstra a importância do discurso na vida das cidades gregas, principalmente do discurso oral.

A arte de falar bem, de convencer o público, era muito valorizada entre os gregos. Por isso, a oratória era parte importante da educação dos cidadãos.

O ex-presidente estadunidense Barack Obama em seu discurso de despedida. Chicago (EUA), 10 de janeiro de 2017. Primeiro negro a ser eleito presidente da república dos Estados Unidos, Obama falou para um público de 20 mil pessoas em seu discurso de despedida.

QUESTÕES

1. Assinale as frases corretas sobre a arte da oratória na cidade de Atenas.
   a) A arte de falar bem era muito valorizada e fazia parte da educação dos jovens atenienses, pois era condição necessária para atuar na política.
   b) Na assembleia ateniense, todos os cidadãos tinham o direito à palavra, para apresentar ideias, esclarecer dúvidas ou criticar propostas.
   c) A arte da oratória significava, para os gregos, falar a verdade de forma clara, articulada e comovente.
   d) Com seu discurso, Demóstenes convenceu os atenienses a se preparar para a invasão macedônica, derrotando assim o invasor.

2. Imagine que você é um cidadão ateniense e foi sorteado para atuar como juiz no tribunal. Explique como cada uma das seguintes atitudes poderia ajudá-lo nessa situação.
   a) Escutar os outros com atenção e empatia.
   b) Pensar e comunicar-se com clareza.
   c) Questionar e levantar problemas.

3. O ex-presidente dos Estados Unidos, Barack Obama, ficou conhecido como um dos melhores oradores da história da Casa Branca. Cite duas outras atividades, além da política, em que para você a capacidade de conquistar o ouvinte por meio da palavra é importante. Justifique sua resposta.

ATIVIDADES

APLICAR

1. Leia o texto para responder às questões.

   "[...] Para eles [os gregos antigos], a pátria era a sua cidade, e não a Grécia. [...] Cada cidade tinha suas leis, seu sistema de governo, seus deuses e era independente de outras cidades gregas, da mesma forma que, hoje em dia, um país livre é independente de outro. [...] Cidadão não era qualquer um que nascesse ou morasse na cidade, mas apenas os descendentes daquelas primeiras famílias que fundaram o lugar. Somente eles podiam participar das assembleias, votar e defender a cidade nas guerras."

   FAUSTINO, Evandro. *A mentalidade da Grécia antiga*: uma leitura de *Édipo rei*, de Sófocles. São Paulo: Moderna, 1999. p. 49. (Coleção Desafios)

   a) O que a cidade significava para os gregos antigos?
   b) A cidade tem o mesmo significado para a sociedade atual? Por quê?
   c) Quem era cidadão na Grécia antiga?
   d) Quais indivíduos, pelo critério local de nascimento, não poderiam ser cidadãos?
   e) O que significa ser cidadão no Brasil de hoje?

2. Na tirinha ao lado, há algumas referências a deuses e outras figuras míticas gregas.

   a) Quais figuras míticas gregas são citadas na tirinha?
   b) A qual atividade, característica ou elemento da natureza cada uma delas estava associada?
   c) Além da referência aos mitos gregos, a tirinha representa uma prática política que nasceu na Grécia antiga. Explique.

Frank & Ernest, tirinha de Bob Thaves, 2015.

3. Na democracia ateniense, a política era debatida pelos cidadãos em praça pública. No Brasil atual, os espaços abertos das cidades continuam sendo utilizados pelas pessoas para fazer política? Justifique sua resposta.

4. Você percebe alguma semelhança entre a educação escolar do Brasil atual e a educação de Esparta? Discuta essa questão na classe.

5. Você sabia que os Jogos Olímpicos surgiram na Grécia? Junte-se a um colega para pesquisar:

   a) Em que cidade e em que momento eram realizados os Jogos Olímpicos na Grécia antiga.
   b) Quem era o homenageado, quem participava dos jogos e quais provas eram disputadas.
   c) Qual era a importância dos Jogos Olímpicos para os antigos gregos.

RETOMAR

6. Responda às questões-chave dos temas 1 e 2.

   a) Quais diferenças e semelhanças existem entre a Grécia antiga e a Grécia atual?
   b) O que é democracia? Como ela funcionava na cidade de Atenas?

123

TEMA 3

ROMA: DA MONARQUIA À REPÚBLICA

Quais eram as principais diferenças entre o regime monárquico e o regime republicano em Roma?

AS ORIGENS DE ROMA

Na mesma época em que os gregos colonizavam terras na costa do Mediterrâneo e do Mar Negro, povos latinos fundavam, na Península Itálica, a cidade de Roma.

O povoamento da Península Itálica resultou de várias ondas migratórias. A principal delas foi a dos povos itálicos, que começaram a entrar no território por volta de 2200 a.C. Entre esses povos se destacavam os **latinos**, que se fixaram no centro da península, e os **samnitas**, que se estabeleceram mais ao sul.

Outro povo que se fixou na península foram os **etruscos**. De origem incerta, eles se estabeleceram ao norte do Rio Tibre, onde desenvolveram o comércio marítimo, a pirataria, a agricultura, a criação de rebanhos e o artesanato. Por volta do século VII a.C., os etruscos já formavam uma confederação de cidades-Estado e mantinham intensos contatos comerciais com os fenícios e os gregos.

Os **gregos** também fundaram importantes colônias no sul da Península Itálica e na Sicília, onde viviam cartagineses e diferentes povos itálicos. Os helenos só não conseguiram avançar para o norte porque foram barrados por cartagineses e etruscos.

Muitos mitos envolvem a fundação de Roma. Segundo a tradição, a cidade teria sido fundada em 753 a.C. Vestígios arqueológicos indicam que, de fato, por volta do século VIII a.C., formou-se uma comunidade naquela área. Ela era composta de várias aldeias latinas, unidas provavelmente para se defenderem dos sabinos, outro povo itálico que vivia na região.

ANTIGOS POVOS DA PENÍNSULA ITÁLICA

Heleno: nome pelo qual os gregos antigos se chamavam. O termo "grego" foi criado mais tarde pelos romanos.

Fonte: KINDER, Hermann; HERGT, Manfred; HILGEMANN, Werner. *Atlas histórico mundial: de los orígenes a nuestros días.* 22. ed. Madri: Akal, 2007. p. 74.

124

É BOM SABER

A origem lendária de Roma

A mais conhecida lenda sobre a origem de Roma narra a trajetória dos gêmeos Rômulo e Remo, filhos do deus Marte e de Reia Sílvia (filha do rei da cidade de Alba Longa).

Conta-se que Reia foi obrigada a jogar seus filhos nas águas do Rio Tibre após seu pai ser destronado pelo tio. Os gêmeos foram encontrados por uma loba, que os amamentou até serem acolhidos por um casal de pastores.

Quando se tornaram adultos, os gêmeos se vingaram do tio e fundaram uma nova cidade: Roma. Na disputa para decidir quem seria o primeiro rei de Roma, Rômulo matou o próprio irmão.

Relevo representando a lenda de fundação de Roma.

A MONARQUIA ROMANA (753-509 a.C.)

A história antiga de Roma geralmente é dividida em três períodos, que correspondem aos regimes políticos adotados entre a fundação da cidade e a queda do último imperador romano: monarquia, república e império.

Desde a sua fundação, Roma foi governada por reis, que eram escolhidos pelo Senado, um conselho formado pelos chefes das famílias aristocráticas romanas. Os reis podiam declarar guerras, administrar a justiça e presidir rituais religiosos. Apesar disso, deviam ouvir a opinião do Senado e dependiam das assembleias para garantir seu poder.

Durante a monarquia, Roma cresceu rapidamente. Esse crescimento se acelerou no século VII a.C., quando os etruscos se espalharam pela Planície do Lácio e expandiram a atividade comercial na região. Com isso, Roma urbanizou-se e tornou-se o centro do domínio etrusco na região do Lácio.

CRONOLOGIA DA HISTÓRIA POLÍTICA ROMANA

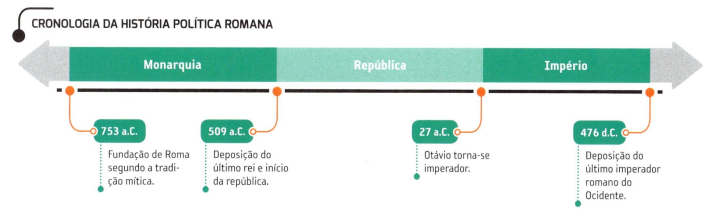

Os acontecimentos dessa linha do tempo não foram representados em escala temporal.

ESTRUTURA SOCIAL NA ROMA ANTIGA

A sociedade romana do período monárquico dividia-se basicamente nos seguintes grupos:

- **Patrícios**. De *patres*, que significa pais. Pertenciam às famílias que se consideravam descendentes dos fundadores de Roma. Eram muito ricos e possuíam gado e terras. Formavam a aristocracia da cidade.

- **Plebeus**. De *plebs*, que significa multidão. Eles trabalhavam no comércio, no artesanato, na agricultura e na criação de rebanhos e eram obrigados a servir no exército. Até o início da república, não podiam participar da vida política, mesmo quando enriqueciam.

- **Clientes**. Podiam ser tanto plebeus quanto patrícios. Os membros desse grupo pertenciam a famílias que juravam fidelidade ao chefe de outra família, o chamado **patrono**, que em geral era um patrício. Para o patrício, quanto maior o número de clientes sob sua proteção, maior era o seu prestígio social e político.

Também havia em Roma desse período um pequeno número de **escravos**. Ao contrário dos plebeus, eles não eram livres até conseguir quitar sua dívida com um credor.

Escultura de mármore representando um patrício. Na mão direita, ele segura o busto do avô; na esquerda, o busto do pai. Século I.

Explore

- Em sua opinião, por que o patrício foi representado nessa escultura segurando os bustos do pai e do avô?

Galeria de imagens

Relevo em pedra representando um ferreiro e suas ferramentas, século III a.C. Os plebeus se ocupavam de diversos ofícios manuais.

126

A REPÚBLICA ROMANA (509-27 a.C.)

No final do século VI a.C., o domínio etrusco chegou ao fim. O mais provável é que os reis etruscos tenham perdido o apoio da aristocracia romana e se enfraquecido com a oposição dos plebeus. Com o fim da monarquia, em 509 a.C., o governo de Roma passou a ser uma **res publica**, que em latim significa "coisa pública". Porém, essa "coisa pública" tinha um sentido diferente daquele que usamos atualmente.

Na nossa sociedade, um bem público é aquele que pertence a uma coletividade. Um parque público, por exemplo, pode ser utilizado por todas as pessoas. Na república romana, no entanto, "coisa pública" significava que o Estado deixava de pertencer ao rei para ser administrado pelos cidadãos, que no início eram apenas os patrícios.

NOVA ORDEM POLÍTICA

No período republicano, os antigos reis foram substituídos por dois cônsules. Eles eram escolhidos pelos patrícios no Senado e auxiliados por magistrados e pelas assembleias, que estavam divididas em:

- **Assembleia por cúrias**: os cidadãos eram divididos pelo local de origem ou de residência.
- **Assembleia por centúrias**: divisão dos cidadãos de acordo com a riqueza e a participação no exército.
- **Assembleia da plebe**: formada apenas por plebeus. Podiam eleger os magistrados, mas não podiam exercer cargos políticos, direito que era exclusivo dos patrícios.

Os magistrados eram eleitos pelos cidadãos, em geral para um mandato anual. O exercício da magistratura não era remunerado, o que significa que apenas os patrícios mais ricos tinham condições de desempenhar essa função.

PRINCIPAIS MAGISTRADOS ROMANOS	
Cônsules	Comandavam os exércitos em tempos de guerra, além de presidir o Senado e os comícios.
Pretores	Eram responsáveis pela justiça.
Edis	Cuidavam dos serviços públicos (abastecimento da cidade, segurança, pavimentação das ruas e organização de jogos públicos).
Questores	Administravam o tesouro público.
Censores	Faziam a contagem da população, controlavam a conduta do cidadão e supervisionavam as despesas públicas.

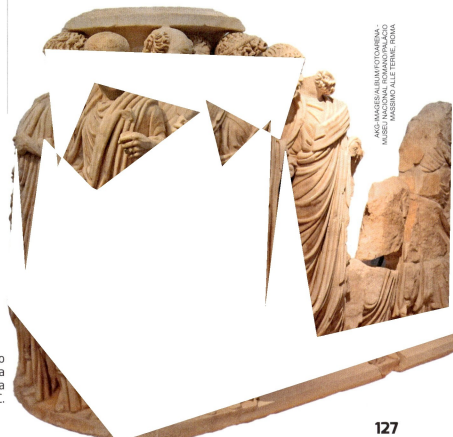

Detalhe de sarcófago romano com escultura que representa uma procissão do Senado para a nomeação de um cônsul, 270 a.C.

O DESCONTENTAMENTO DA PLEBE

Além de não participarem do Senado, os plebeus tinham pouco peso nas assembleias centuriais, pois o voto nessas assembleias era censitário. Patrícios e clientes votavam primeiro, e, quando se atingia a maioria, a votação se encerrava, mesmo que um grande número de plebeus não tivesse votado.

Além disso, muitos plebeus, em geral pequenos proprietários rurais, eram convocados para a guerra e, ao voltar, viam-se obrigados a contrair empréstimos, usando sua propriedade como garantia. Aqueles que não conseguiam pagar suas dívidas perdiam suas propriedades e sua liberdade, tornando-se escravos.

Os plebeus mais ricos também estavam descontentes por não terem acesso às magistraturas e por serem proibidos de se casar com patrícios.

A partir do século V a.C., o descontentamento da plebe transformou-se em rebeliões e resultou na conquista de direitos políticos por parte dos plebeus.

Em 450 a.C., por exemplo, foi publicada a **Lei das Doze Tábuas**, fixando, por escrito, vários direitos reivindicados pelos plebeus. Esse primeiro código de leis em Roma regulava os direitos de família e de propriedade, além de crimes como homicídio e roubo. Porém, reafirmava a submissão de mulheres e escravos e a proibição do casamento entre patrícios e plebeus.

Somente após muitos anos de lutas, as principais reivindicações dos plebeus, como acesso às magistraturas, foram atendidas.

AS CONQUISTAS DA PLEBE

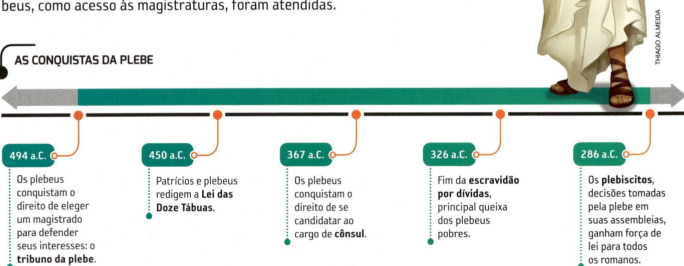

494 a.C. Os plebeus conquistam o direito de eleger um magistrado para defender seus interesses: o **tribuno da plebe**.

450 a.C. Patrícios e plebeus redigem a **Lei das Doze Tábuas**.

367 a.C. Os plebeus conquistam o direito de se candidatar ao cargo de **cônsul**.

326 a.C. Fim da **escravidão por dívidas**, principal queixa dos plebeus pobres.

286 a.C. Os **plebiscitos**, decisões tomadas pela plebe em suas assembleias, ganham força de lei para todos os romanos.

Os acontecimentos dessa linha do tempo não foram representados em escala temporal.

 ORGANIZAR O CONHECIMENTO

1. Elabore uma ficha sobre a fundação de Roma. Procure identificar: a região onde foi fundada; o século de fundação; a origem lendária; o povo que a fundou; e a primeira forma de governo.

2. Elimine do quadro a palavra que não faz parte do grupo e a substitua por outra que faça sentido.

Senado	patrícios	
plebeus	cônsul	república

TEMA 4

EXPANSÃO E CRISE SOCIAL NA REPÚBLICA

A EXPANSÃO ROMANA

Durante a república, os romanos levaram adiante um projeto de expansão territorial por toda a Península Itálica. Por meio da violência ou de acordos políticos, eles conseguiram dominar os diferentes povos que habitavam a região.

As guerras travadas com os povos vizinhos garantiram aos romanos terras para a agricultura, o controle de rotas comerciais, soldados para o exército e novas fontes de renda, pois os territórios conquistados eram obrigados a pagar tributos.

À medida que os plebeus enriquecidos ou membros das elites conquistadas pelos romanos conseguiam participar do Senado e chegar ao Consulado, eles eram admitidos na *nobilitas*, o conjunto de famílias nobres (patrícias e plebeias) que dominavam a política romana. Surgia, assim, uma nova aristocracia romana, reunindo as antigas famílias patrícias e os novos ricos, nascidos em Roma ou vindos de outras regiões da Itália.

Quais resultados a expansão territorial trouxe para a sociedade romana?

Nobilitas: grupo aristocrático, de condição hereditária, que dominou o Senado romano durante séculos.

A CONQUISTA DA PENÍNSULA ITÁLICA

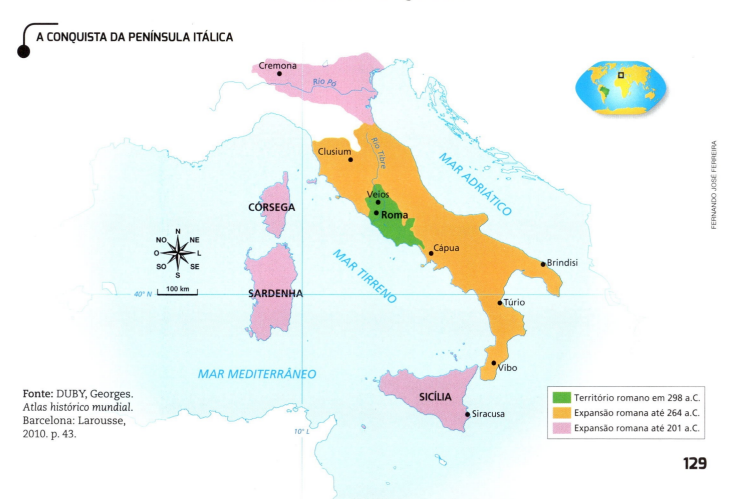

Fonte: DUBY, Georges. *Atlas histórico mundial*. Barcelona: Larousse, 2010. p. 43.

- Território romano em 298 a.C.
- Expansão romana até 264 a.C.
- Expansão romana até 201 a.C.

129

Dialogando com Geografia

A CONQUISTA DO MEDITERRÂNEO

No século III a.C., Roma era o centro de uma poderosa confederação de povos e cidades itálicas e gregas. Mas o contínuo avanço dos romanos em direção ao sul da Península Itálica esbarrou em um adversário muito poderoso, a cidade de **Cartago**, situada no norte da África.

Cartago foi fundada pelos fenícios no século IX a.C. perto de onde está hoje a cidade de Túnis, capital da Tunísia. Logo se tornou uma potência comercial marítima, fundando colônias nas ilhas de Sardenha, Sicília e Córsega, na Península Ibérica e na costa africana do Mediterrâneo.

A disputa pelas rotas comerciais no Mediterrâneo levou Roma e Cartago à guerra. Os cartagineses eram chamados de *puni* pelos romanos. Por isso, as longas batalhas pelo domínio de Cartago e suas colônias receberam o nome de **Guerras Púnicas**. As batalhas tiveram início em 264 a.C. e chegaram ao fim apenas em 146 a.C., quando os romanos conquistaram Cartago e a transformaram em província de Roma.

No mesmo período das guerras contra Cartago, os exércitos romanos avançaram em direção ao Mediterrâneo Oriental e dominaram o Egito, a Síria, a Macedônia, a Grécia, a Ásia Menor e a Judeia. No século I a.C., Roma já controlava a maior parte das terras que circundavam o Mar Mediterrâneo.

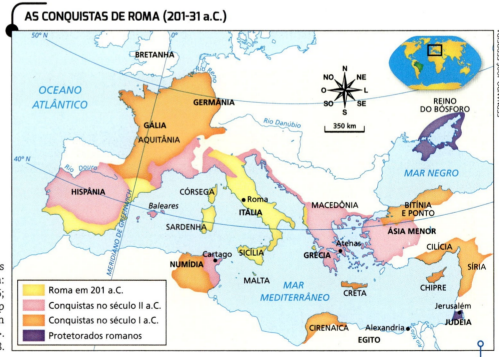

AS CONQUISTAS DE ROMA (201-31 a.C.)

Fontes: DUBY, Georges. *Atlas histórico mundial*. Barcelona: Larousse, 2010. p. 46; David Rumsey Map Collection. Disponível em <http://mod.lk/faxuq>. Acesso em 19 mar. 2018.

Explore

- Imagine que você é um soldado romano que vive no século I a.C. Você faz parte de uma legião do exército que se prepara para uma nova guerra de conquista. O alvo é um território que tinha sido dominado, centenas de anos antes, pelos assírios e pelos babilônios. Hoje, o território é palco de uma nova guerra, prolongada e devastadora. Que território é esse? Onde ele está localizado?

MUDANÇAS GERADAS PELA EXPANSÃO ROMANA

A expansão territorial transformou profundamente a cidade de Roma. Os espólios de guerra e os tributos pagos pelos povos vencidos enriqueceram a cidade, que erguia novas construções, como templos e aquedutos, e recebia cada vez mais pessoas e produtos de todos os municípios e províncias.

As conquistas possibilitaram ainda a formação de um novo grupo social: os **cavaleiros**. Eram plebeus afortunados que enriqueceram com a cobrança de impostos e a exploração econômica das áreas conquistadas. Quando uma cadeira no Senado vagava, era preenchida por um cavaleiro, que se tornava um "homem novo". O conflito entre cavaleiros e patrícios pelo controle do Senado marcou os dois últimos séculos da república.

A obtenção de terras e de escravos, capturados entre os povos conquistados, levou ao surgimento de grandes propriedades escravistas, que produziam principalmente vinho e azeite. As pequenas propriedades camponesas, contudo, continuaram produzindo cereais e outros alimentos de subsistência.

A maior parte dos prisioneiros de guerra escravizados, no entanto, se concentrou nas cidades romanas, onde trabalhavam nas tarefas domésticas, em oficinas como artesãos ou lutavam nas arenas como gladiadores. Alguns escravos mantinham negócios próprios, pagando uma renda ao seu senhor. Outros, por serem mais letrados, eram recrutados para atuar como professores de crianças romanas.

Os escravos podiam ser vendidos, alugados e até mesmo mortos pelos próprios donos. No entanto, também podiam acumular riquezas e comprar sua liberdade. Quando libertos, permaneciam ligados aos antigos donos, recebendo proteção em troca de certas obrigações. Além disso, diferentemente do que acontecia na Grécia, em Roma os libertos podiam se tornar cidadãos.

Detalhe de um relevo romano representando o interior de um comércio de almofadas, século II. Na imagem, foram representados o proprietário do estabelecimento, compradores e escravos.

REBELIÕES ESCRAVAS

Como fizeram os plebeus no início da república, os escravos também promoveram várias revoltas no mundo romano. As primeiras ocorreram na Sicília entre 136 e 132 a.C. e foram violentamente reprimidas. Novas revoltas eclodiram na pequena ilha entre 104 e 101 a.C. Neste período, milhares de escravos organizaram exércitos para lutar contra as forças romanas, além de formar pequenas comunidades de escravos fugidos para preparar a resistência.

A mais famosa das revoltas escravas ocorreu em 73 a.C., em Cápua, no sul da Península Itálica. Segundo relatos da época, a revolta foi liderada por Espártaco, um escravo gladiador. Os gladiadores podiam ser escravos, prisioneiros de guerra condenados à morte ou criminosos. Eles lutavam nas arenas romanas, entre si ou com animais, por vezes até a morte. A grande habilidade de alguns gladiadores fazia com que se tornassem ídolos na sociedade romana: seus nomes eram escritos nos muros das cidades, e poemas eram feitos em sua homenagem. Os gladiadores tinham, portanto, um enorme prestígio social.

A princípio, apenas gladiadores participaram da rebelião liderada por Espártaco. Porém, aos poucos, o movimento ganhou a adesão de outros escravos, além de plebeus pobres e desempregados. Após mais de dois anos de combates, os rebeldes foram vencidos pelas forças romanas. Espártaco foi morto, e os cerca de 6 mil sobreviventes foram crucificados. Apesar da derrota, a revolta destacou-se pela duração e pelo número de pessoas que conseguiu mobilizar.

PARA ASSISTIR

- **Spartacus**
Direção: Stanley Kubrick
País: Estados Unidos
Ano: 1960
Duração: 184 min

O filme é uma narrativa ficcional criada a partir de relatos de historiadores gregos e romanos sobre a revolta de escravos liderada por Espártaco.

Depois de treinar em uma escola de gladiadores, Espártaco lidera uma fuga que logo se transforma em uma rebelião, mobilizando grande número de pessoas contra o governo romano.

Cena do filme *Spartacus*, do diretor Stanley Kubrick, 1960.

A CRISE SOCIAL ROMANA

As conquistas territoriais possibilitaram o acúmulo de muitas riquezas em Roma, mas também resultaram no aumento do número de pobres. Como a oferta de escravos era grande nas cidades romanas e nas propriedades agrícolas da Península Itálica e da Sicília, o número de plebeus desempregados cresceu. Nas cidades, um ambiente caótico de criminalidade, fome e doenças revelava a outra face da prosperidade romana.

Somente os patrícios e alguns plebeus enriqueceram com a expansão. Os dois grupos tinham acesso às terras conquistadas (*ager publicus*) e controlavam os tributos cobrados nas novas áreas. Os pequenos agricultores, por sua vez, ficavam cada vez mais pobres, pois, ao retornar das guerras de conquista, encontravam suas propriedades tomadas. Dessa forma, muitos camponeses se deslocavam para as cidades à procura de trabalho.

Diante dessa situação, Tibério Graco, eleito tribuno da plebe em 133 a.C., propôs várias mudanças. Uma delas estabelecia uma ampla **reforma agrária**, que limitava o tamanho das propriedades rurais e distribuía terras aos camponeses pobres que lutavam nas guerras. Apesar de aprovada pelo Senado, a proposta teve forte resistência das elites. Assim, em uma rebelião liderada pelos patrícios, Tibério foi assassinado.

Dez anos depois, as ideias de Tibério sobre a reforma agrária foram retomadas por seu irmão, Caio Graco, eleito tribuno da plebe. Além de defender a distribuição de terras para a população pobre, Caio Graco propôs estender a cidadania romana aos povos aliados da Península Itálica. A resistência às propostas de Caio Graco foi geral. Temendo ser assassinado por seus inimigos, ele determinou que um escravo o matasse.

No final do século I a.C., o mundo romano mergulhou em uma profunda crise social, que contribuiu para o fim da república, como você estudará na próxima unidade.

Explore

1. A charge aborda um problema brasileiro da atualidade. Que problema é esse?
2. De que maneira a charge pode ser relacionada à crise da república romana?

ORGANIZAR O CONHECIMENTO

1. Qual foi a importância das Guerras Púnicas para os romanos?
2. Como a expansão territorial afetou a cidade de Roma?

Questão da terra, charge de Angeli, 2008.

ATIVIDADES

APLICAR

1. A palavra república (*res pública*) em latim significa "coisa pública". Considerando essa informação, responda às questões.

   a) Qual era o significado da expressão "coisa pública" na Roma antiga? E atualmente?

   b) Em sua opinião, a república brasileira atual é de fato uma "coisa pública", ou seja, ela funciona para atender aos interesses e necessidades da maior parte da população? Justifique sua resposta.

2. Sobre as lutas dos plebeus no início da república romana, identifique as afirmativas incorretas e corrija-as.

   a) Todos os plebeus eram pobres e não tinham direito a nenhuma participação política.

   b) Muitos plebeus, sem recursos para sobreviver, contraíam dívidas com os patrícios. Quando não conseguiam quitá-las, esses plebeus tornavam-se escravos de seus credores.

   c) A Lei das Doze Tábuas foi importante para os plebeus porque registrava, na forma escrita, alguns direitos conquistados.

   d) A escravidão por dívidas, principal queixa dos plebeus, foi mantida ao longo de toda a história romana.

3. Leia o texto sobre Roma do período republicano para responder às questões.

   "Na vida social, a principal novidade foi o crescimento da *plebs* ou classe dos plebeus. [...] Aos poucos, o número desses cidadãos, que não pertenciam à nobreza nem aos clientes, aumentou, provavelmente em consequência de três fatores. Primeiramente, a importância comercial de Roma atraía forasteiros de outras partes da Itália. [...] O governo necessitava de artesãos para a manufatura de armas e convocou por isso bons carpinteiros e ferreiros à cidade. [...] E, finalmente, à medida que partes do Lácio iam sendo anexadas pela conquista [...], os pequenos proprietários [...], dependentes da aristocracia local, frequentemente se tornavam camponeses livres após a anexação."

   ROSTOVTZEFF, Mikhail. *História de Roma*. Rio de Janeiro: Zahar, 1973. p. 35.

   a) Quais razões o autor expõe para explicar o crescimento do grupo dos plebeus?

   b) Qual era a diferença entre plebeus e clientes? E entre plebeus e escravos?

   c) O que explica o interesse de Roma em convocar artesãos para fabricar armas?

   d) Como a política romana desse período afetou os plebeus? Justifique sua resposta.

Dialogando com Geografia

4. Observe o mapa com atenção para responder às questões a seguir.

   a) No mapa aparecem o nome e a localização de duas grandes potências comerciais que se enfrentaram nos séculos III e II a.C. Identifique o nome delas e descreva a sua localização geográfica.

   b) Procure resumir, em uma frase, as razões das guerras travadas entre essas duas potências.

   c) Explique qual foi o desfecho dessas guerras.

   d) Dê um título para o mapa e complete as legendas.

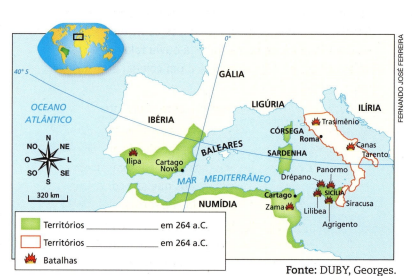

Fonte: DUBY, Georges. *Atlas historique mondial*. Paris: Larousse, 2003. p. 20.

5. Observe a imagem e responda às questões.

Mosaico romano representando uma luta de gladiadores, cerca de 250 d.C.

   a) Que personagens a imagem representa? A qual grupo social a maior parte deles pertencia?
   b) Onde a cena representada costumava ocorrer? A qual público as batalhas se destinavam?
   c) Em sua opinião, ainda existem nos dias atuais espetáculos de lutas semelhantes? Justifique sua resposta.

6. Como na Roma antiga, a concentração de terra é um grave problema social no mundo contemporâneo. No Brasil, por exemplo, existem muitos conflitos relacionados à disputa de terra. Você já ouviu falar de algum deles no seu estado? Junte-se a um colega, e façam o que se pede.

   a) Pesquisem uma reportagem sobre o assunto.
   b) Respondam: se vocês fossem governantes, como resolveriam o problema apresentado? Lembrem-se de **se colocar no lugar** daqueles que lutam por uma reforma agrária e, também, dos que são contrários, como os grandes proprietários de terras.
   c) Em seguida, apresentem sua proposta aos colegas. É importante **comunicá-las com clareza**, **ouvir com atenção** as outras propostas e **avaliar** se elas podem ser aplicadas em seu estado.

RETOMAR

7. Responda às questões-chave dos temas 3 e 4.
   a) Quais eram as principais diferenças entre o regime monárquico e o regime republicano em Roma?
   b) Quais resultados a expansão territorial trouxe para a sociedade romana?

Mais questões no livro digital

AUTOAVALIAÇÃO

CONTEÚDOS

1. Como você avalia seu aprendizado nesta unidade? Bom, regular ou insatisfatório? Consulte os materiais que você utilizou durante seus estudos, incluindo atividades e anotações pessoais. Escreva no caderno uma frase explicando sua resposta para cada um dos itens abaixo.
   a) O mundo grego antigo: dispersão territorial e unidade cultural.
   b) A formação das cidades-Estado gregas.
   c) As diferenças entre Esparta e Atenas: grupos sociais, educação, oligarquia e democracia.
   d) Os grupos sociais na Roma antiga e o descontentamento da plebe.
   e) A sociedade romana e seus conflitos internos durante a república.

2. Alguns conceitos estudados nesta unidade fazem parte do vocabulário político até nossos dias: monarquia, república, democracia, cidadania. Os estudos e atividades propostos ajudaram você a compreender melhor o mundo em que vivemos?

ATITUDES

3. Você conseguiu superar alguma dificuldade ao estudar os temas desta unidade? Como? Retome a descrição das atitudes para responder.

4. Nesta unidade, priorizamos o trabalho com as seguintes atitudes: **escutar os outros com atenção e empatia, pensar e comunicar-se com clareza, questionar e levantar problemas.** Você exercitou essas atitudes em situações de aula, durante o estudo da unidade? Dê exemplos.

EM FOCO
A GUERRA DE TROIA

Os mitos gregos

Para os gregos antigos, a origem do Universo, as relações entre as pessoas, os fenômenos da natureza, o comportamento, as dores e emoções humanas e tudo o mais que faz parte da vida e do mundo tinham sua explicação em eventos ancestrais que envolviam deuses, heróis e outras criaturas, tais como monstros e entidades fantásticas.

As histórias que narram esses acontecimentos são chamadas de **mitos**. As narrativas míticas contam como determinada realidade passou a existir, por exemplo, como surgiram o mar, as montanhas e a morte; como o ser humano começou a cultivar a terra ou como surgiram os primeiros governantes. Os mitos também servem de modelo de conduta para o comportamento humano, ou seja, por meio deles uma sociedade mostra aos seus cidadãos o tipo de conduta que espera deles.

- #### Aedos: poetas da tradição oral

Nos períodos mais remotos da história antiga grega, a cultura era marcada pela oralidade. Mesmo após a introdução do alfabeto, a partir do século VIII a.C., a maioria das pessoas continuou sem saber ler nem escrever. Assim, as narrativas míticas eram contadas oralmente e transmitidas de geração em geração.

Os grandes responsáveis por contar os mitos eram os **aedos**, poetas que iam de cidade em cidade fazer suas apresentações em competições, jogos ou festivais. A palavra "aedo" vem do grego *aoidos*, que significa "cantor", e está relacionada ao fato de os poetas cantarem seus poemas acompanhados de instrumentos musicais e de um ritmo específico ditado pelos metros dos versos.

Os aedos compunham suas próprias versões das histórias míticas, acrescentando ou subtraindo elementos da história principal para satisfazer o interesse dos seus ouvintes. Desse modo, um mito podia ter inúmeras versões.

Escultura representando o herói grego Aquiles ao lado de Tétis, sua mãe. Conta o mito que Tétis, após consultar o oráculo, disse a Aquiles que ele estava diante de dois caminhos. No primeiro, teria uma vida longa e tranquila, morreria velho e sem glória. No segundo, teria uma vida breve, encurtada pela morte em combate, mas sua glória seria reconhecida para sempre. Aquiles, sem hesitar, escolheu partir para a guerra, morrer jovem e conquistar a glória eterna.

136

O mito mais famoso contado pelos aedos, ao longo de várias gerações, foi o da **Guerra de Troia**. Ele narra uma guerra entre gregos e troianos, povo que vivia na cidade de Troia, também conhecida como Ílion. É possível que essa guerra mítica tenha sido inspirada em uma guerra real que aconteceu entre os anos de 1300 e 1200 a.C., mas ainda não há como comprovar.

Homero e a Guerra de Troia

Muitos aedos cantaram os eventos da mítica guerra troiana. Porém, em meados do século VIII a.C., um aedo chamado Homero, sobre o qual pouco sabemos, adquiriu grande renome com seus poemas sobre a guerra, tornando-se uma referência. Muitos poetas de menor sucesso, os "homéridas" ("filhos de Homero"), o imitavam e seguiam seu estilo.

Homero teria composto dois poemas sobre a Guerra de Troia: *Ilíada* (que significa "Poema sobre Ílion") e *Odisseia* (poema que narra as aventuras do herói Odisseu). Ambos sobreviveram até os nossos dias, pois alguém, em Atenas, registrou por escrito os dois poemas. Alguns estudiosos acreditam que o próprio Homero teria feito isso, enquanto outros afirmam que a transcrição foi feita por discípulos dele, à medida que o aedo os recitava.

Como os dois poemas eram considerados muito importantes na formação educacional dos gregos, eles foram copiados e recopiados ao longo dos anos. Os registros mais completos dos episódios míticos da guerra troiana são cópias dos poemas de Homero e artefatos antigos, tais como cerâmicas com cenas da guerra, encontrados pelos arqueólogos.

Fonte 1

Vaso grego de cerâmica de 480 a.C. representando um episódio da Guerra de Troia: a batalha entre Menelau e Páris. Os mitos estavam presentes no cotidiano dos gregos e eram representados em vasos, esculturas, pinturas etc.

137

EM FOCO

• A Guerra de Troia narrada por Homero

O que Homero nos conta sobre a Guerra de Troia? Primeiro, Homero não narra a guerra do começo ao fim. Ele também não explica a razão do conflito, mas deixa implícito que o rapto da bela Helena, esposa do rei de Esparta, deflagrou a guerra.

Segundo o mito, Eris (ou Discórdia), deusa dos desentendimentos, deu uma maçã aos deuses do Olimpo para que a entregassem à deusa mais bonita. Três deusas queriam a maçã: Hera, Atena e Afrodite. Zeus, o deus mais poderoso, enviou as deusas para serem julgadas por Páris, o príncipe troiano, filho do rei Príamo. Páris escolheu Afrodite como a deusa mais bela e deu-lhe a maçã da discórdia.

A deusa, em troca, ofereceu a Páris o amor de Helena, a mulher mais bela do mundo. Afrodite ajudou Páris a raptar Helena em Esparta e a trouxe para morar com ele em Troia. Mas Helena era casada! Seu marido, Menelau, ficou furioso e, com seu irmão Agamenon, rei de Micenas, organizou uma expedição para resgatar a esposa. A guerra estava formada: de um lado os gregos, liderados por Agamenon; do outro os troianos, comandados por Heitor, irmão de Páris.

Na *Ilíada* de Homero, a guerra já está no décimo ano. Até aquele momento, os gregos e seus aliados não haviam conseguido invadir Troia para resgatar Helena. Por mais que os gregos lutassem, as tropas de Heitor resistiam. No relato mítico da guerra, os responsáveis pelo prolongamento da guerra eram os deuses, que não desejavam que houvesse paz no mundo.

Vaso grego de cerâmica, c. 375-350 a.C., representando o episódio da Guerra de Troia conhecido como Julgamento de Páris.

A religião era um elemento muito importante no cotidiano da civilização grega. Os gregos acreditavam que os deuses participavam ativamente da vida das pessoas, influenciando as ações humanas e ditando o destino de cada um. Você pode perceber essa característica da religião grega em vários episódios do mito da guerra troiana. Um desses episódios é a luta entre Páris e Menelau, contada na fonte 2.

Elmo: peça da armadura que protegia a cabeça do soldado.

Fonte 2

A luta entre Menelau e Páris

"Menelau, depois de rezar a Zeus, atira sua lança, que atravessa o escudo de Páris e suas roupas, mas não atinge seu peito.

Menelau puxa da bainha sua espada e desfere um golpe terrível sobre o elmo de Páris. Mas a espada se quebra em pedaços, e novamente Menelau se dirige a Zeus pedindo ajuda e reclamando por não ter vencido a luta imediatamente. Agarra o elmo de Páris pelo penacho e o roda para atirá-lo longe, enquanto a correia que amarra o elmo aperta a garganta do filho de Príamo.

Nesse momento, Afrodite, filha de Zeus, faz que a correia de couro se rompa e o elmo fique na mão de Menelau, que o atira para os gregos, como se fosse um troféu. E avança em direção a Páris com o objetivo de matá-lo. Mas Afrodite lança uma neblina espessa em torno de Páris, o arrebata e o leva para seu quarto."

ROCHA, Ruth. *Ruth Rocha conta a Ilíada*. São Paulo: Moderna, 2010. p. 31.

138

• O desfecho da Guerra

O desfecho da Guerra de Troia não é narrado por Homero, mas, sim, por outros autores gregos e romanos. Segundo o mito, os soldados gregos venceram seus inimigos após entrarem na cidade de Troia escondidos em um imenso cavalo de madeira. O plano de oferecer um cavalo de madeira aos troianos como presente à deusa Atena foi ideia do astuto Odisseu. Os troianos aceitaram o presente e o levaram para o interior da cidade. Na madrugada, centenas de soldados saíram do esconderijo e conquistaram Troia.

O caráter educativo dos mitos

O fato de narrativas míticas como a da Guerra de Troia serem conhecidas e estudadas até os dias de hoje revela a importância do mito para compreender a cultura dos gregos antigos, sobretudo a relação de proximidade que mantinham com seus deuses e com os modelos heroicos que cultuavam.

Na Grécia antiga, os mitos forneciam modelos de conduta para os humanos. Nas histórias míticas, os personagens transgressores eram punidos, enquanto atitudes consideradas positivas eram valorizadas. Por esse motivo, os mitos eram utilizados para ensinar as crianças a se comportar de acordo com o modelo de conduta dos personagens mais sábios, dignos e corajosos.

No caso da Guerra de Troia, o caráter educativo do mito está representado nos heróis e nas atitudes tomadas por eles. Para os antigos gregos, os heróis não são seres humanos comuns, mas geralmente filhos de um deus com um mortal. Eles são exaltados por sua aparência física, seu porte atlético e suas habilidades em derrotar o inimigo, seja pela força física, seja pela inteligência.

Fonte 3

Cena do filme *Troia*, dirigido por Wolfgang Petersen, 2004.

ATIVIDADES

ORGANIZAR O CONHECIMENTO

1. Por meio dos mitos, os gregos procuravam explicar a vida, a morte e todo o Universo. Identifique outro papel desempenhado pelos mitos na Grécia antiga.

2. Qual era a importância dos aedos para os antigos gregos?

3. Segundo o relato mítico grego, qual teria sido a origem da Guerra de Troia?

ANALISAR AS FONTES

4. **Fontes 1 e 2** O que as fontes 1 e 2 têm em comum? O que elas revelam sobre a relação entre os gregos e os deuses?

5. **Fonte 3** Que episódio da Guerra de Troia é representado na fonte 3? Em sua opinião, qual é a relação entre os mitos gregos e o cinema?

6. **Fonte 3** Com base no episódio representado nesta fonte, explique o sentido da expressão "presente de grego".

POR UMA CONDUTA CIDADÃ

7. O herói grego da Guerra de Troia é valorizado, entre outras habilidades, por sua força e inteligência. Existem semelhanças entre esse herói e o ideal de cidadão no mundo contemporâneo? Debata com seus colegas e registre as principais conclusões no caderno. Em seguida, elabore um quadro comparativo com as atitudes consideradas ideais para um grego do século VIII a.C. e para um cidadão na sociedade brasileira atual.

139

REVISANDO

A formação da civilização grega e sua expansão

1. A Grécia antiga era uma comunidade de cidades-Estado que partilhavam a mesma **língua** e a mesma **religião**.
2. A partir do século VIII a.C. começaram a se formar as primeiras *poleis*, ou seja, as **cidades-Estado** gregas.
3. O **crescimento populacional**, a **insuficiência de terras agrícolas** e as **tensões sociais** levaram os gregos a **fundar colônias**. A expansão colonial estimulou o **contato com outros povos**, o que favoreceu o surgimento de elementos que hoje caracterizam a **cultura grega**.

A vida política e cultural em Esparta e em Atenas

1. **Esparta** e **Atenas** foram as principais *poleis* gregas. A **sociedade espartana** era fortemente **militarizada** e o regime político era **oligárquico**. Inicialmente a **sociedade ateniense** era governada por uma **aristocracia**. No final do século VI a.C., o **regime democrático** foi instituído em Atenas.
2. Em Atenas, apenas os homens adultos, filhos de pais atenienses, eram **cidadãos**. Os cidadãos atenienses eram **educados** para atuar na **vida pública**. Em Esparta, a cidadania era restrita aos esparciatas, e a educação era voltada para a formação de **guerreiros**.

Roma: da monarquia à república

1. A primeira forma de governo em Roma foi a **monarquia**. Os reis eram escolhidos pelo **Senado**, e a sociedade era dividida entre **patrícios** e **plebeus**.
2. Com o surgimento da **república**, os reis foram substituídos por dois **cônsules**, e o Estado passou a ser administrado pelos **cidadãos**, que no início eram apenas os **patrícios**.
3. Descontentes, os **plebeus** promoveram uma série de **revoltas** e **conquistaram vários direitos**, como o acesso às magistraturas e o fim da escravidão por dívida.

A expansão romana e a crise da república

1. Durante a república, os romanos **expandiram seus territórios**. Na disputa por **rotas comerciais**, entraram em guerra com Cartago (**Guerras Púnicas**).
2. A **expansão territorial** transformou Roma. Plebeus enriquecidos foram admitidos no grupo dos *nobilitas*. A **escravidão** aumentou, tornando-se predominante nas cidades romanas. Na Península Itálica, formaram-se **grandes propriedades escravistas**.
3. Somente os patrícios e alguns plebeus enriqueceram com a expansão. Nas cidades e nos campos, o **número de pobres aumentou**. No último século da república, uma **crise política e social** tomou conta do mundo romano.

 Trilha de estudo
Vai estudar? Nosso assistente virtual no *app* pode ajudar!
<http://mod.lk/trilhas>

PARA ASSISTIR

• A democracia brasileira

Sinopse

Nesse audiovisual, você vai conhecer a diferença entre a democracia na Grécia antiga e a democracia no Brasil atual e os mecanismos de participação popular previstos na Constituição Federal que permitem o exercício da democracia direta em nosso país.

O OED e esta unidade

- Identifique a principal diferença entre a democracia na Grécia antiga e a do Brasil atual, apontando os mecanismos de participação popular previstos pela Constituição brasileira de 1988 apresentados no OED.

Audiovisual
Use o código QR para acessar o conteúdo. Disponível em <http://mod.lk/yzaaz>.

140

UNIDADE 6

REINOS, ALDEIAS E O IMPÉRIO ROMANO

Fichas

Dialogando com Geografia e Ciências

OS ARCOS ROMANOS: UMA INOVAÇÃO TECNOLÓGICA

A construção à direita da página, conhecida como Arcos da Lapa ou Aqueduto da Carioca, foi inaugurada em 1750 com a finalidade de levar água do Rio Carioca, localizado nas encostas da Serra de Santa Teresa, para a cidade do Rio de Janeiro. Um dos principais símbolos da cidade, desde 1896 esses arcos têm sido utilizados como viaduto para o bonde que liga o bairro de Santa Teresa ao centro.

O aqueduto foi uma tecnologia criada na Antiguidade como solução para o transporte de água limpa até as cidades. Sua principal característica arquitetônica é o uso dos **arcos**, técnica desenvolvida pelos antigos romanos. Muitos aquedutos romanos resistiram à ação do tempo e se conservam ainda hoje em países da Europa, do Oriente Médio e do norte da África.

COMEÇANDO A UNIDADE

1. Como essa tecnologia de abastecimento de água chegou ao Brasil tantos séculos depois de ser criada pelos romanos?

2. Pense e explique como construções romanas de quase dois mil anos continuam preservadas em vários países, a exemplo de Espanha e Portugal.

3. Pesquise na internet sobre o Aqueduto de Segóvia, na Espanha, e compare-o com os Arcos da Lapa. Registre as semelhanças e as diferenças entre as duas construções.

- Imaginar, criar e inovar.
- Esforçar-se por exatidão e precisão.

Arcos da Lapa, na cidade do Rio de Janeiro (RJ). Foto de 2016. A longa fileira de 42 arcos duplos, com 17,6 metros de altura e 270 metros de comprimento, foi feita de pedra e argamassa e recoberta de cal. A construção é um bem tombado pelo Instituto do Patrimônio Histórico e Artístico Nacional (Iphan).

141

TEMA 1

O IMPÉRIO ROMANO

Qual foi o legado da civilização romana para as sociedades contemporâneas?

A CRISE DA REPÚBLICA ROMANA

Como você viu na unidade anterior, a república romana entrou em crise a partir do século II a.C. A principal causa dessa crise era o acesso desigual às terras conquistadas e o empobrecimento do camponês, principal combatente nas guerras de conquista. Os projetos de reforma agrária dos irmãos Tibério e Caio Graco despertaram a forte reação dos grandes proprietários de terras, que dominavam o Senado. A reação dos senadores demonstrava que a elite aristocrática de Roma, que eles representavam, não estava disposta a transformar a *res publica* em um regime político popular.

A elite senatorial derrotou os dois irmãos, mas não conseguiu evitar as agitações populares, que se espalharam pelas cidades romanas. Nos territórios conquistados, escravos e camponeses pobres levantaram-se contra as elites dirigentes, em revoltas que foram violentamente reprimidas pelas tropas romanas. A própria elite aristocrática estava dividida: de um lado estavam os *optimates*, representando os grandes proprietários; de outro, os *populares*, que defendiam algumas reformas para controlar as tensões sociais.

A morte de Júlio César, pintura de Vincenzo Camuccini, 1804-1805.

OS TRIUNVIRATOS E O FIM DA REPÚBLICA

A crise política se aprofundou no século I a.C., com chefes militares das duas facções disputando o controle do Senado. A revolta dos iberos, na Hispânia, apoiada pelo grupo dos populares, durou oito anos e foi uma das mais sangrentas da república. Ao mesmo tempo, povos aliados na Península Itálica rebelaram-se contra Roma, situação que só foi controlada em 49 a.C., quando o governo concedeu a cidadania a todos os homens livres da península.

Por outro lado, o **exército** romano se fortalecia cada vez mais com as constantes guerras de conquista. Até o século II a.C., ele era formado de camponeses e trabalhadores rurais convocados para combater nas guerras. Depois disso, o exército se profissionalizou: os soldados passaram a se alistar de maneira voluntária e a receber um salário. Esses novos combatentes eram mais ligados aos seus generais, pois deles recebiam terras, escravos e objetos saqueados.

Diante da crise social e do prestígio do exército, líderes militares começaram a ganhar mais poder político. O general Júlio César, muito habilidoso, soube manipular a situação para formar o **Primeiro Triunvirato**, em 60 a.C. Com essa aliança militar, César e outros dois generais romanos (Pompeu e Crasso) comprometiam-se a se auxiliar mutuamente para controlar o poder em Roma e nos territórios conquistados.

Com a morte de Crasso, o Triunvirato chegou ao fim. A disputa pelo poder transformou-se então em verdadeira guerra civil, que resultou na vitória de César sobre Pompeu. Fortalecido pelo sucesso na campanha da Gália, Júlio César foi declarado ditador pelo Senado. No governo, ele reformou a administração pública e atendeu a várias demandas sociais.

O crescente poder de Júlio César preocupava a elite senatorial, que decidiu derrubá-lo. Em 44 a.C., ao entrar no Senado, César foi morto em uma conspiração. Após sua morte, formou-se o **Segundo Triunvirato**, composto pelos generais Marco Antônio, Otávio e Lépido, todos seguidores de César. Depois de uma luta sangrenta entre os exércitos desses generais, Otávio venceu Marco Antônio. De volta à capital, Otávio foi declarado, pelo Senado, **imperador de Roma**, em 27 a.C. A república romana chegava ao fim.

Escultura do século I representando o imperador Otávio Augusto, encontrada no subúrbio romano de Prima Porta, Itália. Quando foi proclamado imperador, Otávio recebeu, em 27 a.C., o título de **Augusto**, que significa "magnífico", o que lhe atribuía um caráter sagrado na religião romana tradicional.

O GOVERNO DE AUGUSTO E A *PAX ROMANA*

O imperador Otávio Augusto (também conhecido como César Augusto) governou os territórios romanos durante cerca de quarenta anos, concentrando todos os poderes em suas mãos. As instituições republicanas de Roma continuaram existindo, mas o imperador tinha o poder de vetar leis, nomear os magistrados e comandar o exército.

A habilidade administrativa de Augusto inaugurou o período conhecido como *pax romana* (**paz romana**), que se estendeu até o final do século II. As guerras de conquista não foram interrompidas nesses anos, mas o principal objetivo dos imperadores romanos durante esse período foi a proteção das fronteiras e a repressão das revoltas populares.

Uma complexa rede de estradas pavimentadas se expandiu pelo império para facilitar a circulação de correspondências, produtos e soldados. A Península Itálica, centro do império, enriqueceu ao receber mão de obra e matérias-primas das províncias e exportar para elas vinhos, azeite, cerâmicas, objetos de metal e outros artigos.

Os sucessores de Augusto, procurando associar a riqueza de Roma com sua própria imagem, embelezavam a cidade encomendando a construção de praças, arcos do triunfo, aquedutos e centros de lazer (termas, circo e anfiteatros). O Fórum, o centro da vida pública romana, ganhou novos edifícios, e os mais antigos foram remodelados.

Nos circos e anfiteatros, eram realizados diferentes espetáculos de entretenimento. Destacavam-se as corridas de quadrigas e as lutas de gladiadores (geralmente escravos). Os patrícios patrocinavam os eventos, em busca de popularidade e ostentação de sua riqueza. Muitos plebeus e escravos preenchiam as plateias dos anfiteatros para torcer pelos lutadores.

O espetáculo se iniciava com o desfile dos gladiadores, que entravam na arena saudando o imperador; em seguida, travava-se o combate. A "luta boa" era a que se encerrava com a morte de um gladiador. Terminado o confronto, os escravos arrastavam os corpos com ganchos e trocavam a areia ensanguentada por areia limpa.

O maior local de espetáculos era o Anfiteatro Flaviano, mais conhecido como **Coliseu**, construído em Roma entre 72 e 80 d.C. As arquibancadas do edifício estavam divididas conforme a posição social do indivíduo: o primeiro andar era reservado ao imperador, aos senadores e aos cônsules; o segundo acomodava a aristocracia rural; restava para o povo as fileiras do alto. Havia, ainda, uma área exclusiva para mulheres localizada no topo.

Arco do triunfo: monumento característico da arquitetura romana construído para celebrar uma vitória, geralmente militar, e homenagear o general que a comandou.
Quadriga: carro puxado por quatro animais.

Clipe

Ruínas do Coliseu, em Roma, na Itália, em foto de 2016. O edifício tinha inicialmente três andares e acomodava cerca de 50 mil pessoas. Atualmente, o Coliseu é uma das principais atrações turísticas de Roma.

O IMPÉRIO ROMANO EM SUA MÁXIMA EXTENSÃO (SÉCULO II)

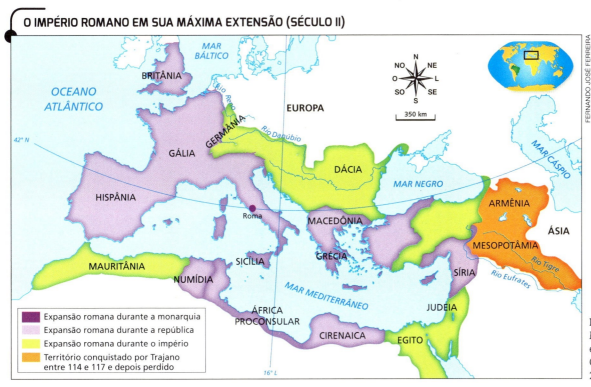

Fonte: *Atlas of World History*: concise edition. Nova York: Oxford University, 2007. p. 54-55.

A ROMANIZAÇÃO CULTURAL

A cultura romana se estendeu por várias regiões. Os romanos também absorveram elementos culturais dos povos dominados, como o culto às divindades gregas, que receberam novos nomes, e aos deuses egípcios Ísis e Osíris.

Em geral, o governante romano de cada província procurava organizá-la espelhando-se nas instituições, no ensino, na arquitetura e nas artes de Roma. Veja alguns exemplos.

- **Língua latina.** Os romanos criaram nas províncias escolas para os filhos das elites locais, onde seus filhos aprendiam latim, gramática, retórica, cálculo e política. O latim vulgar, falado pelos colonos e soldados nas províncias, misturou-se às línguas das populações dominadas, o que deu origem às **línguas neolatinas**: francês, português, espanhol, italiano etc.

- **Instituições romanas.** Os governantes estabeleciam nas províncias instituições similares às romanas (magistrados, assembleias, Senado, exército, sistema de impostos, legislação), o que explica o fato de essas instituições terem se espalhado por todo o mundo ocidental.

- **Arquitetura.** Inspirada nos modelos grego e etrusco, a arquitetura romana ficou famosa pela grandiosidade de seus templos, anfiteatros, aquedutos, pontes e estradas. Seu estilo expandiu-se pelos territórios conquistados e ainda hoje está presente em muitas construções do Ocidente.

Os povos conquistados, porém, não ficaram passivos à dominação cultural romana. Por meio da resistência e da negociação, eles mantiveram costumes da sua cultura, a exemplo do monoteísmo do povo judeu e do culto à corça dos iberos. E, quando incorporaram costumes e instituições romanas, fizeram à sua própria maneira, adaptando-os à realidade local.

Retórica: arte de falar bem; conjunto de regras para produzir um bom discurso.

Corça: fêmea do corço (veado).

145

É BOM SABER

A Antiguidade Clássica

Antiguidade Clássica é o período da história europeia que se estende do século VIII a.C. ao V d.C. e corresponde às civilizações grega e romana. O termo foi criado por pensadores dos séculos XV e XVI que viam a **cultura greco-romana** como a fundadora do mundo ocidental e um modelo a ser seguido no campo das artes, das ciências, da literatura e da educação.

Relevo representando um professor e seus alunos na província romana da Gália, c. 180 d.C.

Vista das ruínas romanas na cidade de Sufetula, na Tunísia. Foto de 2013. A cidade foi fundada pelos romanos no século I d.C., e suas construções são uma marca da cultura romana no norte da África.

ORGANIZAR O CONHECIMENTO

1. Associe cada letra ao número correspondente.
   a) Júlio César.
   b) Otávio Augusto.
   c) Pompeu.
   d) Caio Graco.

   1. Primeiro imperador de Roma.
   2. General que comandou a repressão à revolta na Hispânia.
   3. Tribuno da plebe e autor de um projeto de reforma agrária.
   4. General que comandou a conquista da Gália e foi morto no Senado romano.

2. Em seu caderno, elabore um texto explicando o que foi a *pax romana*.

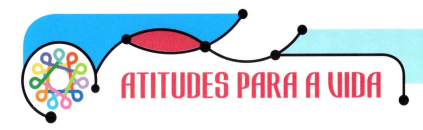

ATITUDES PARA A VIDA

O calendário juliano

Você sabia que as palavras que usamos para nomear os dias da semana, os meses do ano e o próprio calendário são originárias do latim e da cultura romana antiga?

O calendário romano mais antigo foi elaborado ainda na época monárquica. Mas ele não era muito preciso, pois apresentava um descompasso com o ano solar, que tem como base o movimento de translação da Terra.

Com o passar dos anos, essa diferença foi se acumulando. Assim, as datas dos festivais religiosos, as estações do ano, o início do plantio e da colheita, por exemplo, passaram a não coincidir mais com o calendário romano, causando uma grande confusão na vida cotidiana das pessoas.

Quando o general Júlio César se tornou ditador (século I a.C.), ele decidiu reformar o calendário. Para dirigir essa tarefa, César convidou o astrônomo Sosígenes, da cidade de Alexandria.

O **calendário juliano** entrou em vigor em 45 a.C. O ano passou a ter 365 dias e seis horas e foi dividido em 12 meses, com 31 e 30 dias intercalados, à exceção de fevereiro, que tinha 29 dias. Para o novo calendário coincidir com o ano solar, acrescentou-se, a cada quatro anos, um dia ao mês de fevereiro. Surgiu assim o **ano bissexto**.

Mais tarde, sob César Augusto, o oitavo mês foi renomeado de agosto em sua homenagem, e passou de 30 para 31 dias. O dia adicionado ao mês de agosto foi retirado de fevereiro, que passou a ter 28 dias.

Uma nova reforma no calendário juliano foi feita no século XVI por encomenda do papa Gregório XIII. O **calendário gregoriano** entrou em vigor em 1582, e, até hoje, é adotado como calendário civil em praticamente todo o mundo.

Mosaicos do século III representando os meses de novembro e outubro, localizados na antiga colônia romana de Thysdrus, no norte da atual Tunísia.

QUESTÕES

1. Escreva **V** (verdadeiro) ou **F** (falso) para cada frase a seguir.
   a) O calendário, por se basear nos astros, é universal, ou seja, é o mesmo para todos os povos.
   b) O calendário juliano procurou corrigir o descompasso que existia entre o ano solar e a duração do ano no calendário criado durante a monarquia.
   c) A reforma do calendário promovida por Júlio César procurava regular atividades cotidianas, como as festas cívicas, o trabalho agrícola e a coleta de impostos no extenso território romano.
   d) O calendário que usamos hoje, chamado gregoriano, tem muitos pontos em comum com o calendário juliano.

2. Nesta unidade selecionamos como foco para o trabalho as seguintes atitudes: **Imaginar, criar e inovar** e **Esforçar-se por exatidão e precisão**. Quais aspectos do calendário juliano e de sua história podem ser associados a essas atitudes? Justifique sua resposta.

3. O calendário juliano foi inspirado no calendário egípcio, que, por sua vez, incorporou conhecimentos dos povos da Mesopotâmia. Quais atitudes você identifica nas pessoas que participaram da elaboração desses calendários? Escolha, entre as onze atitudes desenvolvidas neste livro, as que você julga mais adequadas e justifique.

TEMA 2

O POVO HEBREU E A DOMINAÇÃO ROMANA

Que razões socioeconômicas e religiosas explicam a revolta dos judeus contra a dominação romana?

OS HEBREUS NA PALESTINA

Quando as tropas romanas conquistaram o território habitado pelos judeus, no século I a.C., vários outros impérios já tinham dominado anteriormente a região: assírios, babilônios, persas e macedônios. Os judeus também não foram os primeiros habitantes da Palestina, nome que os romanos davam ao território. Os hebreus, como eram chamados os ancestrais dos judeus, se estabeleceram na região após derrotar outros povos que lá viviam.

O que sabemos sobre a história dos hebreus tem como principal fonte de estudo o **Antigo Testamento** da *Bíblia*. Diferentemente da maior parte dos povos da Antiguidade, os hebreus eram **monoteístas**, ou seja, acreditavam na existência de um deus único, Yahweh (Javé ou Jeová). A base de sua crença se encontra na *Torá*, os cinco primeiros livros da *Bíblia*, os quais contêm os 613 mandamentos para a vida judaica.

Originalmente, os hebreus viviam em grupos familiares de pastores seminômades na região da Mesopotâmia. Mas não constituíam um povo no sentido que entendemos hoje, formado por uma comunidade de pessoas que partilham uma identidade comum. Eles se organizavam como uma grande família tribal, liderada por um patriarca.

Conta a *Bíblia* que, por volta de 1900 a.C., Abraão, líder dos hebreus, recebeu uma ordem de Deus para conduzir seu grupo familiar até Canaã. Segundo os historiadores, porém, a migração dos hebreus para Canaã foi motivada pela chegada do povo arameu à Mesopotâmia.

Palestina: nome de origem grega que correspondia, na Antiguidade, à região onde acontecem as histórias bíblicas. Situada na costa oriental do Mar Mediterrâneo, a Palestina histórica forma atualmente os territórios de Israel, Jordânia, sul do Líbano, Faixa de Gaza e Cisjordânia.

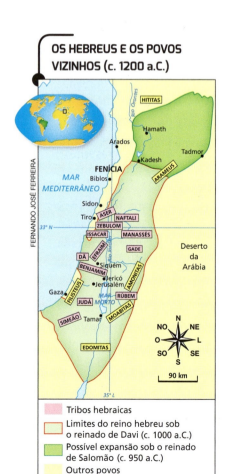

OS HEBREUS E OS POVOS VIZINHOS (c. 1200 a.C.)

- Tribos hebraicas
- Limites do reino hebreu sob o reinado de Davi (c. 1000 a.C.)
- Possível expansão sob o reinado de Salomão (c. 950 a.C.)
- Outros povos

Fonte: DUBY, Georges. *Atlas historique mondial*. Paris: Larousse, 2003. p. 8.

Acredita-se que a tomada de Canaã (ou Palestina histórica) tenha durado vários anos, pois os hebreus tiveram de enfrentar povos que já habitavam a região, como os cananeus. O que as fontes históricas indicam é que, por volta do século XIII a.C., a Palestina, até então habitada pelos cananeus, foi ocupada por pastores nômades vindos das montanhas, provavelmente os hebreus.

Em Canaã formaram-se doze tribos. Cada uma delas era liderada por um chefe político e militar, em geral um ancião da família mais importante. Em períodos difíceis, um líder era escolhido para exercer autoridade sobre todas as tribos, o **juiz**. Durante o chamado período dos juízes, as mulheres também podiam exercer a liderança das tribos.

É BOM SABER

Os Dez Mandamentos

Conta a *Bíblia* que, pouco mais de 400 anos após a saída de Abraão da Mesopotâmia, uma seca prolongada em Canaã levou os hebreus a migrarem para o Egito, que na época estava sob o domínio dos hicsos. Quando os hicsos foram expulsos, os hebreus foram acusados de colaborar com o invasor e foram escravizados. Por volta de 1250 a.C., Moisés, hebreu criado pela filha do faraó, libertou seu povo do cativeiro e o conduziu de volta a Canaã. Narra a *Bíblia* que, durante a viagem, Moisés recebeu de Deus, no Monte Sinai, duas placas de pedra (as Tábuas da Lei), nas quais foram escritos os Dez Mandamentos. Também conhecidos como Decálogo, os Dez Mandamentos se tornaram o código de leis do povo hebreu.

Dialogando com Arte

Explore

1. Quais aspectos dessa imagem dizem respeito ao modo de vida dos antigos hebreus?

2. Que parte da imagem é uma interpretação figurada da história dos hebreus? Que narrativa bíblica essa parte da imagem representa?

A partida de Abraão para Canaã, versão prévia de pintura de Jacopo Bassano e Francesco Bassano, c. 1570-1571.

A HISTÓRIA POLÍTICA DOS HEBREUS

66-73 d.C.
Primeira revolta judaica. Início da **grande diáspora**.

6 d.C.
A Judeia e as outras regiões da Palestina são transformadas em **províncias** de Roma.

37-4 a.C.
Reinado de Herodes. Ampliação e remodelação do **Segundo Templo de Jerusalém**.

63 a.C.
Toda a Palestina, incluindo a Judeia, é conquistada pelos romanos.

165-63 a.C.
Período de independência da Judeia.

538 a.C.
Os judeus regressam a Jerusalém e iniciam a construção do **Segundo Templo**.

587 a.C.
O Reino de Judá é conquistado pelos babilônios, e o Primeiro Templo é destruído. Os judeus são levados como cativos para a Babilônia.

722 a.C.
O Reino de Israel é conquistado pelos assírios.

c. 930 a.C.
Cisma (divisão) do Reino dos Hebreus em Reino de Judá e Reino de Israel.

A FUNDAÇÃO DO REINO DOS HEBREUS

De acordo com a *Bíblia*, por volta do século XI a.C., os hebreus guerreavam com os filisteus pelo controle de Canaã. Visando organizar a luta contra o inimigo, as doze tribos se unificaram sob a autoridade de Saul, o primeiro rei dos hebreus. Saul foi sucedido por Davi, que reinou por volta de 1010 a 971 a.C. O novo rei derrotou os filisteus, conquistou a cidade de Jerusalém e a transformou na capital do reino.

O Reino dos Hebreus chegou ao auge no reinado de Salomão, filho de Davi. Ele fortaleceu o exército e estabeleceu relações comerciais com os fenícios e com reinos da Arábia e da África. Salomão ordenou a construção de reservatórios para irrigação, de aquedutos para o abastecimento de água e do **Primeiro Templo de Jerusalém**. O dinheiro para as obras foi obtido com a cobrança de altos impostos.

Com a morte de Salomão, em 931 a.C., seu filho Roboão assumiu o reino e manteve a política de altos impostos. Diante disso, as dez tribos do norte se rebelaram e criaram o **Reino de Israel**, com capital em Samaria. No sul, formou-se o **Reino de Judá**, que manteve sua capital em Jerusalém.

Fiéis oram e celebram diante do Muro das Lamentações, na Cidade Velha de Jerusalém. Foto de 2017. Local mais sagrado do judaísmo, o Muro das Lamentações é a parte que restou do Segundo Templo de Jerusalém, ampliado e remodelado no governo de Herodes.

Após a divisão política, as rivalidades e as diferenças entre o norte e o sul se aprofundaram. O Reino de Israel se distanciou da identidade hebraica e desapareceu após a conquista assíria. Os hebreus do Reino de Judá, ao contrário, procuraram manter a tradição religiosa de seus ancestrais. Por isso, a partir daquele momento, os hebreus de Judá passaram a ser conhecidos como **judeus**, e o território onde viviam ficou conhecido como **Judeia**.

A CONQUISTA ROMANA DA JUDEIA

Após sucessivos domínios estrangeiros (reveja a linha do tempo), a Judeia, às vésperas da conquista romana, era um Estado religioso independente. No ano 63 a.C., após dominar a Síria, a Fenícia e o norte da Palestina, o general romano Pompeu se dirigiu a Jerusalém. Após três meses de cerco, a capital judaica foi tomada pelos romanos.

Inicialmente, a Judeia não era uma província romana, mas um **protetorado**, ou seja, um Estado que mantinha certa autonomia e devia pagar tributos a Roma. A relação com os romanos se transformou em submissão e aliança a partir de Herodes, judeu-árabe que disputava o governo da Judeia. Protegido por tropas romanas, Herodes cercou Jerusalém, derrotou seus inimigos e assumiu o trono em 37 a.C. No governo, ampliou o reino judeu anexando toda a Palestina.

Querendo mostrar sua lealdade a Roma, Herodes ordenou a construção de um grande circo em Jerusalém para a realização de lutas, corridas de carros e outros espetáculos populares na capital romana. No circo havia inscrições de louvor ao imperador Augusto e às suas glórias militares. Outra demonstração de lealdade a Roma foi a construção da cidade de Cesareia, às margens do Mar Mediterrâneo, abrigando palácios, um templo dedicado a Augusto e um porto.

Os novos costumes eram estranhos à tradição religiosa hebraica e despertaram a ira de grande parte da população. Visando agradar os judeus e exaltar a sua própria imagem, Herodes ordenou a reconstrução do **Segundo Templo de Jerusalém**, erguido quando os judeus voltaram do exílio na Babilônia. As obras de ampliação e remodelação do templo, dedicado ao Deus dos hebreus, empregaram mil carretas para o transporte de pedras e cerca de 10 mil operários, e foram concluídas em 19 a.C.

Mapa localizador

AS CONDIÇÕES QUE LEVARAM À REVOLTA

As majestosas construções do governo de Herodes foram financiadas com altos impostos cobrados da população, que era duplamente tributada, pois tinha de pagar impostos ao templo e a Roma. A insatisfação do povo não caminhou para uma revolta armada contra o governo provavelmente por causa do terror que o rei empregava contra seus opositores e por sua aliança com Otávio Augusto.

Herodes morreu em 4 a.C. Dez anos mais tarde, a Judeia foi reduzida à condição de província do império, administrada por governadores romanos. O mesmo ocorreu com a Galileia, no norte da Palestina. Nos anos seguintes, a Judeia foi cenário de conspirações e de uma feroz disputa pelo poder, da formação de facções religiosas e de protestos populares contra os privilégios das elites judaicas.

Duas facções religiosas foram protagonistas dos conflitos na Judeia desse período: os **zelotes** e os **sicários**. Os primeiros combatiam a dominação estrangeira e se empenhavam (*zelavam*) para que as leis da *Torá* fossem respeitadas em toda a Judeia. Os sicários diferenciavam-se dos zelotes por levar, sob as vestes, uma adaga, que usavam para cometer atentados contra membros da elite judaica que colaboravam com os romanos. Os integrantes dessas facções se espalharam por toda a Palestina.

Além de resistir à presença de costumes estrangeiros, os dois grupos também expressavam a insatisfação popular com o enriquecimento das elites judaicas. Somando por volta de 160 pessoas, entre sumos sacerdotes, grandes comerciantes e proprietários de terras, essa elite tinha acumulado fortunas por ter uma ligação estreita com o poder imperial romano: eles dominavam a cobrança e a distribuição dos tributos, controlavam as mercadorias destinadas ao templo e monopolizavam os serviços que atendiam os peregrinos que chegavam a Jerusalém.

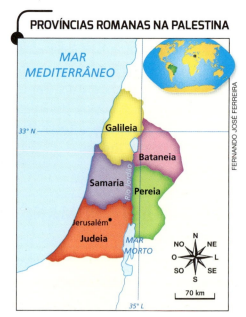

PROVÍNCIAS ROMANAS NA PALESTINA

Fonte: *David Rumsey Map Collection*. Disponível em <http://mod.lk/faxuq>. Acesso em 1º mar. 2018.

Facção: grupo de indivíduos que defendem a mesma causa em oposição a outros grupos; parte de um partido político, crença religiosa etc. que rompe com a maioria e começa a atuar de forma organizada e independente.

Adaga: espécie de espada curta, de corte e perfuração, geralmente de dois gumes.

Destruição do Templo de Jerusalém, pintura de Francesco Hayez, 1867.

152

Representação de romanos carregando espólios de Jerusalém após terem derrotado os hebreus durante a primeira revolta judaica. O relevo é uma reprodução de parte do Arco de Tito, construído em Roma por volta do ano 80 a mando do imperador Domiciano para celebrar a vitória romana.

A REVOLTA JUDAICA E A QUEDA DE JERUSALÉM

A partir do ano 60, camponeses oprimidos pelos altos impostos, endividados e famintos se levantaram contra seus principais tiranos: o poder imperial romano e a elite judaica.

A rebelião eclodiu em 66 em praticamente toda a Palestina. Nero, imperador romano na ocasião, nomeou o general Vespasiano para reprimir a revolta. Os romanos primeiro derrotaram os rebeldes na Galileia e depois seguiram pela costa. Após controlar a maior parte do território, as tropas romanas se prepararam para a tomada de Jerusalém. Na cidade, uma coalizão reunindo rebeldes locais e refugiados da guerra travada na Galileia havia se formado para resistir à invasão romana.

No final de 69 d.C., Vespasiano foi declarado imperador de Roma, e Tito, seu filho, assumiu a operação. No início do ano seguinte, ele iniciou o **cerco de Jerusalém**. Ao mesmo tempo, uma guerra civil se espalhou pela cidade. De um lado, estavam os zelotes e outros rebeldes prontos para resistir até a morte; de outro os grupos moderados, entre eles a elite sacerdotal e fundiária judaica, propondo a rendição.

Arrasada pela fome, Jerusalém não resistiu à ofensiva romana. Em agosto de 70, as forças de Tito derrubaram a última barreira da muralha e entraram na cidade. O que veio em seguida foi um cenário de destruição. As estimativas mais confiáveis falam em 600 mil mortos, a maior parte de judeus. O templo foi incendiado e destruído, e o ouro da cidade, saqueado. Cerca de 90 mil judeus foram feitos prisioneiros, vendidos depois como escravos ou levados para lutar nas arenas romanas. Começava a **grande diáspora**, ou seja, a dispersão do povo judeu pelo mundo.

É BOM SABER

Massada: o último reduto da resistência judaica

Massada é uma fortaleza natural encravada no Deserto da Judeia, a pouca distância do Mar Morto. As edificações da fortaleza, iniciadas no século II a.C., foram ampliadas e reforçadas no reinado de Herodes.

Quando a revolta judaica começou, um grupo de sicários se dirigiu para Massada, derrotou a guarnição romana aquartelada no local e tomou a fortaleza. Rebeldes zelotes se uniram a eles mais tarde. Quando Jerusalém caiu diante dos soldados de Tito, um grupo de sobreviventes fugiu para Massada e juntou-se aos rebeldes para organizar a resistência contra os romanos.

O historiador judeu Flávio Josefo (37-100 d.C.) conta que, no final do ano 72, os romanos concluíram a construção de uma gigantesca rampa para invadir a fortaleza. Diante da situação, o líder sicário Eleazar ben Yair organizou um plano de suicídio coletivo dos 960 judeus refugiados em Massada.

A narrativa de Josefo é dramática, porém muito questionada pelos pesquisadores. Pela análise de esqueletos humanos e de outros achados arqueológicos no sítio de Massada, o mais provável é que um grupo de sicários tenha cometido suicídio e a maior parte dos rebeldes tenha morrido em combate.

Vista de antiga fortaleza nas montanhas de Massada, que foram utilizadas como último reduto da resistência judaica contra os romanos. Israel, foto de 2017.

PARA ASSISTIR

• **Massada: A última fortaleza judaica**
Produção: Terra Negra
País: Brasil
Ano: 2017
Duração: 4 min

O professor de história William Menez visita as ruínas de Massada para contar a história dos judeus que se refugiaram na imponente fortaleza e resistiram contra os romanos. Assista ao vídeo acessando o link <http://mod.lk/819mq>. Acesso em 1º mar. 2018.

ORGANIZAR O CONHECIMENTO

1. Escreva H para hebreus e R para romanos.
   a) Sua forma de governo, inicialmente uma monarquia, caminhou com o tempo para a república e chegou ao império.
   b) O território que habitavam foi conquistado por vários povos ao longo da história, incluindo eles mesmos, que eram originários da Mesopotâmia.
   c) A crença em um só Deus é a mais importante característica da cultura desse povo e permanece até os dias de hoje.
   d) O latim, o direito e instituições como Senado e república são criações desse povo que se espalharam pelo mundo e ainda estão presentes atualmente.
   e) Construíram um grande império na Antiguidade, em torno do Mediterrâneo, que abrangia vários povos.
   f) Sua dispersão pelo mundo, a partir do século I, é conhecida como grande diáspora.

2. Sobre o cerco de Jerusalém, elabore uma ficha com os seguintes dados: quando começou, os dois lados do conflito, facções judaicas rebeldes, como e quando terminou. Siga o modelo abaixo.

O CERCO DE JERUSALÉM
Quando começou:
Os dois lados do conflito:
Facções judaicas rebeldes:
Como e quando terminou:

ATIVIDADES

APLICAR

1. Asterix e Obelix vivem em uma vila da Gália, no ano 50 a.C., e lutam para impedir que ela seja conquistada pelo exército de Júlio César. Nos quadrinhos abaixo, eles estão a caminho de Jerusalém em uma missão importante.

Quadrinhos da história *A odisseia de Asterix*, de Albert Uderzo e René Goscinny, 1981.

   a) Que povo representa o personagem Josué? Quais evidências indicam isso?
   b) Qual é a diferença, segundo Josué, entre a situação da Fenícia e a do território onde ele vive? Que território seria esse?
   c) A condição desse território em relação a Roma manteve-se sempre a mesma? Explique.

2. Veja no quadro a grafia de algumas palavras em três línguas modernas.

Português	Italiano	Espanhol
vida	vita	vida
sentimento	sentimento	sentimiento
bondade	bontà	bondad
liberdade	libertate	libertad

   a) Explique a relação entre essas palavras com base no que você estudou no tema 1.
   b) Nos dias atuais, também existem palavras ou expressões utilizadas por um povo que depois acabam sendo incorporadas ao português e a outras línguas. Cite algumas dessas palavras ou expressões presentes na nossa língua.
   c) Por que isso tem acontecido? Discuta com a classe.

RETOMAR

3. Responda às questões-chave da abertura dos temas 1 e 2.
   a) Qual foi o legado da civilização romana para as sociedades contemporâneas?
   b) Que razões socioeconômicas e religiosas explicam a revolta dos judeus contra a dominação romana?

TEMA 3

O CRISTIANISMO: UMA NOVA CRENÇA MONOTEÍSTA NO MUNDO ROMANO

Quais semelhanças e diferenças é possível identificar entre a religião judaica e a religião cristã?

A ORIGEM DO CRISTIANISMO

O cristianismo é a religião com o maior número de fiéis no mundo atual. Em uma pesquisa feita em 2015, cerca de 2,3 bilhões de pessoas se declararam cristãs, o que representava cerca de 31% da população mundial. Professar a fé cristã significa crer em Jesus Cristo como filho de Deus e salvador da humanidade.

Praticamente tudo o que sabemos sobre a vida e os ensinamentos de Jesus está escrito nos **Evangelhos**, livros que fazem parte do Novo Testamento da *Bíblia*. Segundo esses escritos, Jesus Cristo nasceu há cerca de 2 mil anos, em Belém, na Judeia, no fim do reinado do rei Herodes. O imperador de Roma na época era César Augusto. Jesus cresceu na cidade de Nazaré, na Galileia, mas quase nada sabemos sobre sua infância e juventude.

Representação de Jesus pregando aos seus seguidores. Relevo em sarcófago encontrado na província romana da Gália, século IV.

A CRUCIFICAÇÃO DE JESUS

Por volta dos 30 anos, Jesus começou a transmitir seus ensinamentos em Nazaré, Samaria, Jerusalém e outras cidades da Palestina. Ele pregava a existência de um Deus único, o amor ao próximo, a compaixão e a humildade. Declarava ainda que todos os homens que seguissem seus ensinamentos alcançariam a vida eterna.

Na tradição religiosa dos judeus, havia uma profecia que anunciava a vinda de um messias à Terra para salvar os pecadores e pacificar a humanidade. Jesus, que era judeu, se apresentava como o messias de quem falavam os profetas nos escritos sagrados.

A conduta de Jesus desagradou autoridades judaicas e romanas. Os judeus acusavam Jesus de insultar a Deus, e os romanos temiam que ele incitasse seus seguidores contra o domínio romano.

Jesus foi preso às vésperas da Páscoa judaica, julgado por Pôncio Pilatos, administrador romano da Judeia, e condenado a morrer na cruz, pena aplicada aos criminosos e rebeldes da época.

Na obra *Antiguidades judaicas*, escrita cerca de 60 anos após a morte de Jesus, o historiador Flávio Josefo faz referências à peregrinação dele pela Palestina, acompanhado de muitos judeus e gentios. Josefo descreve Jesus como um homem sábio, que foi condenado a morrer na cruz a pedido da elite judaica.

Batismo de Cristo, pintura bizantina do século VI.

Páscoa judaica: data do calendário judaico (*Pessach*, em hebraico) que celebra a passagem do Mar Vermelho, episódio narrado na *Bíblia* que marca a libertação do povo hebreu da escravidão no Egito e seu retorno a Canaã.

Gentio: nome que os judeus atribuíam a quem não professava a religião judaica.

É BOM SABER

Jesus Cristo e os zelotes

Em 2013, o iraniano Reza Aslan, estudioso das religiões e professor da Universidade da Califórnia (EUA), lançou o livro *Zelota: a vida e a época de Jesus de Nazaré*, causando grande polêmica. No livro, Jesus é apresentado com um judeu revolucionário, que combatia o domínio de Roma e de seus aliados ricos na Judeia. Segundo o autor, Jesus teria sido um líder zelote fervoroso, que andava pela Galileia reunindo um exército de seguidores para libertar os pobres e as vítimas da opressão de Roma e das elites judaicas. A imagem que se difundiu de Jesus como uma figura pacifista e desapegada do mundo terreno foi, na tese do autor, construída mais tarde pelos apóstolos, principalmente por Paulo. O livro gerou fortes críticas. Teólogos cristãos, por exemplo, criticam Aslam por afirmar que os Evangelhos não são confiáveis, ao mesmo tempo que se apoia neles para defender a tese de um Cristo revolucionário.

Explore

- Jesus Cristo foi um pacifista, um revolucionário zelote ou um pouco de ambos? Formem três grandes grupos na classe para defender cada uma das três posições. Com base no que vocês estudaram nesta unidade e em pesquisas que podem ser feitas na internet, o grupo irá elaborar argumentos que sustentem a visão que será defendida. Procure ouvir com atenção os argumentos dos colegas, refletir sobre eles e comunicar suas ideias com clareza.

DA PERSEGUIÇÃO AO TRIUNFO

Após a morte de Jesus, seus ensinamentos continuaram sendo transmitidos pelos **apóstolos**, alcançando praticamente toda a região do Mar Mediterrâneo.

Ao longo do século I, a religião cristã se expandiu e passou a incomodar ainda mais as autoridades romanas. Como os cristãos se recusavam a servir o exército e a adorar o imperador e os deuses romanos, foram acusados pelas autoridades de trair o Estado e desrespeitar as tradições romanas. Com isso, vários imperadores e governadores romanos passaram a perseguir os cristãos nas províncias.

A partir do ano 250, as perseguições, cada vez mais frequentes e organizadas, se espalharam por todo o império. Entretanto, elas acabaram fortalecendo o cristianismo. Muitos romanos admiravam a fé dos mártires, e as conversões se multiplicaram.

No ano 313, o imperador Constantino se converteu ao cristianismo e concedeu, mediante o **Edito de Milão**, liberdade de culto a todas as crenças. A evangelização do império se acelerou, e as comunidades cristãs se tornaram indispensáveis ao poder imperial. A religião fundada por Jesus acabou se tornando um instrumento de **unidade do império**. Com isso, em 353, os cultos pagãos foram proibidos e, em 380, o cristianismo se tornou a **religião oficial** do Império Romano.

ORGANIZAR O CONHECIMENTO

1. Ordene os itens a seguir numerando-os do mais antigo ao menos antigo.
   a) Jesus é preso, julgado e condenado a morrer na cruz.
   b) O cristianismo é adotado como religião oficial do Império Romano.
   c) Jesus Cristo nasce em Belém, cidade da Judeia.
   d) O imperador Constantino converte-se ao cristianismo e concede liberdade de culto a todas as crenças.
   e) O cristianismo, dividido em várias igrejas, é a religião com o maior número de seguidores no mundo.
   f) Os apóstolos expandem as obras de evangelização por toda a região do Mediterrâneo.

2. Elimine a palavra que não se encaixa no grupo e explique sua escolha.

   | cristianismo | monoteísmo |
   | Judeia | apóstolos | Zeus |

Basílica de São Pedro, na Cidade do Vaticano, durante as celebrações de Pentecostes, em 2017. O Vaticano é uma cidade-Estado encravada em Roma, na Itália. A cidade de Roma, um dos principais centros de difusão do cristianismo, hoje tem seu nome ligado à Igreja Católica, uma entre as diversas igrejas cristãs.

TEMA 4
A ÁFRICA NA ÉPOCA ROMANA

O que significa dizer que a principal marca do continente africano é a diversidade?

PROVÍNCIAS ROMANAS NA ÁFRICA

A destruição da cidade de Cartago, no final das Guerras Púnicas, eliminou a única força militar capaz de impedir o avanço de Roma no norte da África. Após consolidar seu domínio em Cartago, os romanos partiram para a conquista dos reinos da Numídia e da Mauritânia (veja o mapa da página seguinte). A conquista desses dois reinos não foi fácil. Tribos berberes nômades ou seminômades que viviam espalhadas por aquelas regiões resistiram à ofensiva dos romanos, que chegaram tomando suas terras e reduzindo-os a uma condição miserável. Mesmo vencendo os nativos, os conquistadores nunca conseguiram pacificar completamente aquela região, que continuou sendo um foco de resistência durante toda a dominação romana.

Berbere: grupo étnico nômade ou seminômade que habita as montanhas e as áreas de deserto do norte da África desde os tempos primitivos.

A leste de Cartago, os romanos conquistaram a Cirenaica e o Egito, transformadas em províncias no século I a.C. Centro de uma das civilizações mais antigas do mundo, o Egito caiu sob domínio romano após a derrota de Marco Antônio para o exército de Otávio, durante o Segundo Triunvirato. Após ser declarado imperador, César Augusto depôs Cleópatra, rainha do Egito e aliada de Marco Antônio, e transformou a terra dos faraós em província de Roma, administrada diretamente pelo imperador. Augusto não estava disposto a entregar ao Senado a administração de uma província que, além de ter um passado glorioso, era até o momento o principal fornecedor do trigo que alimentava os plebeus de Roma.

Segundo as estimativas, as províncias romanas na África abrigavam, no século II, cerca de 6 milhões de pessoas. A maior parte dessa população, em torno de 4 milhões, vivia nas cidades. As principais delas estavam situadas na chamada **África proconsular**, província que abrangia Cartago e os antigos domínios cartagineses no norte da África.

Arco de Sétimo Severo, erguido em uma estrada romana na cidade de Leptis Magna em 203 d.C. Líbia, foto de 2018.

O COMÉRCIO COM AS PROVÍNCIAS AFRICANAS

Nesses centros urbanos, as pessoas exerciam o comércio, atividades portuárias e manufatureiras, ofícios que transformaram o norte da África em grande centro fornecedor de produtos para Roma e outras cidades do império. Dos portos de Leptis Magna, Cartago, Cirene e Alexandria, por exemplo, saíam trigo, azeite, madeira, linho, cerâmica, artigos de vidro, escravos, tecidos tingidos de púrpura e animais selvagens destinados aos jogos nas arenas romanas.

O comércio interno também era ativo nas províncias romanas da África. Transações comerciais e bancárias eram realizadas nos fóruns, nas lojas e nos mercados cobertos das cidades. Um sistema de estradas construído durante o império permitiu uma ativa circulação de produtos e correspondências. Funcionários romanos posicionados em três fortalezas construídas nos limites do Deserto do Saara procuravam controlar a entrada de ouro, escravos negros, animais selvagens e esmeraldas vindos das savanas africanas.

Mas foi a **agricultura** a principal atividade econômica da África romana. As terras da região foram transformadas em propriedade do povo romano (*ager publicus populi romani*) por direito de conquista. A maior parte delas foi expropriada e distribuída entre colonos romanos ou itálicos. O norte africano assumiu a função de celeiro de Roma, obrigado a fornecer ao conquistador, como pagamento de tributo, grande parte das suas colheitas de trigo.

Mapa interativo

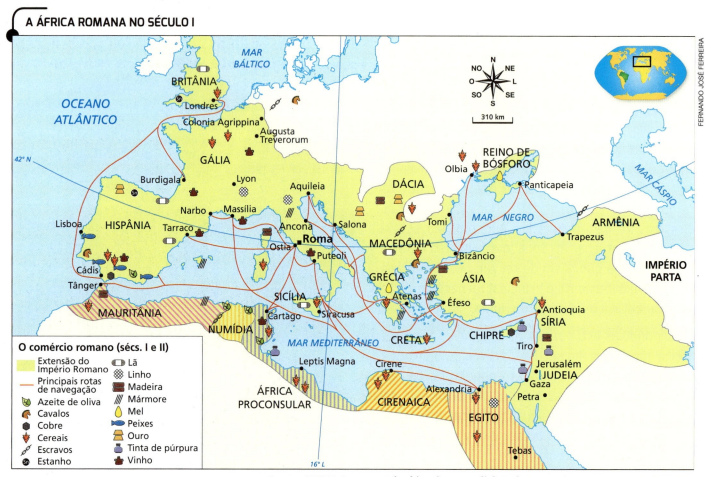

A ÁFRICA ROMANA NO SÉCULO I

Fontes: DUBY, Georges. *Atlas historique mondial*. Paris: Larousse, 2003. p. 27; VICENTINO, Cláudio. *Atlas histórico: geral e Brasil*. São Paulo: Scipione, 2011. p. 47; HILGEMANN, Werner; KINDER, Hermann. *Atlas historique*. Paris: Perrin, 1992. p. 100.

CUXE: UM REINO INDEPENDENTE NA ÁFRICA

Enquanto o norte da África era conquistado pelos romanos, mais ao sul, entre a primeira e a sexta cataratas do Rio Nilo, florescia a civilização cuxita, uma das mais prósperas da África antiga. Essa civilização se desenvolveu na região da Núbia, uma terra habitada por povos negros. Os egípcios chamavam essa região de **Cuxe**.

Desde a Antiguidade, o território núbio tinha sido o centro de importantes civilizações contemporâneas à civilização egípcia. As trocas comerciais e culturais com os egípcios tinham sido constantes, como demonstram objetos feitos com técnicas semelhantes encontrados em sítios arqueológicos do Egito e do Sudão atuais.

No século VI a.C., a capital do Reino Cuxita foi transferida de Napata para Méroe, cidade situada mais ao sul. Sepulturas reais construídas em forma de pirâmide são as principais fontes utilizadas pelos pesquisadores para estudar a civilização que se desenvolveu em Méroe. No interior dessas tumbas foram encontradas joias, peças de cerâmica e de metal, relevos com inscrições meroítas, além de esqueletos humanos.

O estudo dessas fontes permitiu concluir que os meroítas eram grandes construtores e artesãos. Eles produziam lanças, machados e enxadas de ferro, assim como objetos de cerâmica, tecidos e objetos de ouro e pedras preciosas. O ouro era extraído de minas entre o Rio Nilo e o Mar Vermelho e exportado em grande quantidade para o Egito.

Os agricultores cultivavam trigo, cevada, algodão e lentilha e domesticavam bois, cabras, ovelhas e carneiros. Os meroítas também desenvolveram um comércio ativo, que ligava o Mar Mediterrâneo ao interior da África. Por suas rotas comerciais circulavam ouro, marfim, ébano, peles de leopardo, penas de avestruz, macacos e pedras para a construção de templos e pirâmides. Por volta do século III a.C., Méroe se transformou em um grande empório de produtos vindos de vários pontos da África, e sua população foi estimada em 9 mil a 13 mil pessoas.

Fonte: MOKHTAR, G. (Coord.). *História geral da África*: África antiga. 2. ed. Brasília: Unesco, 2010. p. 217. v. 2.

Pirâmides do cemitério de Méroe, no Sudão. Foto de 2016. As pirâmides meroítas medem entre 6 e 30 metros de altura e foram declaradas Patrimônio Mundial pela Unesco.

O PODER DAS MULHERES EM MÉROE

As mulheres da família real tinham muito poder no Reino Cuxita de Méroe. No princípio, elas se limitavam a educar os príncipes. Depois, passaram a exercer um papel importante na escolha do rei e na cerimônia de coroação. Com um poder crescente, algumas se tornaram regentes de seus filhos menores ou até mesmo ocuparam o seu lugar como rainhas-mães, as chamadas **candaces**.

Várias soberanas meroítas foram representadas com corpos robustos, cheias de colares e enfeites, à frente de exércitos ou presidindo cultos. A representação das candaces como valentes guerreiras coincide com a descrição do historiador e geógrafo grego Estrabão. Conta ele que os meroítas atacaram a cidade egípcia de Assuã e levaram a estátua de Augusto. O prefeito do Egito romano reagiu organizando uma expedição militar que tomou a cidade meroíta de Napata em 23 a.C. O conflito entre as partes foi solucionado com a assinatura de um tratado de paz negociado entre o imperador Augusto e a candace Amanishakheto.

Mesmo lutando nas guerras, as mulheres de Méroe não deixaram de ser vaidosas. Pintavam o cabelo com hena e o deixavam muito curto, às vezes usando um pequeno topete. Em diversas pinturas daquela época, as damas reais aparecem representadas com maquiagem nos olhos e unhas longas e bem tratadas.

Estela do século I que representa a candace Amanishakheto (à direita) ao lado da deusa Amesemi.

É BOM SABER

A escrita meroíta

A escrita meroíta derivava dos hieróglifos egípcios e tinha duas formas distintas. A primeira delas destinava-se aos documentos religiosos e reais. A segunda, mais utilizada, era uma escrita cursiva. O alfabeto dessa segunda escrita tinha 23 sinais, que eram escritos e lidos em sentido contrário aos sinais dos egípcios. Essa escrita ainda não foi totalmente decifrada. Os estudiosos conseguem identificar os sons de cada um dos sinais da escrita, mas não conseguem interpretar as palavras que eles formam.

Terracota: tipo de cerâmica obtido a partir do cozimento da argila no forno.

POVOS DA ÁFRICA SUBSAARIANA

O continente africano da época romana reunia, de norte a sul, uma diversidade de povos, línguas, costumes e conhecimentos desenvolvidos para garantir a sobrevivência dos grupos humanos. No norte, como você estudou, estavam as sociedades mais urbanizadas, que foram conquistadas e transformadas em províncias de Roma. Ao longo das seis cataratas do Nilo, onde hoje está o Sudão, floresceu o Reino de Cuxe, que tinha como centro a cidade de Méroe.

Avançando em direção ao sul do continente, encontramos uma grande faixa de deserto e, na sequência, a região que é chamada genericamente de **África subsaariana**, ou seja, situada ao sul do Deserto do Saara. A região corresponde à parte mais extensa do continente, onde vive uma população predominantemente negra. Por sua extensão, apresenta biomas variados: estepes, savana, floresta tropical, deserto e vegetação mediterrânea, no extremo sul.

A diversidade da África subsaariana não é só geográfica, mas também sociocultural. Quando Otávio Augusto foi declarado imperador de Roma, diferentes sociedades estavam espalhadas por aquele território. Havia povos coletores-caçadores, povos agricultores-caçadores-coletores, povos agricultores-pastores-ceramistas etc. Florescia também a sociedade Nok. Situada onde hoje está a Nigéria, na África Ocidental, a civilização Nok deixou evidências da produção de estatuetas de terracota, da metalurgia do ferro e do uso de artefatos agrícolas feitos de pedra polida.

AS COMUNIDADES ALDEÃS

Apesar das muitas diferenças, algumas sociedades da África subsaariana apresentavam um tipo de organização política que é chamado de **comunidade aldeã**. Isso não significa que as comunidades não tivessem suas próprias características, que as diferenciavam das demais. O que elas tinham em comum é uma organização política e social que tinha como base a **aldeia**. A vida na comunidade se estabelecia em torno da aldeia e estava voltada principalmente para a produção de meios que garantiam a subsistência dos moradores.

As comunidades aldeãs, ou simplesmente aldeias, formaram-se em geral a partir da reunião de grupos nômades em locais de coleta e caça abundante. Aos poucos, muitas vezes pelo contato com povos agricultores vindos de outras regiões, esses grupos desenvolveram a agricultura e adotaram um modo de vida sedentário ou seminômade. Na África contemporânea à Roma imperial, eram aldeias pequenas, formadas por várias gerações de uma ou várias famílias.

Mapa interativo

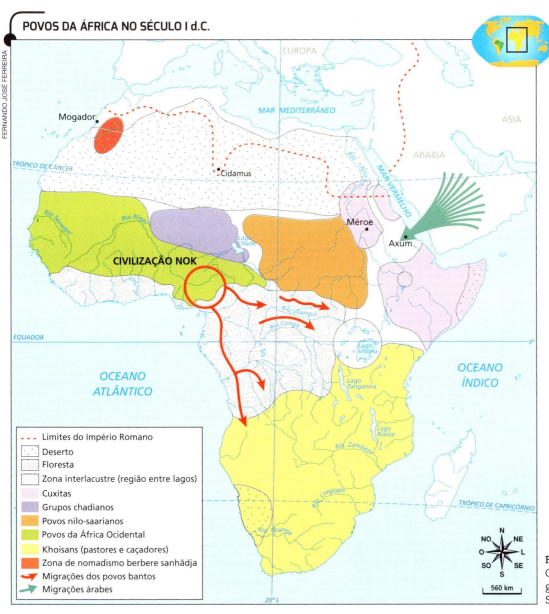

Fonte: VICENTINO, Cláudio. *Atlas histórico: geral e Brasil*. São Paulo: Scipione, 2011. p. 48.

163

A ORGANIZAÇÃO POLÍTICA DAS ALDEIAS

Uma comunidade aldeã era formada por algumas ou várias famílias unidas por laços de parentesco ou de ancestralidade, lideradas por um chefe, que tinha o auxílio de um conselho formado por chefes de família. Os chefes eram geralmente membros mais velhos ou que tinham qualidades de liderança e respeito em relação ao grupo.

Na África tropical, há indícios de que, até por volta do século XV, o critério para a escolha do chefe era **matrilinear**, ou seja, ele era escolhido de acordo com o prestígio dos ancestrais maternos. O chefe da aldeia era o responsável por distribuir terras e alimentos, dividir o trabalho, organizar as leis e a justiça e por comandar o grupo em caso de guerras contra povos inimigos.

Em alguns casos, as aldeias selavam alianças para defender interesses comuns, que poderiam ser a guerra contra o mesmo inimigo, a troca de produtos, ou ainda a realização de casamentos entre seus membros. Quando isso acontecia, formava-se uma **confederação de aldeias**, governada por um conselho de chefes de cada uma delas. À medida que as relações entre as aldeias se fortaleciam e tornavam-se mais complexas, podiam se formar reinos ou até impérios.

Quiz: reinos, aldeias e o Império Romano

Você compreendeu o conteúdo estudado nesta unidade? Vamos checar!

Disponível em <http://mod.lk/ar0606>.

Ilustração contemporânea representando o cotidiano de uma comunidade aldeã na África.

164

Eleusine: espécie de capim cultivado para a alimentação de animais.

ATIVIDADES ECONÔMICAS

As atividades econômicas variavam de uma aldeia para outra. Sob comando do chefe, grupos familiares poderiam se especializar em alguma das atividades econômicas a seguir.

- **Agricultura.** Os produtos mais cultivados eram sorgo, milho-painço, gergelim, inhame, frutas, café e eleusine. Praticava-se a **coivara**, técnica tradicional que consiste na derrubada e na queima da vegetação e no plantio itinerante à medida que o solo se esgota.

- **Criação de animais.** As aldeias geralmente criavam galinhas, vacas, cabras, carneiros e cavalos, tanto para alimentação quanto para transporte. Também praticavam a caça, a pesca e a coleta.

- **Artesanato.** Fiação, tingimento e tecelagem de algodão e de lã; produção de objetos de cerâmica, palha e couro; confecção de artefatos de pedra e também de metal, no caso das sociedades que conheciam a metalurgia.

- **Comércio.** Muitas aldeias trocavam produtos agrícolas e de origem animal por produtos de outras regiões: do norte do continente provinham sal, tecidos e utensílios, enquanto do sul chegavam ouro, marfim, peles de animais, resinas, corantes, essências e noz-de-cola.

Nas aldeias, o trabalho era coletivo e a terra pertencia ao conjunto da comunidade. Entretanto, em muitas aldeias havia diferenciações sociais, derivadas, por exemplo, do prestígio que algumas famílias tinham em relação a outras; também era comum disputarem territórios e recursos naturais entre si.

Ao longo da história, várias aldeias foram submetidas por grandes reinos, obrigadas a pagar impostos para eles ou a prestar algum tipo de serviço. Isso aconteceu, por exemplo, com o Reino de Cuxe, a partir do século II a.C., quando aldeias vizinhas à região da Núbia foram submetidas ao domínio de Méroe.

ORGANIZAR O CONHECIMENTO

1. Escreva 1 para a África romana, 2 para o Reino de Cuxe e 3 para as comunidades aldeãs.
   a) Desenvolveu-se entre a primeira e a última catarata do Rio Nilo e sua língua ainda hoje não foi completamente decifrada.
   b) Era a parte mais urbanizada da África, conhecida desde tempos muito antigos como um centro de produção de cereais.
   c) Agrupava um conjunto de famílias que tinham um ancestral comum, tendo como líder geralmente uma pessoa mais velha e prestigiada.
   d) Tinha como centro político e econômico a cidade de Méroe, onde foram construídas tumbas em forma de pirâmides.
   e) Cartago tinha sido uma das cidades mais importantes dessa região e a capital de uma poderosa república marítimo-comercial.

2. Dizemos que o povo cuxita construiu um reino e os romanos construíram um império. Qual é a diferença entre reino e império nesse caso?

ATIVIDADES

APLICAR

1. A imagem a seguir representa um episódio da tradição cristã relatado nos Evangelhos. Nesse relato, três magos viajam do Oriente a Belém, na Judeia, para conhecer o menino Jesus e oferecer-lhe presentes.

   a) Como você explica a entrada do cristianismo na África durante a Roma imperial?

   b) Essa imagem mostra que o povo de Benin, ao assimilar a tradição cristã, a adaptou à sua própria realidade. Explique essa afirmação.

   c) O episódio representado na imagem é uma das festividades do calendário cristão adotado no mundo ocidental. Que festividade é essa? Quando ela é comemorada?

Imagem que decora a porta da Igreja do Sagrado Sacramento, em Dasso, Benin, na África Ocidental.

2. O texto a seguir refere-se ao povo lunda, que habitava a África Central desde os tempos mais remotos. Assinale a afirmativa correta sobre o texto.

   "Os lundas viviam da pesca e da agricultura, desde tempos imemoriais, no vale do Kalany [...]. Distribuíam-se provavelmente por pequenas aldeias, com uma ou algumas poucas linhagens, cujo líder, o *cabungu*, respeitado pela idade, pela experiência e pelos poderes espirituais, seria também, ao que parece, um 'senhor da terra'.

   Os *cabungus* [...] ocupavam, com o parentesco sob seu comando, pequeninos territórios e só cediam um pouco de sua independência em caso de guerra ou necessidade, quando se agrupavam em torno de um deles, cuja primazia ritual reconheciam.

   Ao crescer consideravelmente a população de uma aldeia, um grupo dela se apartava e ia fundar uma nova comunidade. O cabeça do grupo, se filho, filha, irmã ou sobrinho do *cabungu* de cujo vilarejo havia saído, continuava a manter com este os vínculos políticos derivados do parentesco. Criou-se assim um parentesco perpétuo entre as chefias, sem correspondência direta com os laços de sangue [...]."

   SILVA, Alberto da Costa e. *A enxada e a lança*: a África antes dos portugueses. 2. ed. Rio de Janeiro: Nova Fronteira, 1996. p. 484.

   a) O *cabungu*, líder da aldeia, era escolhido entre pessoas do sexo masculino.

   b) Em hipótese alguma um *cabungu* se submetia à autoridade de outro *cabungu*.

   c) As aldeias do povo lunda podiam reunir poucas ou milhares de pessoas, bastando haver laços de parentesco entre elas.

   d) É possível que, com o tempo, as aldeias do povo lunda perdessem os laços de sangue que as uniam originalmente.

Primazia: prioridade; primeiro lugar; posição superior.

3. Atividade em grupo. Com base no que vocês estudaram, escrevam, para cada sociedade a seguir, se os laços de parentesco que existiam (ou se acreditava existir) entre os habitantes eram fortes (1); fracos (2); ou limitavam-se aos membros de uma família (3). Expliquem a resposta do grupo.

   a) Aldeia lunda.
   b) África proconsular.
   c) Reino de Cuxe.

RETOMAR

4. Responda às questões-chave da abertura dos temas 3 e 4.

   a) Quais semelhanças e diferenças é possível identificar entre a religião judaica e a religião cristã?
   b) O que significa dizer que a principal marca do continente africano é a diversidade?

Mais questões no livro digital

AUTOAVALIAÇÃO

CONTEÚDOS

1. Como você avalia o seu aprendizado nesta unidade? Bom, regular ou insatisfatório? Consulte os materiais que você utilizou durante seus estudos, incluindo atividades e anotações pessoais. Escreva no caderno uma frase explicando sua resposta.

   a) O Império Romano: lutas pelo poder no fim da república; concentração de poderes no imperador; "romanização" do mundo mediterrâneo.
   b) Os hebreus: monoteísmo; conquista romana; primeira rebelião judaica; grande diáspora.
   c) O cristianismo: origem; condições que favoreceram sua expansão; a adoção da crença cristã como religião oficial de Roma.
   d) A África na época romana: domínios romanos na África do norte; o Reino de Cuxe; as comunidades aldeãs.

ATITUDES

2. Nesta unidade, priorizamos o trabalho com as seguintes atitudes: **imaginar, criar e inovar** e **esforçar-se por exatidão e precisão**. Essas atitudes foram úteis para você durante o estudo da unidade? Em qual momento?

3. Essas atitudes estão presentes em sua vida cotidiana? Em quais situações?

4. Qual conteúdo e/ou atividade você achou mais difícil? Alguma atitude o ajudou a superar essa dificuldade? Reveja as onze atitudes desenvolvidas neste livro para responder, justificando sua resposta. Reflita a respeito de quais atitudes você poderia tomar para melhorar seu aprendizado.

COMPREENDER UM TEXTO

Os romanos falavam o **latim**, língua indo-europeia que se desenvolveu na região do Lácio. Você sabia que existe uma rica tradição literária escrita nesse idioma? Uma das obras é a *Eneida*, escrita em versos pelo poeta Virgílio no século I a.C. A seguir, você lerá um trecho desse poema, traduzido e adaptado em prosa no século XIX pelo escritor alemão Gustav Schwab.

A Eneida

"O herói troiano Eneias, tendo escapado ao fogo de sua cidade natal, chegou ao sopé do monte Ida. Ali muitos fugitivos reuniram-se à sua volta e começaram a construir uma frota, que no início da primavera ficou pronta.

Após uma viagem de vários dias, a frota aportou na Trácia. Felizes por terem chegado a uma costa habitada, os troianos lançaram a pedra fundamental para a fundação de uma nova cidade. Mas eis que algo horrível aconteceu. Quando quis arrancar um arbusto, gotas de sangue preto começaram a brotar e jorraram sobre a terra verde da floresta.

E eis que o templo [de Apolo], o bosque de louro e todas as montanhas em derredor entraram a tremer e a voz do oráculo ressoou dentro da trípode:

— Vocês voltarão ao seio de um país que já acolheu a estirpe dos seus ancestrais. Chama-se Creta e é também o berço de nossa linhagem.

De fato, a frota chegou à praia clara de Creta na terceira manhã. Eneias reiniciou a construção de uma cidade. Os emigrantes já haviam se adaptado ao lugar quando um novo infortúnio veio ameaçar os pobres fugitivos. Um verão excepcionalmente quente calcinou todos os campos, secou as sementes, a grama e as ervas. Decidiu-se levar todas as propriedades móveis para os navios e abandonar a cidade que já estava quase erigida.

Na última noite em que pretendiam passar sob o céu infeliz de Creta, Eneias teve uma visão. Os deuses abriram suas bocas:

— Na verdade, não é em Creta que devem construir sua moradia. Não, o país assinalado pelas palavras divinas fica longe daqui. Os gregos o chamam de Hespéria. Em homenagem aos habitantes atuais é chamado de Itália, pois esse povo recebeu o nome de ítalos, que vem do nome do rei autóctone Ítalo. Esse lugar lhes pertence desde a época de seus ancestrais. As terras de Creta lhes são vetadas por Júpiter.

Após longas viagens errantes e muitas aventuras, avistaram finalmente uma costa plana com colinas na penumbra à distância:

— Itália! – exclamaram os companheiros jubilantes, com gritos de alegria.

Derredor: à volta; em torno.
Jubilante: cheio de júbilo, de grande contentamento; alegria extrema.
Vestal: sacerdotisa da antiga religião romana que cultuava a deusa Vesta.

Em destaque, *Eneias fugindo de Troia*, pintura de Pompeo Batoni, c. 1750. Ao redor, ilustração contemporânea.

168

— Amigos — disse então [Eneias] —, passamos por muitos percalços, por isso esperemos que um deus ponha fim ao nosso sofrimento. Não devemos perder a coragem; no futuro nos lembraremos dessas dificuldades com grande prazer. Nunca esqueçam que o nosso destino é a Itália e que ali florescerá uma segunda Troia!

Das alturas do Olimpo, Júpiter, o pai dos deuses, sorriu:

— Na Itália, Eneias vencerá, dominará povos rebeldes e estabelecerá a lei e a ordem. Por três anos governará o Lácio; depois, seu filho transferirá a sede do governo para Alba Longa. Durante três séculos, a estirpe de Príamo permanecerá no trono, até que uma vestal da casa real dará à luz a dois gêmeos, filhos do deus da guerra. O menino Rômulo será amamentado por uma loba, construirá novas muralhas para seu pai e será o fundador do povo romano. Os romanos se tornarão os senhores do mundo e seu domínio não terá limites. O maior dentre os romanos será um descendente de Julo com o nome de Júlio. Sua glória se elevará até às estrelas e seu próprio descendente será acolhido nos céus entre os deuses."

SCHWAB, Gustav. *As mais belas histórias da Antiguidade clássica: os mitos da Grécia e de Roma.* Rio de Janeiro: Paz e Terra, 2000. p. 135-148. (adaptado)

COMPREENDER UM TEXTO

Representação do poeta Virgílio (sentado, ao centro) e duas musas inspiradoras. Em sua mão esquerda, o poeta segura um manuscrito da *Eneida*. Mosaico encontrado nos territórios da antiga província romana de Hadrumetum, no norte da África, século III.

ATIVIDADES

EXPLORAR O TEXTO

1. A *Eneida*, escrita originalmente em versos, é um poema épico, ou seja, um poema que narra uma ação heroica. Sobre isso, responda.
   a) Quem é o herói da Eneida e qual é a sua origem?
   b) Quais foram as ações heroicas por ele praticadas?

2. No trecho reproduzido aqui, indique:
   a) os lugares por onde o herói passou;
   b) quais foram as dificuldades que ele encontrou;
   c) de que maneira ele conseguiu contornar essas dificuldades.

3. Marque a afirmativa correta. A interferência dos deuses, ao longo da jornada de Eneias e de seus companheiros:
   a) contribui para que eles cheguem à Itália sem demora.
   b) impede que eles cheguem a Creta sem demora.
   c) ora contribui, ora atrapalha o grupo para chegar ao seu destino.
   d) varia dependendo do esforço realizado pelo grupo liderado pelo troiano.

RELACIONAR

4. A *Eneida* pode ser considerada uma verdadeira *odisseia* protagonizada pelo herói. Justifique o uso desse termo relacionando-o com a *Odisseia* de Homero, que você estudou na unidade 5.

5. Extraia três passagens do texto que demonstram que os romanos se sentiam parte de uma tradição greco-romana.

6. A escrita da *Eneida* foi, ao que parece, encomendada a Virgílio pelo imperador César Augusto. O poema pode ser interpretado como um magnífico presente a Roma e ao imperador. Explique por quê.

170

REVISANDO

A crise da república e a Roma imperial

1. O acesso às **terras conquistadas** (*ager publicus*) foi a questão central da crise que levou ao **fim da república romana**.

2. O crescente fortalecimento do **exército** e a **disputa** entre os **generais romanos** pelo poder marcou o período dos **triunviratos**.

3. O **governo de Augusto** inaugurou o período de maior prosperidade econômica e estabilidade política da história romana, conhecido como *pax romana*.

Os hebreus e a grande revolta judaica contra Roma

1. O **monoteísmo** é a principal característica da **cultura hebraica** que a diferenciava de outras culturas da Antiguidade.

2. A **Judeia** e toda a **Palestina antiga** foram conquistadas por **Roma**. Após a morte do **rei Herodes**, toda a região foi transformada em **província**, governada diretamente por administradores romanos.

3. A primeira **revolta judaica** contra Roma chegou ao fim com a tomada de **Jerusalém** e de **Massada** pelos romanos. Começava a **grande diáspora** dos judeus.

O nascimento do cristianismo em terras romanas

1. **Jesus Cristo** nasceu no então **protetorado romano da Judeia**, durante o reinado de Herodes.

2. Após a morte de Jesus, seus **discípulos** difundiram a **mensagem cristã** pelas terras romanas, enfrentando momentos de **perseguição** por parte do império.

3. Em 313, o **Edito de Milão** concedeu liberdade de culto a todas as crenças. Em 380, o cristianismo foi transformado em **religião oficial** de Roma.

A África na época romana

1. O **norte da África**, reduzido à condição de **província** no início do governo de Augusto, cumpria o papel de principal **fornecedor de trigo** para Roma.

2. O **Reino Meroíta de Cuxe** se desenvolveu entre as cataratas do Rio Nilo, ao **sul do Egito**.

3. Os meroítas desenvolveram a **escrita**, construíram **tumbas** em forma de **pirâmide** e ficaram conhecidos pelo prestígio e poder das chamadas **candaces**.

4. A **aldeia** é um tipo de organização política em que seus membros estão unidos por **laços de parentesco**. A comunidade aldeã é liderada por um **chefe**, escolhido pelo prestígio de sua ascendência materna, experiência e respeito por parte do grupo.

Trilha de estudo

Vai estudar? Nosso assistente virtual no *app* pode ajudar! <http://mod.lk/trilhas>

PARA LER

- **Asterix Gladiador**
  Autor: Albert Uderzo e René Goscinny
  Rio de Janeiro: Record, 2014. 9. ed.

Sinopse

Na Gália, o bardo Chatotorix é sequestrado e levado como presente para Júlio César. Os gauleses Asterix e Obelix partem para Roma para resgatar o amigo e, ao descobrirem que Chatotorix será enviado ao circo para ser devorado por leões, armam um plano para salvá-lo: participar do evento como gladiadores.

O livro e esta unidade

1. Por que os romanos chamam os habitantes da aldeia de Asterix e Obelix de "gauleses irredutíveis"?

2. Explique como os romanos obtinham gladiadores para lutar.

3. A representação dos personagens negros nessa HQ pode ser considerada racista? Justifique sua resposta.

Bardo: entre os povos celtas, era a pessoa que recitava poemas épicos, geralmente acompanhado de lira ou harpa.

UNIDADE 7
A FORMAÇÃO DA EUROPA MEDIEVAL

AS FORTALEZAS ATUAIS

A violência urbana é um dos maiores problemas do Brasil atual. Em busca de segurança, muitas famílias têm se mudado para condomínios fechados, conjuntos habitacionais que variam desde os mais populares, em geral construídos pelo poder público, até os de alto padrão, murados, equipados com sistemas de vigilância dia e noite e apartados do restante da cidade.

A falta de segurança foi também uma das razões que levaram muitos europeus a procurar proteção fora das cidades romanas, que enfrentaram graves dificuldades a partir do século III. Contudo, se atualmente muitas pessoas se isolam em condomínios urbanos, na Europa Ocidental, à medida que a crise de Roma se aprofundava, a população buscava refúgio nos campos.

Nas áreas rurais, com o tempo, os indivíduos com mais recursos ergueram castelos, construções que serviam tanto de residência para o proprietário da terra e seus familiares (além dos seus empregados), como de defesa contra possíveis invasões.

ATITUDES PARA A VIDA

- Controlar a impulsividade.
- Questionar e levantar problemas.
- Assumir riscos com responsabilidade.

Ponte levadiça: único acesso ao castelo depois de cruzar o fosso. Feita de madeira, podia ser erguida em segundos, ao menor sinal de ataque inimigo.

172

Torres: construídas ao longo das muralhas. Por suas fendas, os soldados jogavam pedras e/ou óleo ou água fervente nos inimigos que tentavam escalar as muralhas.

Vista aérea do Castelo Caerphilly, no País de Gales (Reino Unido), construído no século XIII. Foto de 2014.

Muralha: eram os muros mais altos do castelo. Sua largura possibilitava que se andasse sobre ela.

Fosso: vala profunda que dificultava o acesso de estranhos. As que eram preenchidas com água também serviam como viveiro para peixes.

COMEÇANDO A UNIDADE

1. Imagine que você vive em um castelo na Europa de mil anos atrás que está sendo atacado por um grupo inimigo. Que atitudes tomaria para defender o castelo e em que sequência?

2. Pense nos condomínios residenciais dos dias de hoje. Podemos encontrar neles algumas características dos castelos europeus que você pode ver nas imagens acima? Se sim, quais?

3. Você acha que os atuais condomínios representam uma solução para o problema da violência no Brasil? Justifique.

173

TEMA 1

O DECLÍNIO DE ROMA E A FORMAÇÃO DA EUROPA MEDIEVAL

Quais foram as principais razões da crise que levou à queda de Roma?

A CRISE DO IMPÉRIO ROMANO

Escrever sobre a Antiguidade é sempre um enorme desafio! Grande parte dos números relacionados a essa época são estimativas possíveis, que podem estar próximas ou longe da realidade. Apesar disso, muitos pesquisadores tentaram quantificar, por exemplo, o número total de habitantes do Império Romano.

Estima-se que, no século I, cerca de 300 milhões de pessoas habitavam o planeta, 45 milhões delas nas terras do império. Ou seja, 15% da população mundial vivia sob o domínio romano.

Caso o Brasil abrigasse 15% da população global em 2017, seriam mais de um bilhão de pessoas vivendo em nosso país. Se já são tantos os desafios para administrar um território onde vivem 207 milhões de pessoas, imagine essa população multiplicada por cinco.

Se você conseguiu imaginar esse cenário, será mais fácil compreender por que, a partir do século III, após quase dois séculos de prosperidade, o Império Romano iniciou um processo de desestruturação que levou à sua queda.

A grande extensão das fronteiras do império criou obrigações para o governo que a cada ano ficavam mais difíceis de administrar. Conservar estradas, pagar os funcionários, financiar o exército, garantir alimentos para a população e levantar muros para proteger as terras das constantes pressões dos chamados povos bárbaros exigia do Estado romano muito dinheiro.

Bárbaro: nome que os romanos davam aos povos que viviam fora das fronteiras ou nas áreas limítrofes do império, que não falavam latim nem grego e não estavam submetidos às leis romanas.

Explore

1. Qual aspecto da sociedade romana está presente nessa imagem?
2. Explique qual é o humor dessa charge.

The Flying McCoys, charge de Gary e Glenn McCoy, 2011. Desde o século II, as guerras de conquista haviam diminuído, causando a redução da mão de obra escrava nos domínios romanos. A Península Itálica, principal região escravista do império, sofria com a falta de mão de obra.

A RURALIZAÇÃO DO IMPÉRIO

No século III, além das dificuldades para administrar um vasto império, Roma enfrentava o constante avanço dos povos bárbaros. Assim, a necessidade de financiar as guerras levou ao aumento dos impostos. Com a intenção de se verem livres do pagamento, ricos e pobres refugiaram-se no campo, onde era mais difícil a cobrança de tributos.

A crescente fixação de moradores no campo foi acompanhada de profundas mudanças sociais. Os ricos passaram a viver do consumo dos produtos da terra e do artesanato. Os camponeses pobres colocaram-se sob a proteção dos grandes proprietários na condição de **colonos**. Eles cultivavam uma parcela da terra do proprietário e entregavam a ele, como pagamento pelo uso da terra, uma parte da colheita.

No final do século IV, o governo imperial instituiu o **colonato**, sistema de trabalho que prendia o colono, sua família e seus descendentes à terra e proibia os proprietários e os colonos de vendê-la.

A QUEDA DE ROMA

No início do século IV, as províncias ocidentais do império já não podiam deter o avanço dos bárbaros. Entre eles destacavam-se os **germânicos**, grupo linguístico que incluía os francos, os vândalos, os ostrogodos, os anglo-saxões, os visigodos, entre outros povos.

Muitos desses povos cruzavam as fronteiras com a permissão dos imperadores e ingressavam no próprio exército romano, enquanto outros promoviam ataques violentos que prejudicavam o comércio e agravavam a crise do império.

Se a vastidão do império era um problema, a proposta de dividi-lo parecia ser a solução. Essa foi a decisão tomada pelo imperador Diocleciano (244-311), que dividiu o império em quatro regiões e nomeou imperadores para cada uma delas. A nova forma de governo (**tetrarquia**) não solucionou os problemas. Os tetrarcas passaram a disputar o poder entre si, e Roma continuou em crise.

Visando salvar o império, em 395, o imperador Teodósio o dividiu em duas partes: **Império Romano do Oriente**, com capital em Constantinopla, e **Império Romano do Ocidente**, com capital em Ravena, mais tarde transferida para Milão.

A divisão, porém, não conseguiu conter a crise. No século V, os francos dominaram Lutécia (atual Paris) e os visigodos saquearam Roma. Em 476, os hérulos depuseram Rômulo Augústulo, o último imperador romano do Ocidente.

Alguns historiadores consideram que esse fato deu início, na Europa Ocidental, à Idade Média, que se estendeu até o século XV.

É BOM SABER

A força das armas e a fraqueza do poder imperial

A crise romana também se manifestou na relação entre o exército e o governo. Vários imperadores foram assassinados por suas tropas, que deixaram de servir ao império para servir aos oficiais. Entre 235 e 285, Roma teve 26 imperadores, e apenas um morreu de morte natural.

Brinquedo de argila representando um soldado romano, c. I a.C.-III a.C.. A cultura guerreira era um dos pilares da sociedade romana. As conquistas militares garantiam escravos para as diferentes tarefas da economia romana.

175

O INÍCIO DA IDADE MÉDIA

A sociedade medieval se formou ao longo de dezenas de anos. Assim, quando o último imperador do Ocidente foi deposto, em 476, muitas características da chamada Idade Média já podiam ser notadas na sociedade romana. Por essa razão, apesar de o ano 476 marcar o início da era medieval, devemos lembrar que essas marcações temporais foram feitas posteriormente com o intuito de facilitar o estudo da história.

O nome "Idade Média" foi provavelmente formulado por estudiosos das cidades italianas no século XVI, ou seja, mais de mil anos após a deposição do último imperador romano. Na visão desses homens, a época posterior à queda de Roma tinha sido marcada pelo atraso técnico, pela excessiva fé religiosa e pela falta de liberdade. Mais tarde, historiadores do século XIX estabeleceram a periodização adotada ainda hoje: Idade Antiga, Idade Média, Idade Moderna e Idade Contemporânea.

Atualmente, sabemos que a Idade Média foi uma época de grandes mudanças econômicas, culturais e sociais e de importantes inovações. Os botões, os óculos, as universidades e o jogo de xadrez, por exemplo, surgiram nesse período.

PARA LER

O rei Arthur e os cavaleiros da távola redonda
Autora: Rosalind Kerven. Ilustrações: Tudor Humphries.
São Paulo: Companhia das Letrinhas, 2006.

O livro conta a lenda do rei Arthur e de seus companheiros, os cavaleiros da távola redonda, na luta para defender a Grã-Bretanha dos invasores saxões. Além de narrar a história lendária de Arthur, a obra traz fotos atuais dos locais onde essas histórias teriam ocorrido e o contexto histórico das disputas entre bretões e saxões nos séculos V e VI.

ORGANIZAR O CONHECIMENTO

1. Escreva verdadeiro (V) ou falso (F) nas afirmativas a seguir.
   a) (   ) A partir do século IV, camponeses pobres passaram a trabalhar como colonos nas grandes propriedades rurais em troca de proteção.
   b) (   ) A crise romana nunca atingiu o exército.
   c) (   ) A crise romana foi um acontecimento de média duração.

2. Numere cronologicamente os acontecimentos a seguir.
   a) (   ) O Império Romano é dividido em quatro regiões.
   b) (   ) Europeus criaram uma periodização em que a Idade Média se inicia com a queda de Roma.
   c) (   ) O último imperador romano do Ocidente é deposto por povos germânicos.
   d) (   ) Com a nova divisão, são criados o Império Romano do Ocidente e o Império Romano do Oriente.

TEMA 2

A DESCENTRALIZAÇÃO POLÍTICA NA EUROPA MEDIEVAL

Qual era a principal diferença entre o poder político no auge do Império Romano e o no período medieval?

QUEM ERAM OS GERMÂNICOS?

Não se sabe ao certo a origem dos povos germânicos, mas o mais provável é que tenham vindo da Escandinávia e da região do Mar Báltico, no norte da Europa. Ao entrar em contato com os celtas e os gregos, no sul, adotaram a língua indo-europeia.

Os germânicos se dividiam em vários povos (francos, lombardos, visigodos, anglos, saxões etc.), que falavam línguas aparentadas. Esses povos não tinham uma organização política centralizada em torno de um governante. Eles se organizavam em **clãs**, agrupamento de pessoas unidas por laços de parentesco. Em cada um desses clãs, o pai era a autoridade máxima.

Os povos germânicos tinham uma forte **tradição guerreira**. Nos períodos de guerra, o chefe era escolhido por uma assembleia para comandar o grupo. Caso saíssem vitoriosos, dividiam entre eles o **butim**. As vitórias também proporcionavam terras para a agricultura e a criação de gado. Com o tempo, a função de chefe guerreiro passou a ser hereditária.

Mapa interativo

A partir do século V, os líderes guerreiros tornaram-se reis. Porém, como não possuíam uma organização estatal nem instituições para administrar os territórios, seus domínios tiveram curta duração. No século seguinte, alguns povos germânicos estabeleceram reinos duradouros (veja o mapa ao lado).

Butim: conjunto de bens tomado do inimigo após a batalha.

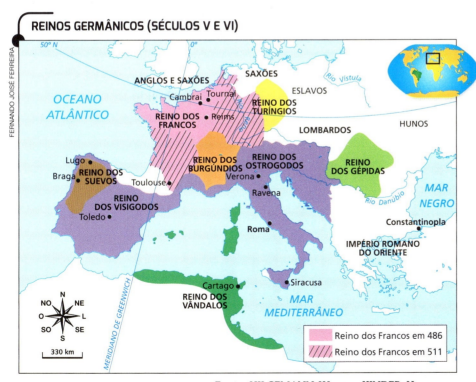

REINOS GERMÂNICOS (SÉCULOS V E VI)

Fonte: HILGEMANN, Werner; KINDER, Hermann. *Atlas historique*. Paris: Perrin, 1992. p. 112.

A REGIONALIZAÇÃO DO PODER

À medida que aumentou o contato entre germânicos e romanos, antes mesmo da queda de Roma, passou a existir entre esses povos uma influência recíproca de costumes e instituições. Os grupos aristocráticos das duas sociedades, por exemplo, passaram a ter aspirações políticas semelhantes e a ignorar as decisões do poder central romano, que estava cada vez mais enfraquecido.

Quando se formaram os primeiros reinos germânicos, no século V, os grupos aristocráticos começaram a privatizar a defesa, ou seja, a organizar um sistema de proteção formado por grupos armados para garantir a independência do poder regional. No Ocidente europeu, o poder político ficava cada vez mais descentralizado, ou seja, distribuído entre as elites aristocráticas locais.

O enfraquecimento do poder real foi acompanhado de um acentuado isolamento do Ocidente europeu. As invasões dos árabes muçulmanos, entre os séculos VII e VIII, contribuíram para reduzir ainda mais o contato dos europeus ocidentais com o resto do mundo. Os muçulmanos só não ampliaram suas conquistas no continente porque foram derrotados pelos exércitos francos na **Batalha de Poitiers**, em 732.

Coroa de ouro decorativa adornada com pedras preciosas que pertenceu ao rei visigodo Recesvinto. Ele governou o território da atual Espanha entre 653 e 672.

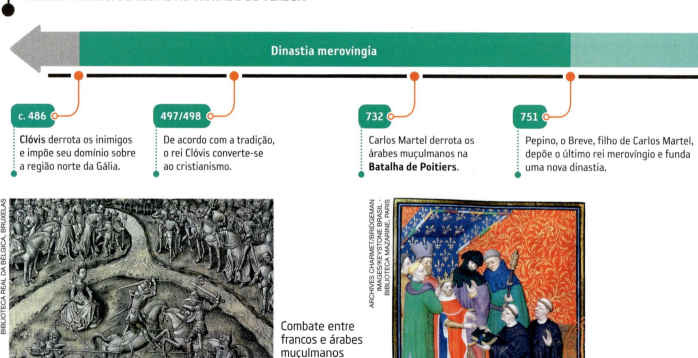

O REINO FRANCO: DE CLÓVIS AO TRATADO DE VERDUN

Dinastia merovíngia

c. 486 — **Clóvis** derrota os inimigos e impõe seu domínio sobre a região norte da Gália.

497/498 — De acordo com a tradição, o rei Clóvis converte-se ao cristianismo.

732 — Carlos Martel derrota os árabes muçulmanos na **Batalha de Poitiers**.

751 — Pepino, o Breve, filho de Carlos Martel, depõe o último rei merovíngio e funda uma nova dinastia.

Combate entre francos e árabes muçulmanos representado em pintura sobre pergaminho de Jean Le Tavernier, século XV.

Iluminura que representa Pepino, o Breve, recebendo clérigos, século XV.

A CRISTIANIZAÇÃO DO REINO FRANCO

Os francos não apenas comandaram a resistência contra o avanço muçulmano na Europa; eles também lideraram o movimento de cristianização dos povos germânicos nas terras conquistadas. Originários do norte europeu, no século V os francos já estavam estabelecidos na Gália, onde hoje se situa a França. Ali eles fundaram o **Reino Franco**.

A aliança dos francos com a Igreja cristã começou a ser construída com Clóvis (466-511), o primeiro rei germânico convertido ao cristianismo. A conversão de Clóvis teve uma força simbólica muito grande e serviu de exemplo para outros reis germânicos. Com o apoio da Igreja, os francos continuaram expandindo os seus domínios e conquistando novos adeptos à fé cristã.

Os vínculos entre a Igreja e os francos estreitaram-se quando o papado solicitou a ajuda de Pepino, o Breve, para lutar contra os lombardos na Península Itálica. Pepino os derrotou e entregou as terras da Itália central ao papa Estêvão II, dando origem aos **Estados Pontifícios**. Em troca, o papa reconheceu Pepino como rei dos francos e legitimou a dinastia carolíngia (veja a linha do tempo).

O batismo de Clóvis, iluminura do manuscrito *A vida de São Denis*, século XIII. Clóvis, representado na pia batismal, está entre os bispos da Igreja (à esquerda) e os nobres francos (à direita), que lhe entregam a coroa.

Os acontecimentos dessa linha do tempo não foram representados em escala temporal.

Dinastia carolíngia

- **768** — Início do reinado de **Carlos Magno**.
- **800** — Carlos Magno é coroado imperador do império ocidental pelo papa Leão III.
- **814** — Morte de Carlos Magno.
- **843** — O **Tratado de Verdun** divide as terras do Império Carolíngio entre os filhos de Carlos Magno.

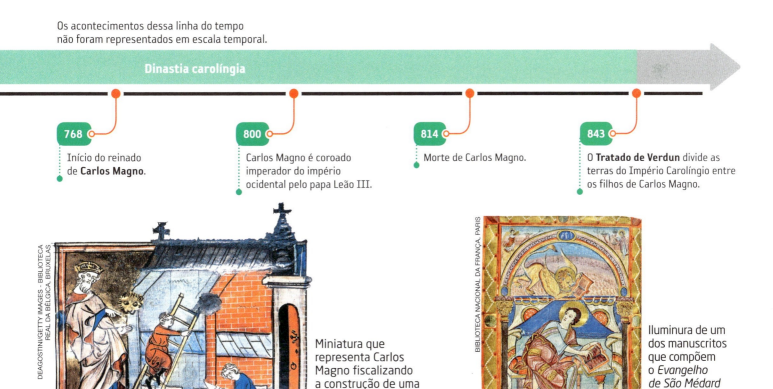

Miniatura que representa Carlos Magno fiscalizando a construção de uma escola palatina, do manuscrito *Grandes crônicas da França*, século XIV.

Iluminura de um dos manuscritos que compõem o *Evangelho de São Médard de Soissons*, produzido na corte de Carlos Magno, no século IX.

179

O IMPÉRIO DE CARLOS MAGNO

O Reino Franco alcançou seu apogeu com Carlos Magno (742-814), da **dinastia carolíngia**. Filho e sucessor de Pepino, o Breve, Carlos Magno deu continuidade à política de expansão territorial de seus antecessores e fortaleceu o vínculo dos francos com a Igreja ao promover a cristianização das terras conquistadas.

Carlos Magno foi coroado imperador do Ocidente pelo papa Leão III, em Roma, na noite de Natal de 800. Com esse gesto, o papa reafirmava a autoridade da Igreja sobre os homens, incluindo os reis, e declarava que o poder do imperador vinha de Deus. A coroação de Carlos Magno também tinha um significado político: a unidade da Igreja e do império em torno do imperador do Ocidente, descredenciando, portanto, o império de Constantinopla.

Com o apoio da Igreja, Carlos Magno promoveu o movimento conhecido como **Renascimento Carolíngio**. Visando estimular o desenvolvimento cultural no império e preparar intelectualmente o clero cristão para orientar os fiéis, o rei franco fundou escolas nos mosteiros, nos episcopados e uma no próprio palácio real, esta última destinada a formar os administradores do reino. Além disso, encomendou a revisão da primeira *Bíblia* traduzida para o latim, datada do século IV. Foi também nesse período que se desenvolveu uma caligrafia mais prática, clara e regular, que hoje chamamos de cursiva minúscula.

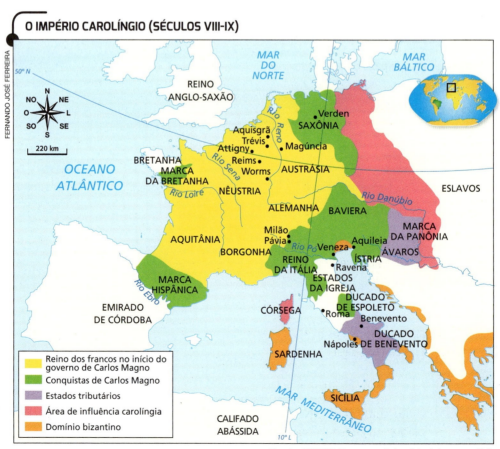

Fonte: DUBY, Georges. *Atlas histórico mundial*. Barcelona: Larousse, 2010. p. 87.

A DIVISÃO DO IMPÉRIO CAROLÍNGIO

O uso da expressão "Império Carolíngio" se deve muito mais à força da tradição que à existência de uma centralização política efetiva no reinado de Carlos Magno.

Um dos indícios da fragilidade do poder imperial foi o costume germânico, estimulado por Carlos Magno, de firmar **relações de vassalagem**. Por meio dessa prática, o rei doava terras ou outros benefícios aos seus servidores, que em troca deviam prestar auxílio militar ao reino. O rei, que doava o benefício, passava a ser senhor daquele que o recebia, chamado vassalo.

Com o tempo, os vassalos reais estabeleceram relações de vassalagem com seus dependentes, tornando-se ao mesmo tempo vassalos do rei e senhores de seus vassalos. Dessa forma, o poder do rei acabou pulverizado nas mãos de muitos senhores.

A descentralização política se aprofundou após a morte de Carlos Magno e a disputa pelo poder entre seus sucessores. A frágil unidade política do império se desfez completamente e vários pequenos reinos surgiram (reveja a linha do tempo).

Miniatura do século XV que representa o imperador Carlos Magno.

ORGANIZAR O CONHECIMENTO

1. Leia as informações sobre a expansão dos francos e complete as lacunas.

   a) Primeira dinastia fundada pelos francos.

   b) Século em que ocorreu a conversão do rei Clóvis.

   c) Territórios cedidos pelo rei franco à Igreja.

   d) Com esse episódio, os francos detiveram a expansão árabe na Europa.

   e) Estabeleceu a divisão do Império de Carlos Magno, acentuando a descentralização política.

   f) Nome dado ao movimento cultural e intelectual estabelecido por Carlos Magno em seu império.

2. Elabore uma pergunta relacionada ao conteúdo deste tema para cada uma das respostas da cruzadinha.

   3 - FRANCOS
   2 ↓ - VASSALO
   1 ↓ - CAROLÍNGIA
   5 ↓ - SENHOR
   4 - GÁLIA
   6 - GERMÂNICOS

181

ATIVIDADES

APLICAR

1. Leia o texto para responder às questões.

"Desde o século IV, diante da fraqueza do Estado, os latifundiários romanos contavam com grupos armados, os *bucellarii*, para preservar a ordem dentro de suas terras e protegê-las do banditismo e de incursões bárbaras."

FRANCO JÚNIOR, Hilário. *Feudalismo*: uma sociedade religiosa, guerreira e camponesa. São Paulo: Moderna, 1999. p. 16. (Coleção Polêmica)

a) Qual mudança ocorrida em Roma a partir do século IV é descrita nesse texto?

b) A prática descrita no texto diminuiu ou aumentou nos primeiros séculos da Idade Média? Justifique.

c) Atualmente, muitos proprietários rurais no Brasil possuem segurança própria, chegando a mobilizá-la em conflitos relacionados à terra. Pesquise algum desses conflitos e elabore um texto sobre ele, buscando questionar os motivos apresentados para explicá-lo.

2. Leia o texto para responder às questões.

"No plano religioso, os germanos adoravam a natureza, suas forças e seus elementos (fontes, bosques, certas árvores). No seu panteão destacavam-se algumas divindades, como Wotan, deus supremo que presidia os combates, as tempestades [...]. No castelo imperial (*Walhalla*), Wotan se faz acompanhar das valquírias, jovens guerreiras [...]."

AZEVEDO, Antonio Carlos do Amaral. *Dicionário de nomes, termos e conceitos históricos*. 2. ed. Rio de Janeiro: Nova Fronteira, 1997. p. 197.

a) Aponte duas características da religião dos povos germânicos.

b) Quais diferenças havia entre as crenças germânicas e a religião cristã?

c) Qual das duas religiões se tornou predominante na Idade Média? Justifique.

3. Observe as esculturas ao lado.

a) Descreva as duas imagens destacando semelhanças e diferenças entre elas.

b) Em sua opinião, a semelhança entre as duas esculturas é apenas coincidência? Justifique.

c) Quem teria interesse em associar a figura de Carlos Magno à imagem de Marco Aurélio?

RETOMAR

4. Agora, responda às questões-chave da abertura dos temas 1 e 2.

a) Quais foram as principais razões da crise que levou à queda de Roma?

b) Qual era a principal diferença entre o poder político no auge do Império Romano e o no período medieval?

Dialogando com Arte

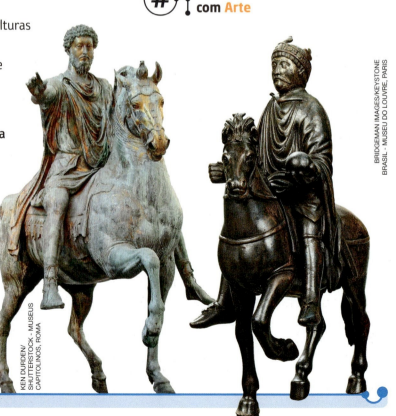

À esquerda, estátua equestre representando o imperador romano Marco Aurélio, século II. À direita, estátua equestre representando o imperador franco Carlos Magno, século IX.

TEMA 3 — A TERRA E A AGRICULTURA NA EUROPA MEDIEVAL

Quais eram as principais características da economia europeia do período medieval?

A VASSALAGEM: BASE DO FEUDALISMO

A desintegração do Império Carolíngio aprofundou a descentralização política no Ocidente europeu. Em outras palavras, a figura do rei ficou ainda mais enfraquecida. Os reis, por exemplo, perderam o poder de nomear e destituir condes, duques e marqueses, que eram seus representantes nas províncias. O cargo passou a ser um bem pessoal e hereditário.

No século IX, uma nova onda de invasões (vikings, húngaras e árabes) espalhou o medo pela Europa, expondo a incapacidade do poder real em garantir a segurança dos moradores. Diante da fraqueza militar dos exércitos reais, os aristocratas de cada região assumiram a luta de resistência contra os invasores.

A insegurança criada pelas invasões acentuou o processo de ruralização da sociedade, movimento que vinha ocorrendo na Europa Ocidental desde o século III. As áreas rurais cada vez mais serviam de refúgio contra as invasões. Nelas, foram erguidos muitos castelos e fortalezas, construções que se transformaram em símbolos da Europa medieval.

Nesse cenário de isolamento no campo e de fraqueza do poder real, as pessoas tendiam a buscar proteção e meios de sobrevivência aproximando-se de proprietários mais poderosos. Entre o protetor e o protegido desenvolvia-se uma relação de **dependência pessoal**, que previa direitos e obrigações para ambas as partes.

Como você estudou, essa relação de **vassalagem**, difundida a partir do governo de Carlos Magno, estabelecia um tipo de aliança pessoal que unia dois aristocratas. Por meio dessa aliança, um aristocrata transferia a outro o poder sobre o principal bem (ou feudo), que era a terra. Entre os dois aristocratas era firmado o contrato **feudo-vassálico**.

Ilustração atual que representa uma invasão viking na Europa Ocidental.

ATITUDES PARA A VIDA

A cerimônia de vassalagem

O contrato feudo-vassálico era selado numa cerimônia com um rigoroso ritual a ser seguido. No início, acontecia a **homenagem**. O futuro vassalo se apresentava desarmado, ajoelhava-se e colocava suas mãos entre as mãos daquele que seria seu senhor. Tais gestos simbolizavam que o vassalo passava a respeitar seu suserano e aceitava sua liderança.

Em seguida, o vassalo se levantava e fazia um **juramento de fidelidade**, apoiando as mãos sobre a *Bíblia* ou sobre uma relíquia de santo. Muitas vezes, o juramento era acompanhado por um beijo entre ambos. Com isso, o vassalo assumia várias obrigações, como comparecer ao tribunal senhorial quando fosse chamado e prestar auxílio militar sempre que o suserano estivesse em perigo. Ele também se comprometia a providenciar o resgate do senhor, caso este fosse capturado pelos inimigos.

A última parte era a **investidura**, momento que representava a doação do feudo, simbolizada, na cerimônia, por um punhado de terra, um ramo de árvore ou mesmo algumas folhas oferecidas pelo suserano.

Miniatura representando uma cerimônia de vassalagem, s/d.

Relíquia: o que restou do corpo de um santo; objeto que lhe pertenceu ou esteve em contato com seu corpo.

QUESTÕES

1. Quais das atitudes priorizadas nesta unidade podem ser identificadas nos laços que uniam os senhores aos seus vassalos? Explique.

2. Leia o texto a seguir e responda às questões.

   "Ao incentivarem a difusão dos laços vassálicos, os monarcas da dinastia carolíngia [...] pensavam reforçar seu poder: como eles tinham muitos vassalos, o rei acreditava que essa era uma boa forma de estender seu controle a todos os escalões da sociedade.

   O resultado, contudo, foi oposto. Muitas vezes esses vínculos levavam o vassalo a defender os interesses de seu senhor e não os do rei."

   FRANCO JÚNIOR, Hilário. *Feudalismo: uma sociedade religiosa, guerreira e camponesa.* São Paulo: Moderna, 1999. p. 15-16. (Coleção Polêmica)

   a) Explique o resultado que a difusão dos laços vassálicos trouxe para o poder real.
   b) Ao analisar as relações de vassalagem, qual atitude importante o autor exerceu? Justifique.

AGRICULTURA: BASE DA ECONOMIA FEUDAL

A palavra **feudalismo** deriva de feudo, um termo de origem germânica que significa "bem dado em troca". A forma mais comum de feudo era a terra. Houve casos em que o feudo resumia-se a um castelo, separado do restante da propriedade.

Em geral, o feudo era **autossuficiente**, isto é, ele tendia a produzir quase tudo o que era necessário à sobrevivência dos moradores, como alimentos, ferramentas, vestuário e utensílios domésticos.

Na Europa feudal, a **agricultura** era a fonte de sustento da maior parte da população. Apesar disso, o comércio e o artesanato não desapareceram. Em feiras locais, os camponeses podiam obter produtos artesanais. A aristocracia também recorria esporadicamente ao comércio de longa distância para obter sedas, marfim e outros artigos de luxo.

O SENHORIO MEDIEVAL

A unidade de produção feudal era chamada de **senhorio** e geralmente se dividia em três partes.

- **Manso senhorial.** Também chamado de reserva senhorial, incluía a residência senhorial, as oficinas, os estábulos, os celeiros, os jardins, os pomares e as terras aráveis. Estas eram cultivadas pelos servos, que não recebiam nada por isso. Todos os produtos obtidos nessa parte do senhorio pertenciam ao senhor e à sua família.

- **Manso servil.** Também conhecido como reserva servil, abrangia as habitações camponesas e as terras aráveis. Os produtos que os servos cultivavam nessas terras destinavam-se ao seu sustento e ao de sua família. Eles, porém, tinham de entregar ao senhor cerca de um terço da produção.

- **Terras comunais.** Abrangiam pastos para a criação de animais, terrenos baldios e bosques, de onde os servos e outros trabalhadores do senhorio extraíam madeira e mel e colhiam frutos e raízes. A caça nos bosques era exclusiva dos senhores.

A residência senhorial podia ser um castelo ou outra construção fortificada. Nela residiam o senhor, ou algum representante dele, e sua família. Os camponeses em geral viviam em moradias pequenas e feitas de madeira, barro e vime.

Explore

1. Apesar de as terras comunais serem de uso de camponeses e senhores, pela imagem do OED, qual desses grupos a utilizava mais? Por quê?
2. Por que, na imagem referente à alimentação, aparecem só mulheres?

O senhorio medieval

Explore a iluminura para descobrir mais informações sobre o senhorio e o modo de vida de seus moradores. Disponível em <http://mod.lk/yigb3>.

Frank & Ernest, charge de Bob Thaves, 2016. O cartunista satiriza o costume feudal de doar um feudo em troca de proteção pessoal.

185

 **Dialogando com Geografia**

IMPORTANTES INOVAÇÕES AGRÍCOLAS

Até por volta do século X, as técnicas da agricultura medieval eram semelhantes às da época romana. Uma delas era a tração leve. Nesse sistema de cultivo, um arado de madeira era usado para lavrar a terra e prepará-la para a semeadura. Por ser leve, esse tipo de arado não conseguia penetrar profundamente na terra e revirar o solo, tarefa que era completada pelo braço humano com o uso de enxadas e pás.

A outra técnica era a rotação bienal de culturas. Esse sistema consistia em alternar períodos de cultivo do solo com períodos em que ele ficava em repouso para recuperar sua fertilidade. O gado, pastando durante o dia e confinado à noite, fornecia às áreas de cultivo parte dos nutrientes de que necessitavam. Com essas duas técnicas, a produção agrícola mal supria as necessidades alimentares da população.

Uma grande inovação tecnológica, porém, transformou a situação da agricultura europeia. A mudança se iniciou no século XI com o desenvolvimento do cultivo de tração pesada, feito com o **arado charrua**. Conduzido principalmente pela força de bois ou cavalos, a charrua é um equipamento composto de várias peças de ferro que conseguem cortar a terra, revirar o solo e enterrar o esterco por uma extensa faixa de terra arável.

Fonte: MAZOYER, Marcel; ROUDART, Laurence. *Histórias das agriculturas no mundo*: do Neolítico à crise contemporânea. São Paulo: Unesp; Brasília: Nead, 2010. p. 303.

Ilustração atual representando o uso da charrua na Europa medieval.

A difusão da charrua foi possível graças a um conjunto de avanços na metalurgia e na criação de gado, que atuaram de forma combinada. Acompanhe a seguir.

- O uso do alfanje permitiu aumentar as reservas de feno. Ao mesmo tempo, desenvolveu-se uma nova forma de arreamento dos animais, em que eles eram **atrelados pelo peito**, e não mais pelo pescoço.

- Também se difundiu a construção de celeiros para armazenar o feno e de estábulos para abrigar o gado durante o inverno. Com os dejetos recolhidos dos estábulos, produzia-se grande volume de **adubo**.

A combinação desses equipamentos e técnicas permitiu expandir as terras de cultivo e melhorar a adubação e o preparo do solo. Também serviu de estímulo para a adoção do **sistema trienal de culturas**, que se desenvolveu progressivamente a partir do século XIII.

Com o sistema trienal, as terras cultiváveis eram divididas em três partes. A cada ano, enquanto duas delas eram mantidas em plena atividade, a terceira ficava em repouso. O sistema trienal tinha a vantagem de permitir duas colheitas anuais: uma de cereais de inverno e outra de primavera. Ele também possibilitava que a perda de uma colheita fosse amenizada com a outra.

À medida que essas novidades se difundiram, entre os séculos XI e XII, as crises de fome no continente diminuíram. O resultado foi a elevação da expectativa de vida e o crescimento populacional.

Alfanje: instrumento composto de um cabo, uma lâmina curta e larga na ponta e uma espécie de pente, com cinco dentes de madeira, paralelo à lâmina. O instrumento permitia cortar os cereais e lançar no solo, alinhados e agrupados, os talos e os cereais ceifados pela lâmina.

Feno: mistura de plantas cortadas e secas que serve de alimento e cama para o gado.

Detalhe do mês de março do calendário das *Riquíssimas horas do duque de Berry*, miniatura dos irmãos Limbourg, século XV. Nessa imagem estão representadas duas importantes inovações da agricultura medieval: o uso da charrua e a rotação trienal de culturas.

 ORGANIZAR O CONHECIMENTO

1. Elimine do quadro o termo que não faz parte do grupo e substitua-o por outro que faça sentido.

   senhorio   manso senhorial   cidade
   manso comum   manso servil

2. Faça perguntas, relacionadas ao que você aprendeu neste tema, que tenham como resposta cada item a seguir.

   a) Vikings e húngaros.

   b) Contrato feudo-vassálico.

   c) Sistema trienal de culturas.

É BOM SABER

O impacto ambiental da expansão demográfica

As florestas de todas as regiões europeias foram violentamente agredidas a partir do século XI. Com a explosão populacional, cresceu a procura pela madeira, usada principalmente como lenha e nas construções agrícolas e urbanas.

No século XII, quando a madeira começou a faltar em várias regiões, senhores adotaram medidas para restringir a exploração das florestas, limitando a área que podia ser desmatada e controlando a derrubada das árvores de grande porte. As restrições atingiram principalmente os camponeses, já que alguns direitos de exploração foram reservados aos nobres.

187

TEMA 4

SENHORES E SERVOS NA SOCIEDADE FEUDAL

A SOCIEDADE FEUDAL

Se você já assistiu a filmes ou seriados ou leu algum livro ou HQ ambientados na Idade Média, deve ter entrado em contato com palavras como barão, conde, duque, entre outros títulos que identificavam pessoas poderosas. A ilustração abaixo mostra que existia uma hierarquia entre esses títulos de poder.

No entanto, não podemos esquecer que esse esquema representava apenas a hierarquia existente no interior da nobreza, e não no conjunto da sociedade medieval. Nela havia outras divisões hierárquicas, de acordo com a relação que os indivíduos tinham com a terra e com a Igreja.

Um bispo do século XI, chamado Adalberón de Laon, resumiu a visão da Igreja a respeito da sociedade: havia os que oravam (**clero**), os que lutavam (a **nobreza** e os demais aristocratas) e os que trabalhavam (**camponeses**). Segundo ele, essa estrutura refletia a ordem celeste, representada pelo Pai, pelo Filho e pelo Espírito Santo. Essa divisão, porém, representava a sociedade feudal do ponto de vista da Igreja. Atualmente, os historiadores tendem a dividi-la de acordo com o papel que o indivíduo ocupava na comunidade cristã. Segundo esse critério, havia os **leigos** e os **clérigos** e, dentro de cada um desses grupos, outras divisões.

> **Quais eram os principais grupos que compunham a sociedade medieval? Como eles se relacionavam?**

Duque · Marquês · Conde · Visconde · Barão

188

OS LEIGOS NO MEIO RURAL

Os senhores de terra formavam o primeiro grupo de leigos das áreas rurais. Nesse grupo, havia os **nobres**, os **grandes senhores** e os **senhores menores**. Eles cuidavam das atividades administrativas e militares, da justiça e da vigilância dos camponeses.

No grupo havia também os **cavaleiros**, combatentes armados que pertenciam à aristocracia laica. O ritual de ingresso nessa instituição marcava a passagem do interessado para a vida adulta: um jovem de 18 a 20 anos recebia do senhor um golpe na nuca e as armas que faziam dele um integrante do grupo.

A figura do cavaleiro, no imaginário coletivo, entrou no terreno da lenda com as novelas de cavalaria, criadas nos séculos XI e XII. Escritas em verso e em prosa, as novelas adaptavam antigas narrativas orais que abordavam os feitos heroicos e as guerras históricas, como as conquistas de Carlos Magno e os doze pares de França e as lendas do rei Arthur.

As novelas de cavalaria apresentavam um código de conduta no qual se destacavam o heroísmo, a honra e a lealdade, que eram os ideais da cavalaria medieval. O cavaleiro, nas histórias, agia em defesa da honra e da lealdade ao rei e à Igreja. A mulher era o objeto do amor cortês do homem, a dama que deveria ser tratada e amada com respeito e delicadeza.

Nobreza: grupo superior da aristocracia feudal que descendia dos servidores de Carlos Magno. Todo nobre era aristocrata, mas nem todo aristocrata era nobre.

Leigo: cristão comum, ou seja, aquele que não faz parte do clero; laico.

Explore

1. Quais palavras do português atual você conseguiu identificar na cantiga?
2. À qual língua antiga pertenciam as palavras não identificadas?
3. A melodia da cantiga lembra as canções sacras cristãs. Por que isso ocorre?

Uma cantiga de amor

Escute a versão da cantiga *A tal estado me traz, senhora*, composta entre os séculos XIII e XIV. Disponível em <http://mod.lk/sklOf>.

À esquerda, iluminura que representa um cavaleiro cortejando uma dama, retirada do *Códex Manesse*, 1310-1340. Ao lado, o mês de junho do calendário das *Riquíssimas horas do duque de Berry*, miniatura dos irmãos Limbourg, século XV.

189

É BOM SABER

A tradição medieval na cultura brasileira

A *Canção de Rolando* foi escrita em dialeto anglo-normando entre o final do século XI e o início do XII. Ela narra os feitos lendários de Rolando, sobrinho de Carlos Magno e comandante dos guerreiros francos (os doze pares de França) na luta contra os muçulmanos. Rolando é traído por um cavaleiro francês e morto por guerreiros do islã. Carlos Magno, porém, continuou a batalha de Rolando, derrotou os mouros e reconquistou o território para os cristãos.

Essa história chegou a Portugal e foi trazida para o Brasil no período colonial. Até hoje, o batalhão de Carlos Magno está presente nas famosas **Cavalhadas**, festividade que tem sua mais forte expressão no município de Pirenópolis, em Goiás. Celebrada anualmente a partir do 50º dia após a Páscoa, durante três dias, a festa é uma encenação ao ar livre das batalhas medievais entre muçulmanos e cristãos.

Dialogando com Língua Portuguesa

Encenação das Cavalhadas na Festa do Divino no município de Pirenópolis (GO). Foto de 2014.

OS CAMPONESES: A PRINCIPAL FORÇA DE TRABALHO

Os camponeses formavam o segundo grupo de cristãos leigos. Entre eles havia os **servos** e os **vilões**. Os servos estavam presos à terra para o resto da vida. Sobre eles recaíam vastos tributos. A **corveia**, por exemplo, os obrigava a trabalhar gratuitamente nas terras do senhor (ou manso senhorial) duas ou três vezes na semana. Por determinação da **talha**, os servos tinham de entregar ao senhor um terço do que produziam nas terras camponesas ou manso servil. Eles também arcavam com as **banalidades**, tributo que os obrigava a pagar ao senhor pelo uso de equipamentos da propriedade senhorial, como fornos, celeiros e moinhos. Havia ainda a **mão-morta**, tributo cobrado dos filhos de um servo falecido que lhes dava o direito de continuar trabalhando na terra. Além disso, os servos executavam outras tarefas, como consertar pontes, construir edifícios e cuidar das instalações da propriedade senhorial.

Os **vilões** eram camponeses livres que haviam adquirido pequenos lotes de terra. Com o passar do tempo, porém, muitos cederam às pressões senhoriais e tornaram-se servos.

Havia também um número reduzido de **escravos**, que trabalhavam nos afazeres domésticos dos castelos. Perceba essa mudança entre o mundo romano e o medieval. Apesar de o trabalho livre predominar no conjunto dos domínios romanos, o trabalho escravo cumpria um papel muito importante, no campo e nas cidades. Na Europa medieval, sustentada principalmente pela agricultura, o trabalho servil foi predominante.

OS MORADORES DAS CIDADES

Apesar de o campo ser o centro da vida na Europa medieval, as cidades não desapareceram. Elas se esvaziaram e empobreceram, perdendo a vitalidade que tinham na época romana. Para se ter uma ideia do enfraquecimento urbano, a cidade de Roma, no século I, tinha cerca de 1 milhão de habitantes. Vários séculos mais tarde, por volta do ano 1000, nenhuma cidade da Europa Ocidental tinha mais de 10 mil habitantes.

A paisagem urbana do Ocidente europeu começou a se transformar a partir do século XI.

As melhorias na agricultura e o aumento da população atingiram muitas cidades, que cresceram e ganharam novas construções.

Não foi apenas a população urbana que cresceu, mas também o número de cidades, que aumentou de forma espetacular entre 1150 e 1340. As novas cidades recebiam o nome de **burgo**, que significa cidade pequena e cercada de muralhas de defesa. Os moradores dessas comunidades urbanas eram os **burgueses**. Entre eles havia mercadores, artesãos, banqueiros, lojistas, entre outros.

Iluminura representando feira em uma cidade medieval, retirada de *O cavaleiro errante*, de Thomas III de Saluces, c. 1400-1405.

OS CLÉRIGOS NO MUNDO MEDIEVAL

Na comunidade cristã, o clero tinha muita importância. No topo da hierarquia eclesiástica estava o papa, chefe da Igreja. Entre outras tarefas, ele tinha poder para julgar os clérigos, instituir **dioceses**, reconhecer novas ordens religiosas, cobrar o **dízimo** e estabelecer um modelo de conduta social.

Abaixo do papa havia o **clero secular** e o **clero regular**. O primeiro dividia-se em dois grupos: o alto e o baixo clero.

- **Alto clero.** Composto pelos bispos, que dirigiam as dioceses. Seus membros estavam no topo da hierarquia social e compunham-se, em sua maioria, de pessoas nascidas nas famílias nobres. Eles tinham terras e muito poder. Além disso, eram responsáveis por debater as questões de doutrina.

- **Baixo clero.** Representado pelos párocos, líderes de **paróquia**. Eles viviam frequentemente como os camponeses: cultivavam a terra e atendiam os pobres e necessitados das vilas e das regiões próximas da paróquia.

Já o clero regular era formado pelos **monges**, que viviam afastados das cidades para servir a Deus. Nas bibliotecas dos mosteiros, eles copiavam e ilustravam obras antigas dos gregos, dos romanos e dos cristãos.

Diocese: unidade administrativa e religiosa que, entre os séculos IV e IX, correspondia aos limites de uma cidade; conjunto de paróquias.

Dízimo: tributo pago pelo fiel à Igreja que corresponde a 10% dos seus rendimentos.

Explore

1. Qual é, para o personagem Abelardo, sua verdadeira vocação?
2. Por que o comportamento do personagem não combina com o ofício que escolheu?
3. Quais das atitudes desenvolvidas neste livro você acredita que eram mais exigidas de um monge copista?

Abelardo e Aquino, tira de Rafael Scabini, 2006.

ORGANIZAR O CONHECIMENTO

1. Complete o texto sobre os servos na Europa feudal.

   A maior parte dos camponeses era formada de servos, trabalhadores que estavam presos à (_____) para o resto da vida. Eles arcavam com vários tributos e obrigações: trabalho gratuito nas terras do senhor (_____); pagamento pelo uso de instalações da propriedade (_____); entrega ao senhor de parte do que foi produzido nas terras camponesas (_____), entre vários outros.

2. Acrescente o termo que falta de acordo com o padrão que identifica o conjunto.

   | clero   papa   clero secular   diocese   _____ |

192

DE OLHO NA IMAGEM

A TEMÁTICA CRISTÃ DA ARTE MEDIEVAL

A era medieval tem sido chamada muitas vezes de Idade da Fé. O poder da Igreja e da tradição cristã atingiu também a arte. Os artistas, em suas obras, não estavam preocupados em criar algo belo ou em representar com perfeição pessoas e paisagens. O objetivo era transmitir ao público a mensagem sagrada. O papel evangelizador da arte ficou evidente nas palavras do papa Gregório Magno, do século VI d.C.: "a pintura pode fazer pelo analfabeto o que a escrita faz pelos que sabem ler".

Observe agora uma pintura medieval, produzida por volta do ano 1000. Ela representa o episódio bíblico narrado no Evangelho de São João em que Jesus, após a Última Ceia, lava os pés dos seus discípulos.

QUESTÕES

1. Qual seria a função do painel dourado introduzido nessa cena?
2. Qual é a mensagem religiosa transmitida nessa pintura?
3. Em sua opinião, por que a bacia de água e os traços dos personagens parecem cópias imperfeitas da realidade?
4. O artista conseguiu, nessa obra, cumprir sua missão religiosa? Justifique.

O lava-pés, pintura dos Evangelhos de Otto III, c. 1000.

> Preste atenção neste painel dourado usado como pano de fundo da cena principal.

> Note que o artista deslocou a perna direita do apóstolo Pedro para pôr em evidência o pé que está dentro da água.

> Os pés de Cristo e dos discípulos estão representados com pouco realismo. O mesmo foi feito com a bacia usada para a lavagem dos pés.

ATIVIDADES

APLICAR

1. Hagar, o Horrível, e seu amigo Eddie Sortudo são dois simpáticos personagens vikings que vivem na Europa medieval. Observe a tirinha e depois responda às questões.

Que péssima hora!, tira de Hagar, do cartunista Chris Browne, 2009.

   a) Os dois personagens e os equipamentos que eles carregam baseiam-se em referências relacionadas à Idade Média. Que referências são essas?

   b) Quais representações na tirinha têm relação com a realidade? Quais são produto da fantasia?

   c) Que outras representações da Idade Média você conhece? Quais delas têm relação com a realidade? Quais são produto da fantasia?

   Leia o texto abaixo para responder às questões 2 e 3.

   "Aquele que jura fidelidade ao seu senhor deve ter sempre presente na memória seis palavras: são e salvo, seguro, honesto, útil, fácil, possível. São e salvo, para que não cause qualquer prejuízo ao corpo do seu senhor. Seguro, para que não prejudique o seu senhor divulgando os seus segredos ou dos castelos que garantem sua segurança. [...] Útil, para que não cause prejuízo aos bens do seu senhor. [...] O senhor deve igualmente, em todos estes domínios, fazer o mesmo àquele que lhe jurou fidelidade. [...]."

   Bispo Fulbert de Chartres, século XI.
   In: FRANCO JÚNIOR, Hilário. *Feudalismo*: uma sociedade religiosa, guerreira e camponesa. São Paulo: Moderna, 1999. p. 33. (Coleção Polêmica)

2. Assinale a afirmativa incorreta a respeito desse texto.

   a) É uma fonte histórica do século XI que permite perceber a influência da Igreja na sociedade medieval.

   b) É um documento histórico que descreve algumas obrigações do contrato feudo-vassálico.

   c) A descrição feita pelo bispo deixa claro que a cerimônia de vassalagem estabelecia obrigações recíprocas entre o senhor e seu vassalo.

   d) Nessa fonte histórica, Hilário Franco Júnior descreve o juramento de fidelidade entre o senhor e o servo.

3. Responda às questões sobre o texto acima.

   a) Que garantia o senhor e o vassalo tinham de que as obrigações definidas no contrato vassálico seriam cumpridas por ambas as partes?

   b) Localize e sublinhe no documento os seguintes trechos:
   - aquele que mostra o caráter recíproco das obrigações entre senhor e vassalo;
   - aquele que deixa claro que o vassalo devia se comportar com discrição.

4. Analise as ilustrações para responder às questões.

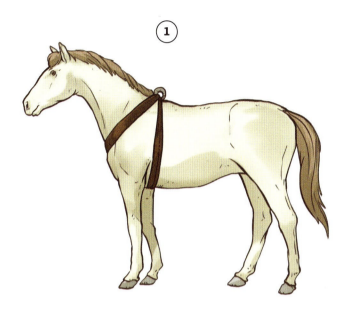

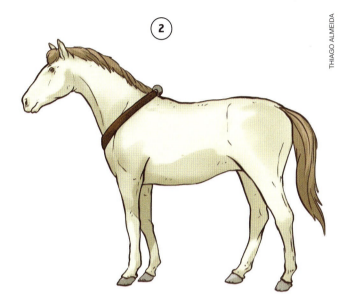

a) Identifique em que parte do animal, em cada imagem, está o ponto de apoio do sistema de tração.

b) Qual das duas figuras representa uma importante inovação técnica ocorrida na Europa a partir do século XI?

c) Quais foram os resultados dessa inovação para a agricultura e para a sociedade europeia?

RETOMAR

5. Responda às questões-chave da abertura dos temas 3 e 4.

a) Quais eram as principais características da economia europeia do período medieval?

b) Quais eram os principais grupos que compunham a sociedade medieval? Como eles se relacionavam?

 Mais questões no livro digital

AUTOAVALIAÇÃO

CONTEÚDOS

1. Como você avalia o seu aprendizado nesta unidade? Bom, regular ou insatisfatório? Consulte os materiais que você utilizou durante seus estudos, incluindo atividades e anotações pessoais. Escreva no caderno uma frase explicando sua resposta.

a) O processo de ruralização ocorrido no Ocidente europeu a partir do século III.

b) As invasões germânicas e seu papel na formação da Europa feudal.

c) O poder dos reis.

d) Os vínculos estabelecidos entre os nobres feudais.

e) A vida nos feudos e o trabalho dos camponeses.

f) As mudanças na agricultura medieval.

ATITUDES

2. Nesta unidade, priorizamos o trabalho com as seguintes atitudes: **questionar e levantar problemas**, **controlar a impulsividade** e **assumir riscos com responsabilidade**. Essas atitudes foram úteis para você durante o estudo da unidade? Em qual momento, tema ou atividade?

3. Essas atitudes estão presentes em sua vida cotidiana? Se sim, dê exemplos de situações nas quais percebe o uso dessas atitudes, opinando se isso tem sido positivo para você.

4. Qual conteúdo e/ou atividade você achou mais difícil? Alguma atitude o ajudou a superar essa dificuldade? Retome a descrição das atitudes para responder a essas questões.

COMPREENDER UM TEXTO

Apesar de geralmente ser identificada como um período de atraso artístico, técnico e intelectual, a Idade Média foi marcada por muitas inovações. Você sabia disso? É o que nos mostra parte de uma entrevista concedida pelo historiador francês Jacques Le Goff, em que ele compartilha seu conhecimento sobre esse intrigante período histórico.

A Idade Média em questão

"A partir dos séculos IV e V, o Império Romano tinha se tornado cristão [...]. Então, o paganismo desaparece – mais ou menos rapidamente, sem dúvida nunca por completo [...]. E os próprios bárbaros se batizam para se tornarem cristãos: na França, o mais famoso convertido é um rei franco [...] Clóvis (por volta do ano 500 depois de Cristo).

Diz a lenda que ele se tornou cristão por insistência de sua mulher, Clotilde.

Por que é uma lenda?

É, eu disse de propósito: 'Diz a lenda...'. [...] no começo da Idade Média [...] os historiadores possuem poucos documentos [...] e eles não contam necessariamente como [as coisas] se passaram. É preciso, portanto, vê-las com olhar crítico, comparar com outros documentos [...]. Aqueles que escreveram sobre esses acontecimentos tinham intenções diversas na cabeça. Nesse caso, por exemplo, tratava-se de mostrar que [...] o país que mais tarde iria se tornar a França [...] era cristão desde o começo. [...]

[...] de onde vem a expressão 'Idade Média'? Por que 'média'?

Essa ideia surgiu no decorrer da própria Idade Média, principalmente perto do fim, primeiro entre estudiosos e artistas que sentem que os séculos transcorridos antes deles [...] foram [...] uma transição, e também um período de declínio, em relação à Antiguidade, da qual eles têm uma imagem idealizada. [...]

Quem reencontrou a dimensão bela e grandiosa da Idade Média foram os escritores chamados 'românticos', no século XIX. [...]

Eu diria que a Idade Média não é o período dourado que certos românticos quiseram imaginar, mas também não é [...] uma época obscurantista e triste [...].

A admiração pela Idade Média pode ser percebida de diversas maneiras nos dias de hoje. Nas imagens, vemos: cena do filme *Valente* (2012), carnaval de máscaras de Veneza (2018) e cena do jogo *Medieval Engineers* (2018).

Existe, é verdade, uma Idade Média 'má': os senhores oprimiam os camponeses, a Igreja era intolerante e submetia os espíritos independentes [...] à Inquisição, que praticava a tortura e matava os revoltosos nas fogueiras... Havia muita fome e muitos pobres [...].

No entanto, existe também a 'bela' Idade Média, presente principalmente, na admiração das crianças: diante dos cavaleiros, dos castelos fortificados, das catedrais, da arte românica e da arte gótica, da cor (dos vitrais, por exemplo) e da festa. [...] E depois, [...] a Idade Média é o momento do nascimento da Europa!

O senhor disse 'Europa'...

Sim, isso é muito importante [...]. A civilização da Antiguidade romana só compreendia parte da Europa: os territórios do sul, situados na sua maioria em torno do Mediterrâneo. A partir do século V, os países do norte (Alemanha, e depois a Escandinávia), do oeste (Bretanha, Inglaterra e Irlanda) e do leste (Hungria, países da Europa Central) foram pouco a pouco entrando num espaço político e religioso comum – que irá constituir a futura Europa."

LE GOFF, Jacques. *A Idade Média explicada aos meus filhos*. Rio de Janeiro: Agir, 2007. p. 14-19.

ATIVIDADES

EXPLORAR O TEXTO

1. O texto pode ser dividido em duas partes relativamente independentes entre si. Marque a alternativa que melhor descreve cada uma dessas partes.
    a) A necessidade de analisar criticamente os documentos medievais e o nascimento político e religioso da Europa.
    b) A necessidade de analisar criticamente os documentos medievais e a existência de diferentes visões sobre a Idade Média nos dias atuais.
    c) A conversão de Clóvis ao cristianismo e a existência de diferentes visões sobre a Idade Média.
    d) A cristianização e o nascimento político e religioso da Europa.

2. Por que o historiador Jacques Le Goff defende que é preciso ter um olhar crítico a respeito da conversão do rei Clóvis ao cristianismo?

3. Ao apresentar as diferentes visões sobre a Idade Média, Jacques Le Goff adota a visão dos "estudiosos e artistas" ou a dos "românticos"? Explique.

RELACIONAR

4. Segundo esse historiador, a Idade Média é o momento de nascimento da Europa.
    a) Ele apresenta três razões para fazer essa afirmação. Quais são elas?
    b) O que significa dizer que havia um espaço político comum em construção na Europa medieval?
    c) A existência de um espaço geográfico e político comuns permitiu que vários países europeus, no final do século XX, construíssem também um espaço econômico comum. Pesquise e descubra que espaço econômico comum esses países construíram.

REVISANDO

A crise romana

1. Várias razões explicam a crise que levou à queda do Império Romano do Ocidente, como: as **dificuldades e os custos para administrar** o império; as reações contra o **aumento dos impostos**; a **diminuição das guerras** de conquista e da **mão de obra escrava**; e as incursões dos **povos bárbaros**.

2. A **fuga para o campo** foi a saída que muitos setores sociais encontraram para se proteger das invasões germânicas, encontrar meios de subsistência e se ver livres da cobrança de impostos. Nas **áreas rurais**, os mais pobres passaram a trabalhar para os grandes proprietários na condição de **colonos**.

Os germânicos e o Reino Franco

1. Os **germânicos** abrangiam um conjunto de povos que falavam línguas aparentadas. Eles se organizavam em **clãs** e tinham forte **tradição guerreira**.

2. Os **francos** fundaram um **reino duradouro** na Europa e governaram apoiados numa forte aliança com a **Igreja Católica**.

3. **Carlos Magno** consolidou e expandiu a **cristianização** nos territórios conquistados e foi coroado **imperador do Ocidente** pela Igreja.

Feudo e feudalismo

1. Chamamos de **feudalismo** o **sistema social** que predominou na Europa Ocidental entre os séculos X e XIII. A base desse sistema era o **contrato feudo-vassálico**.

2. O contrato feudo-vassálico era confirmado na **cerimônia de vassalagem**. Por meio dela, um nobre (**senhor**) doava um feudo a outro nobre (**vassalo**), em troca de proteção militar.

3. A partir do século XI, um conjunto de **inovações técnicas** na agricultura e na criação de gado possibilitou o aumento da **produtividade agrícola** e **a expansão das áreas de cultivo**. Com mais alimentos disponíveis, o resultado foi um **grande crescimento populacional**.

A sociedade feudal

1. A sociedade feudal pode ser dividida em **leigos** e **clérigos**. Entre os leigos estavam os senhores, os camponeses e os que habitavam as cidades (burgueses).

2. Os **servos** tinham de pagar **vários tributos** e **obrigações** e estavam **presos à terra** para o resto da vida.

3. Os clérigos dividiam-se em **clero secular** (alto e baixo clero) e **regular** (monges que viviam nos mosteiros).

 Trilha de estudo

Vai estudar? Nosso assistente virtual no *app* pode ajudar! <http://mod.lk/trilhas>

PARA NAVEGAR

● **A Idade Média em sala de aula**

Disponível em <www.idademedianaescola.com.br>. Acesso em 5 out. 2017.

Sinopse

O *site* traz documentos, artigos, imagens, sugestão de livros e filmes, entre outros recursos, que podem servir como fontes de pesquisa sobre a Idade Média.

O *site* e esta unidade

- No item "Livro de Imagens", as páginas 6 e 7 trazem informações sobre a medicina feudal. Identifique alguns problemas de saúde comuns na Idade Média e os tratamentos e remédios aplicados no período.

Página do *site* "A Idade Média em sala de aula".

UNIDADE 8
TROCAS COMERCIAIS E CULTURAIS NA EUROPA MEDIEVAL

ABERTURA A NOVOS CONHECIMENTOS

Durante boa parte da Idade Média, os doentes recorriam a curandeiros, monges ou mesmo barbeiros para obter alguma ajuda. Boticários preparavam remédios feitos com ervas, conhecimento que também era compartilhado por algumas mulheres. As enfermidades eram consideradas castigo divino, e as orações eram vistas como o melhor remédio.

Apesar disso, foi nessa época que alguns saberes médicos importantes foram estabelecidos — não pelos europeus, mas, sim, por estudiosos muçulmanos. Assim, enquanto na Europa cristã várias pessoas eram perseguidas pela Igreja e condenadas à morte em razão de seus conhecimentos nas "artes da cura", no Império Muçulmano a arte e a ciência viviam a fase mais frutífera da história do islã.

COMEÇANDO A UNIDADE

1. Que diferenças você consegue identificar entre as práticas médicas do período medieval e a medicina praticada na atualidade?

2. Na Idade Média, a maior parte da população da Europa Ocidental era analfabeta e seus conhecimentos provinham, em geral, de antigas tradições e dos ensinamentos da Igreja. Na sua opinião, como uma pessoa que conseguia curar um doente era vista nesse período?

3. O que você sabe sobre a religião e a cultura muçulmanas?

Preparação de remédio para tratar uma pessoa com varíola, miniatura retirada de uma cópia do século XVII da obra *O cânone da medicina*, do pensador muçulmano Avicena.

ATITUDES PARA A VIDA

- Escutar os outros com atenção e empatia.
- Pensar com flexibilidade.

TEMA 1
A IDADE DA FÉ: A EUROPA ENTRE O CRISTIANISMO E O ISLÃ

Qual foi a importância do cristianismo e do islamismo no período medieval?

OS PRIMEIROS TEMPOS DA IGREJA

Você aprendeu, na unidade anterior, que a Igreja Católica cumpriu um papel fundamental na conversão dos povos germânicos ao cristianismo. Para isso, a Igreja aliou-se ao Estado e encontrou nos reis francos a força política e militar necessária para combater as crenças e os ritos pagãos.

A Igreja dos primeiros tempos, porém, estava distante do poder político. Ela nasceu com a criação das primeiras igrejas cristãs pelos discípulos de Jesus. Fundadas na Judeia, na Ásia Menor, na Síria, na Grécia, entre outras regiões do Império Romano, as primeiras comunidades cristãs enfrentaram hostilidade e, muitas vezes, perseguições violentas por parte das autoridades locais e romanas.

Apesar das perseguições, o número de cristãos cresceu rapidamente pelas terras do império. A prática cristã de ajudar os pobres, os órfãos e os enfermos provavelmente atraía a população. A simpatia pelos cristãos cresceu ainda mais nos séculos I e II, durante as epidemias de varíola e sarampo que se espalharam por Roma, fazendo milhares de vítimas. Ao cuidar de doentes e moribundos, sem exceção, os cristãos conquistaram admiradores e novos adeptos.

A situação da Igreja cristã no império se transformou completamente no início do século IV, quando passou a recrutar fiéis também entre as famílias mais poderosas de Roma, como a do imperador Constantino. Além de estabelecer liberdade de culto aos cristãos, em 313, Constantino cuidou de favorecê-los reduzindo impostos das propriedades cristãs e cedendo terrenos para a construção de novas igrejas.

A vitória mais importante da Igreja veio em 380, com o Edito de Tessalônica, que transformou o cristianismo em religião oficial do império. Quando Roma caiu, no século V, a Igreja sobreviveu como a única instituição romana centralizada, organizada e com membros preparados para o trabalho missionário.

Catedral de Reims, na França, construída entre 1210 e 1310. Foto de 2015.

O PAPEL DOS BISPOS E DOS MONGES

A tarefa de difundir o cristianismo e de organizar a comunidade cristã após a queda de Roma foi conduzida principalmente por bispos e monges. Bispo era o nome que recebiam os primeiros líderes das igrejas cristãs. Eles presidiam as orações e orientavam os fiéis em questões de fé e de conduta.

Com o tempo, a figura do bispo foi ficando mais formal, adotando **adereços** e vestes **cerimoniais**. A partir do século V, diante da instabilidade dos reinos germânicos, foram os bispos que reorganizaram as comunidades nas vilas e cidades. O bispo se tornou uma das principais autoridades locais, acumulando funções de prefeito, juiz e conselheiro espiritual.

Os primeiros monges, por sua vez, apareceram no século IV, na Síria e no Egito. Eram eremitas, cristãos que viviam isolados em cavernas e cabanas para se dedicar às orações. Com o tempo, fundaram **mosteiros**, comunidades isoladas onde eles exerciam diferentes atividades religiosas. Nesses locais, eram submetidos a uma rígida disciplina. As primeiras regras, do século IV, exigiam que os monges lavassem suas roupas sempre em silêncio e preparassem o pão recitando trechos da *Bíblia*. Também os proibiam de discutir assuntos mundanos.

O mais importante conjunto de regras monásticas ficou conhecido como **Regra de São Bento**. Ela foi criada no século VI pelo monge italiano Bento de Núrsia e completada, após a sua morte, por monges da ordem beneditina. As regras beneditinas determinavam que os monges deviam praticar o silêncio em todos os momentos, combater a tristeza com trabalho e agir com humildade e moderação. Essas regras foram adotadas como modelo de conduta para o conjunto das comunidades cristãs.

Adereço: enfeite; ornamento.
Cerimonial: relativo a cerimônia; formal; solene.

Explore

1. Por que Abelardo tem dificuldade de viver como monge?
2. Imagine que você seja um monge medieval que recebeu a tarefa de fazer uma viagem como a de Abelardo. Quais seriam os problemas que poderiam ocorrer na jornada? Que atitudes você deveria tomar para se prevenir?

Charge de Scabin e Bernard, s/d. O monge Abelardo, que conhecemos na unidade anterior, continua com problemas para se adaptar à vida monástica!

MAOMÉ E A FUNDAÇÃO DO ISLÃ

O período medieval é muitas vezes chamado de Idade da Fé. Talvez não seja exagero fazer essa afirmação, considerando que, nessa época, a religião estava presente no cotidiano, nas relações entre as pessoas, na política, nas artes, nas guerras... enfim, em quase todos os aspectos da vida em sociedade.

Mas a força da religião não se limitava à Europa medieval. Na Arábia, onde hoje se situa a Arábia Saudita, foi fundada uma religião monoteísta que em poucos anos se espalharia por todo o Oriente Médio. O nome dessa religião é **islã**, também conhecida como **islam** ou **islamismo**, e seus seguidores são chamados muçulmanos ou islâmicos.

A imagem que se difundiu no Brasil e em outros países ocidentais a respeito do islã é geralmente negativa. Ele tem sido associado ao fanatismo religioso, aos ataques promovidos por grupos extremistas e à tragédia criada pela guerra civil na Síria. O que muitas pessoas não sabem, porém, é que os extremistas islâmicos representam uma pequena minoria do mundo muçulmano.

Por isso, conhecer alguns aspectos importantes da história e da cultura islâmica deverá contribuir para superar essa visão negativa em relação aos povos muçulmanos e para ampliar a sua compreensão sobre a Idade Média, tanto no que ela tem de bom quanto no que tem de ruim.

É BOM SABER

A Caaba antes de Maomé

Os antigos árabes acreditavam em diversos deuses e adoravam elementos da natureza. As centenas de divindades estavam subordinadas a um deus superior, Allah (Alá), e eram cultuadas na Caaba, uma grande pedra negra sagrada situada na cidade de Meca. Anualmente, todas as tribos da Arábia para lá se dirigiam em peregrinação.

OS PRIMEIROS TEMPOS DO ISLÃ

O islã surgiu na Península Arábica no século VII. Seu fundador, Maomé, era um próspero mercador de caravanas da tribo dos coraixitas. Segundo a tradição, ele recebeu sua primeira revelação divina por volta dos 40 anos. Conta-se que, enquanto meditava em uma caverna perto de Meca, o anjo Gabriel lhe apareceu e anunciou: "Maomé, tu és o profeta de Deus e sua missão é pregar a fé em um único Deus".

Inicialmente, Maomé confiou a revelação apenas a familiares próximos. Por volta de 613, decidiu tornar pública a mensagem revelada. Assim, dirigiu-se à Colina de Safa, diante do santuário da Caaba, para anunciar a existência de um único Deus, condenar a idolatria e declarar-se como o último mensageiro de Deus (leia o boxe acima).

As pregações de Maomé incomodaram os líderes coraixitas, que temiam perder seu poder político e os lucros obtidos com as peregrinações à Caaba. Assim, em 622 do calendário cristão, Maomé, pressionado e ameaçado, migrou para Yatrib (Medina). O episódio, conhecido como **Hégira**, foi adotado como o ano 1 do calendário muçulmano.

Muçulmanas protestam contra atos terroristas atribuídos, genericamente, a toda a comunidade islâmica. Milão, na Itália, 2015.

OS CINCO PILARES DO ISLAMISMO

A Hégira marcou o início da aceitação e da expansão do islã na Península Arábica. Depois de reorganizar suas forças militares em Yatrib, Maomé retornou a Meca, reconciliou-se com os mercadores coraixitas e ali estabeleceu o centro do islã. Os ídolos da antiga crença politeísta, situados na Caaba, foram destruídos e o santuário foi purificado.

Com a nova religião, o grande cubo negro da Caaba ganhou um novo significado. Na tradição muçulmana, ele teria sido construído por Adão, destruído pelo dilúvio e reconstruído por Abraão e seu filho Ismael. Por essa razão, a cidade de Meca, onde está a Caaba, é o local mais sagrado para o islã.

Conheça agora os cinco pilares do islamismo, ou seja, as obrigações que orientam a vida de todo muçulmano.

- Proferir o **testemunho de fé**, declarando que existe um único Deus e que Maomé é seu profeta.
- **Orar** cinco vezes ao dia: ao nascer do Sol, ao meio-dia, no meio da tarde, ao entardecer e à noite, em pé e voltado em direção a Meca.
- Praticar a **caridade** com os necessitados por meio da doação de dinheiro, chamada de *zakat*.
- **Jejuar** no mês do Ramadã (9º mês do calendário islâmico), não consumindo alimentos nem bebidas do nascer ao pôr do Sol.
- Realizar a **peregrinação** a Meca (*hajj*), no 12º mês do calendário muçulmano, pelo menos uma vez na vida caso haja condições físicas e financeiras.

Além disso, os muçulmanos são proibidos de consumir álcool e carne de porco, animal que consideram impuro.

A sexta-feira é um dia sagrado para o islã, que deve ser dedicado às orações conjuntas da comunidade. Entre suas festividades religiosas, destacam-se a celebração do fim do jejum do Ramadã (*Eid El Fitr*) e a Festa do Sacrifício (*Eid El Adha*), que celebra o fim da peregrinação a Meca.

Oriente Médio: área político-geográfica situada na junção entre a Ásia, a Europa e a África, ligadas pelo Mediterrâneo. Ela se estende do Egito, no norte da África, ao Golfo Pérsico. É uma área mais abrangente que a do Oriente Próximo.

Muçulmanos oram na Grande Mesquita de Baiturrahman, na Indonésia, durante o Ramadã. Foto de 2017.

PARA ASSISTIR

- **A mensagem**
  Direção: Mustafah Akkad
  *País: LBY/MAR/GBR/USA
  Ano: 1976
  Duração: 178 min

  O filme, lançado originalmente em inglês e em árabe, conta a história do nascimento do islamismo até a conquista de Meca pelas forças militares de Maomé.

  * Adotamos, nesta seção, as siglas definidas pela Organização das Nações Unidas (ONU) para a identificação de áreas e países.

A DIVISÃO E A EXPANSÃO DO ISLÃ

Quando Maomé morreu, em 632, toda a Arábia estava unificada em torno do islã. Visando preservar a obra religiosa do profeta, seus seguidores iniciaram o registro do **Alcorão**, o livro sagrado do islamismo. Também iniciaram a compilação da **Sunna**, livro que registra os feitos e as recomendações de Maomé e serve como guia espiritual e de conduta para os muçulmanos.

Maomé morreu sem indicar um sucessor. Sua morte reacendeu antigas inimizades entre as tribos beduínas e dividiu a comunidade muçulmana em dois grupos principais: um defendia que o sucessor deveria ser escolhido entre os familiares de Maomé; o outro alegava que Maomé não havia indicado um sucessor pois entendia que a comunidade tinha o poder de decidir.

O escolhido foi Abu Bakr, amigo e conselheiro de Maomé. Ele se tornou o primeiro **califa**, que em árabe significa sucessor do profeta e chefe da comunidade muçulmana. A escolha, porém, enfrentou a resistência dos partidários de Ali Ibn Talib, primo e genro de Maomé. As rivalidades entre os dois grupos evoluíram para a guerra civil quando Ali chegou ao poder e se tornou o quarto califa.

Fiéis muçulmanos se reúnem em torno da Caaba em Meca, na Arábia Saudita, durante o Ramadã. Foto de 5 de julho de 2016.

O IMPÉRIO ÁRABE-ISLÂMICO

Linha do tempo sem escala temporal.

Início da expansão muçulmana

622 — Maomé migra de Meca para Yatrib. **Hégira** – ano 1 do calendário muçulmano.

632 — Morte de Maomé. Abu Bakr, escolhido califa, recupera o controle da Península Arábica.

634 — Omar, sucessor de Abu Bakr, conquista a Síria, a Mesopotâmia, a Palestina, a Pérsia e o Egito.

Os muçulmanos que defendiam o direito de Ali e seus descendentes governar a comunidade islâmica passaram ser conhecidos como **xiitas** (os *Shiat Ali*, partidários de Ali). No lado oposto, aqueles que apoiavam a escolha do califa pelo conjunto dos fiéis ficaram conhecidos como **sunitas**. O nome vem de *Ahl al-Sunna*, pessoas que seguem a tradição compilada nos relatos da *Sunna*.

Mesmo com as divisões internas, em pouco mais de um século, os califas estenderam o islã por um vasto território, que incluía a Arábia, a Palestina, a Síria, a Mesopotâmia, o norte da África, a Pérsia e a Península Ibérica (veja o mapa e a linha do tempo).

Explore

- As áreas coloridas do mapa e identificadas na legenda representam os domínios de duas religiões monoteístas na Idade Média.
  a) Que religiões são essas?
  b) Quais cores representam cada uma delas?

É BOM SABER

A jihad

O conceito da *jihad* se desdobra em dois: a "*jihad* menor", que prega a expansão da fé islâmica por meio da conquista territorial; e a "*jihad* maior", que representa a luta interior do fiel por uma vida condizente com a vontade divina.

Nos países ocidentais, como o Brasil, a *jihad* tende a ser confundida com o terrorismo praticado por grupos extremistas. Mas o significado real de *jihad* é o esforço de todo fiel para converter os não muçulmanos ao islã.

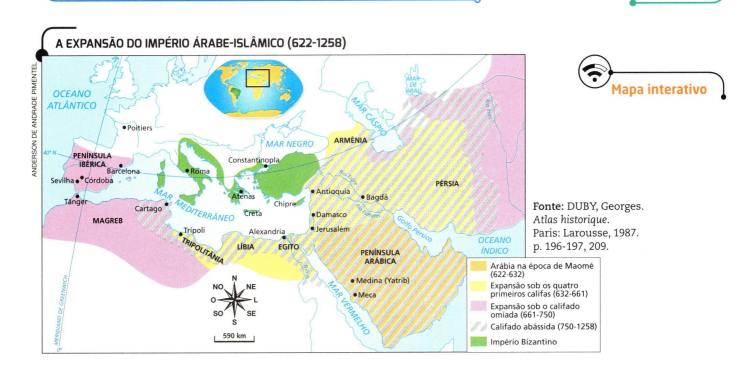

Fonte: DUBY, Georges. *Atlas historique*. Paris: Larousse, 1987. p. 196-197, 209.

661 — Início da Dinastia omíada. Nesta dinastia a capital do islã é transferida de Meca para Damasco, na Síria. O islã se expande pela Ásia Central, África Ocidental e Península Ibérica.

750 — Início da Dinastia abássida. Nesta dinastia a capital do Império Islâmico é transferida para Bagdá. Grande desenvolvimento intelectual, cultural e econômico no mundo muçulmano.

1258 — Enfraquecido por divisões internas e pelas conquistas turcas, o califado abássida chega ao fim com a destruição de Bagdá por invasores mongóis.

205

A VALORIZAÇÃO DO CONHECIMENTO

O mundo islâmico produziu importantes estudos em diversas áreas do conhecimento. Ao expandir o islã e as atividades comerciais, os muçulmanos entraram em contato com muitas culturas, o que lhes permitiu conhecer inovações tecnológicas de outros povos, como a bússola, o astrolábio e o papel chineses, bem como textos do mundo grego, persa e indiano.

O estudo obrigatório do *Alcorão* também permitiu desenvolver a teologia, a filosofia, o direito, a gramática e a história, destacando-se, entre os principais pensadores, os filósofos Abu al-Farabi e Averróis e o historiador Ibn Khaldun.

Os califas fundaram grandes bibliotecas, como a de Bagdá, que reunia manuscritos originais gregos, persas, indianos e latinos, bem como suas respectivas traduções para o árabe. Eles também acolheram estudiosos, poetas e copistas de diferentes culturas e religiões, que contribuíram para engrandecer a ciência islâmica.

O LEGADO CIENTÍFICO

Sabão, hospital, farmácia, número zero, anestesia... O que esses elementos têm em comum? Todos foram desenvolvidos ou aprimorados por estudiosos islâmicos. Veja alguns exemplos:

- **Matemática**. Aprimoraram e difundiram os símbolos (de 0 a 9) criados pelos indianos, conhecidos como algarismos indo-arábicos. Desenvolveram a álgebra, a trigonometria, o uso da letra "x" para representar uma incógnita e a classificação das equações segundo os graus.

- **Química**. Criaram a água de rosas, utilizada em cosméticos e na culinária, o vinagre, o sabão e o álcool. Abriram farmácias, onde disponibilizavam os medicamentos em forma de pomadas, pílulas e inalantes.

- **Medicina**. Criaram o conceito de hospital como local para o tratamento dos doentes e para o ensino da medicina. Descreveram doenças como a varíola e a asma, bem como seus tratamentos e medicamentos. A obra *O cânone da medicina*, de Avicena (Ibn Sina), publicada no século XI, reúne todo o conhecimento médico e farmacológico da época.

No Império Muçulmano, dois locais se destacaram no estudo de diferentes áreas do conhecimento: a Escola de Alexandria, no Egito, e a Casa da Sabedoria, em Bagdá, voltada principalmente à tradução de obras gregas.

Atualmente, alguns países islâmicos ainda se destacam na pesquisa e na produção científica. Na foto, as equipes de estudantes do Irã e da Argélia, países de maioria muçulmana, na 58ª Olimpíada Internacional de Matemática, realizada na cidade do Rio de Janeiro (RJ) em julho de 2017. A equipe do Irã conquistou o 5º lugar entre os 111 países participantes.

O MOVIMENTO DAS CRUZADAS

Na Idade Média, a relação entre muçulmanos e cristãos ficou marcada por guerras.

Em 1095, o papa Urbano II, com a ideia de unificar a cristandade na luta contra os muçulmanos, lançou, durante o Concílio de Clermont, na França, o movimento cruzadista. Na ocasião, o papa chamou os cristãos a lutar pela libertação de Jerusalém, a chamada **Terra Santa**, local onde Jesus foi morto na cruz e sepultado. A cidade estava sob controle islâmico desde o século VII.

As Cruzadas também eram movidas por interesses econômicos e sociais. Os comerciantes italianos ambicionavam controlar os portos do Oriente, os nobres buscavam terras e riquezas e as camadas mais pobres esperavam melhorar sua condição de vida no Oriente.

A Primeira Cruzada (1096-1099) foi um grande sucesso para os cristãos, que estabeleceram governos em Jerusalém, Antioquia, Edessa e Trípoli. Mais tarde, os muçulmanos retomaram Edessa, levando à Segunda Cruzada (1147-1149), que fracassou.

A Terceira Cruzada (1189-1192) foi organizada após a perda de Jerusalém para os muçulmanos. O resultado dessa expedição foi um acordo que estabeleceu o controle muçulmano sobre Jerusalém e garantiu aos cristãos desarmados o direito de visitá-la.

As Cruzadas contribuíram para enfraquecer o sistema feudal, já que senhores se endividaram para montar seus exércitos e muitos servos que participaram delas não retornaram, além de terem estimulado as trocas comerciais com o Oriente.

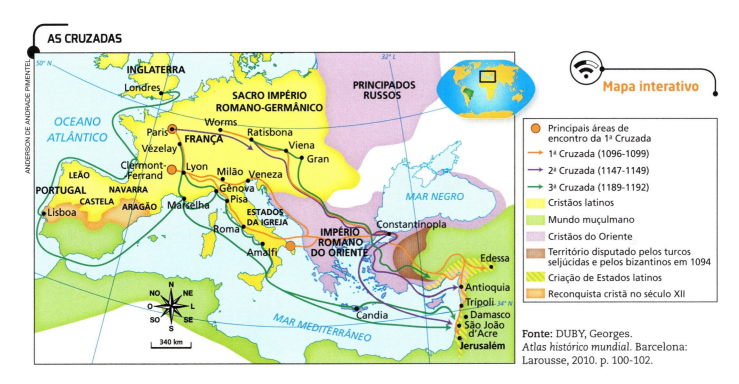

Fonte: DUBY, Georges. *Atlas histórico mundial*. Barcelona: Larousse, 2010. p. 100-102.

ORGANIZAR O CONHECIMENTO

1. Complete o texto marcando a opção correta para cada caso.

   A conversão dos povos germânicos ao cristianismo foi obra principalmente dos (*reis/bispos*). Com a queda de Roma, eles ficaram encarregados de administrar a vida civil e de organizar a comunidade (*cristã/católica*). Os membros da (*Igreja/diocese*) eram divididos em clero secular e clero regular. Os bispos, do primeiro grupo, viviam em contato com a comunidade cristã, enquanto os (*párocos/monges*) viviam nos mosteiros. No topo dessa hierarquia estava o (*rei/papa*).

2. Aponte algumas semelhanças e diferenças entre o cristianismo e o islamismo.

TEMA 2 — AS MULHERES NAS CULTURAS PAGÃ E CRISTÃ

Como viviam as mulheres na Europa medieval?

UMA HISTÓRIA DAS MULHERES

Na maioria das vezes, enquanto lemos um texto de história, associamos o que está escrito à vida dos indivíduos do sexo masculino, como se a história descrevesse exclusivamente as características dos homens ou as ações deles através do tempo. Isso acontece porque, até por volta dos anos 1970, os historiadores concentravam seus estudos nas ações políticas e militares, que na maior parte das sociedades, de fato, eram desempenhadas por homens.

Nas últimas décadas, porém, desenvolveu-se um novo modo de fazer história, preocupado em estudar a vida de diferentes grupos que fazem parte de uma sociedade. Assim, a história das mulheres, por exemplo, adquiriu importância. Hoje, ao se estudar o universo feminino na história, destaca-se o mérito da mulher, demolindo preconceitos e contribuindo para a igualdade de direitos entre homens e mulheres.

Como viviam as mulheres na Idade Média? Quais mudanças houve em relação à vida que tinham na Antiguidade greco-romana? Ao longo da história, tanto nas camadas mais ricas quanto nas camadas populares, as mulheres foram alvos de preconceitos e de uma visão negativa sobre a sua capacidade de exercer atividades públicas e assumir postos de comando. E isso não foi muito diferente na Grécia e em Roma antigas, onde as mulheres em geral tinham de submeter-se à vontade e ao governo dos homens. Veja, a partir de agora, como era a condição das mulheres nessas sociedades.

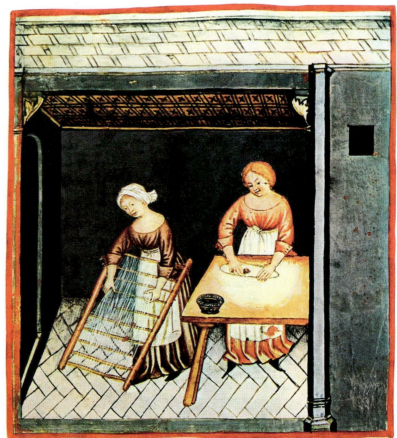

Iluminura que representa duas mulheres fazendo massa para macarrão, retirada da obra *Tacuinum Sanitatis*, século XV.

MULHERES EM ATENAS E EM ESPARTA

Em Atenas, em geral, as meninas pobres não aprendiam a ler nem a escrever. Até o casamento, elas aprendiam com as mães as tarefas domésticas. Nas camadas sociais mais ricas, as meninas eram educadas por uma mulher mais experiente, em geral a mãe. Com ela, aprendiam a tecer e a cozinhar e noções básicas de leitura, música e matemática. Submetidas ao pai ou ao marido, deveriam zelar pela casa e ter uma vida reclusa.

O papel inferior da mulher em Atenas chegou a ser criticado pelo filósofo Platão. No século IV a.C., quando a cidade-Estado começou a perder seus homens nas guerras e a enfrentar falta de dinheiro, Platão escreveu que a solução para a crise era garantir às mulheres a mesma educação que tinham os homens. Segundo ele, as mulheres e os homens mais capazes deviam formar uma elite para governar a cidade e zelar pelo seu bom funcionamento.

Em Esparta, a condição das mulheres era diferente daquela que predominava em Atenas. Nas chamadas "Leis de Licurgo", provavelmente do século VIII a.C., foi determinado que as meninas deveriam receber a mesma educação dos meninos até os 7 anos. Depois disso, deveriam cuidar da casa e praticar exercícios físicos a fim de terem filhos saudáveis e fortes para servir o exército. Um indício do papel diferenciado que tinham as mulheres é o fato de que, no século IV a.C., dois quintos das terras espartanas pertenciam a elas.

A CONDIÇÃO FEMININA EM ROMA

Até o período republicano, a mulher em Roma estava subordinada à tutela do homem. No entanto, tinha certa liberdade social. Podia, por exemplo, ficar ao lado do marido nas negociações com os seus escravos e eram consultadas por eles sobre assuntos políticos e religiosos.

As aristocratas distribuíam benefícios e podiam ser responsáveis até por construções públicas em grandes cidades. As mulheres eram consideradas cidadãs, casadas ou não, e todos os seus filhos também. Porém, era uma cidadania limitada. Antes dos 25 anos, só podiam se casar com o consentimento do pai ou, na falta dele, do familiar mais próximo. As mulheres nunca podiam exercer qualquer cargo público. Antes do casamento, estavam submetidas ao poder do pai e, depois de casadas, ao do marido.

No período imperial, as mulheres conquistaram mais autonomia e o direito a conciliar as obrigações familiares com as atividades sociais, como caçadas e programas recreativos no espaço público.

Tutela: guarda; proteção; dependência.

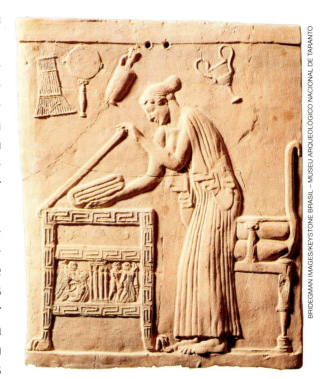

Acima, relevo romano do século II que representa uma mulher vendendo flores. No alto, relevo grego de 450 a.C. que mostra uma mulher guardando roupas.

A MULHER NA EUROPA MEDIEVAL

A relativa liberdade social que a mulher adquiriu em Roma não alterou, porém, sua condição jurídica de inferioridade em relação ao homem. Com a conversão do cristianismo em religião oficial do império, a Igreja, fortalecida, passou a interferir cada vez mais nas relações familiares. Nos primeiros séculos da Idade Média, o poder da Igreja cresceu, contribuindo para difundir a imagem do clero cristão sobre a mulher.

A visão da Igreja sobre a figura feminina foi construída por pensadores cristãos com base na *Bíblia* e em escritos do grego Aristóteles. Na narrativa bíblica, Eva, a primeira mulher, foi criada por Deus a partir da costela de Adão, o primeiro homem. Ela o convenceu a comerem o fruto da árvore proibida e, por isso, foram expulsos do Paraíso. Assim, por carregar o peso do pecado original, a mulher estava condenada a viver sob a tutela masculina e a dedicar-se ao lar.

O pensamento da Igreja sobre a mulher certamente influenciou o comportamento de muitas pessoas, mas não se deve concluir que toda a sociedade medieval, incluindo as mulheres, concordasse com ele. Algumas mulheres tiveram uma atuação de destaque, buscando uma conduta independente da tutela masculina. Figuras femininas que se sobressaíram na época são encontradas tanto na comunidade laica quanto entre as religiosas.

No meio laico, um nome feminino de destaque foi o da nobre francesa **Leonor de Aquitânia**, que viveu no século XII. Casada duas vezes, com o rei Luís VII da França e depois com o futuro Henrique II da Inglaterra, Leonor estudou astronomia e matemática e falava oito línguas. Descontente com o segundo marido, ela instigou uma rebelião dos filhos contra o pai. Punida, Leonor foi levada à prisão e lá permaneceu por dezesseis anos.

> **Explore**
> 1. Por que Chiara foi acusada de bruxaria?
> 2. Qual foi o método empregado pelo tribunal da Inquisição para chegar a uma decisão sobre o julgamento?
> 3. Esse método é o mesmo empregado atualmente no Brasil pelos tribunais ao julgar os acusados de cometerem crimes? Explique.

Bruxaria e Inquisição

Conheça Chiara Signorini, camponesa que viveu no início do século XVI. Sua história é um exemplo de caça às bruxas realizada pela Igreja. Disponível em <http://mod.lk/71fte>.

É BOM SABER

Quem tem medo de bruxa?

A figura das bruxas não teve origem na Idade Média, como muitas pessoas acreditam. Nas sociedades grega e romana, por exemplo, muitas mulheres faziam adivinhações e rituais de celebração dos mortos e dos deuses. Na literatura clássica, personagens como Circe e Medeia eram bruxas renomadas.

Quando os clérigos medievais entraram em contato com a cultura clássica, deram um novo sentido às bruxas. Influenciados pela *Bíblia*, que proíbe a investigação do futuro e a interrogação dos mortos, eles formularam os primeiros tratados sobre bruxaria.

No século XIV, período em que a sociedade medieval enfrentou uma grave crise econômica e social, essas mulheres, geralmente camponesas, foram acusadas de pacto com o demônio em processos instaurados pela Igreja, que condenaram milhares delas à morte.

Ilustração francesa do século XV representando bruxas.

Ainda na comunidade laica, a atuação de **Cristina de Pisano** (c. 1364-1430) foi mais audaciosa. Nascida na Itália, aos 4 anos de idade Cristina mudou-se para a França com o pai, que aceitou o convite para trabalhar como médico na corte francesa. Nesse ambiente de letrados e intelectuais, Cristina desenvolveu o interesse pela literatura. Casou-se aos 15 anos, perdeu o pai no ano seguinte e o jovem marido pouco tempo depois.

Na viuvez, ela encontrou na literatura o prazer pela vida e a fonte de sua sobrevivência. Considerada a primeira mulher a exercer a profissão de escritora, Cristina produziu poemas e vários textos sobre política, moral e educação. Centrada na temática feminina, sua vasta obra foi pioneira ao mostrar que a condição inferior da mulher diante do homem não tinha origem na natureza, mas foi criada pela sociedade.

Na comunidade religiosa, também há experiências de atuação feminina independente, como os **mosteiros cistercienses femininos** dos reinos de Leão e Castela. Eles foram fundados por mulheres nobres, nos séculos XII e XIII, com o objetivo de garantir às aristocratas, especialmente às viúvas, um abrigo onde pudessem viver livres da ingerência masculina e adquirir propriedades territoriais, geralmente incorporando terras de pequenos camponeses.

A construção da Cidade das Mulheres, ilustração da obra *A cidade das senhoras*, da escritora medieval Cristina de Pisano, publicada em Paris entre 1410 e 1411.

ORGANIZAR O CONHECIMENTO

1. Identifique algumas semelhanças entre a vida social das mulheres na Grécia antiga, em Roma e na Europa medieval.

2. Escreva **V** (verdadeiro) ou **F** (falso) sobre a sociedade medieval.

   a) (   ) A Igreja procurava moldar o comportamento feminino de acordo com o papel que, segundo ela, cabia às mulheres na sociedade.

   b) (   ) A pesquisa feita sobre os mosteiros cistercienses femininos permite afirmar que algumas mulheres foram senhoras feudais.

   c) (   ) A ideia da inferioridade da mulher diante do homem surgiu com o cristianismo.

211

ATIVIDADES

APLICAR

1. No texto a seguir, a historiadora Séverine Fargette descreve um dos papéis exercidos pela mulher na sociedade medieval com base no *Livro das três virtudes*, de Cristina de Pisano, de 1406.

   "[...] convém que as esposas sejam sensatas, tenham pulso para governar e capacidade para analisar com clareza qualquer atitude ou decisão, pois muito frequentemente permanecem em casa sem seus maridos, que estão na corte ou em terras distantes. [...] Ora, uma dama deve poder substituir seu marido em caso de ausência, dirigir o feudo e defender seus interesses. [...]

   [Uma dama inglesa que se recusava a entregar o castelo de seu marido ao rei Eduardo IV chegou a afirmar:] 'Só sairei deste castelo morta, e, se vós vierdes em guerra me expulsar, eu me defenderei; prefiro estar morta quando meu esposo voltar, pois ele me encarregou de guardá-lo'."

   FARGETTE, Séverine. Gestoras de pulso firme. *História Viva*, ano XI, n. 129, jul. 2014. p. 19-21.

   a) O texto se refere às mulheres em geral ou às mulheres de determinado grupo social? Explique.

   b) A mulher, segundo a autora, era capaz de assumir funções de comando? Explique.

2. Assinale a afirmativa correta sobre as ideias do texto da questão anterior.

   a) O marido não pode se ausentar de suas propriedades porque não há ninguém com capacidade para administrá-las.

   b) A esposa é tão capaz quanto seu marido e deve ser preparada para dividir com ele a administração dos bens do casal.

   c) A esposa deve ser sensata, ou seja, deve ter clareza de que não pode tomar decisões sem antes consultar o marido.

   d) As viagens para a corte ou para outras terras devem ser feitas pelo marido, pois a esposa deve permanecer em casa para cuidar do feudo.

3. Analise os dados do gráfico e responda às questões.

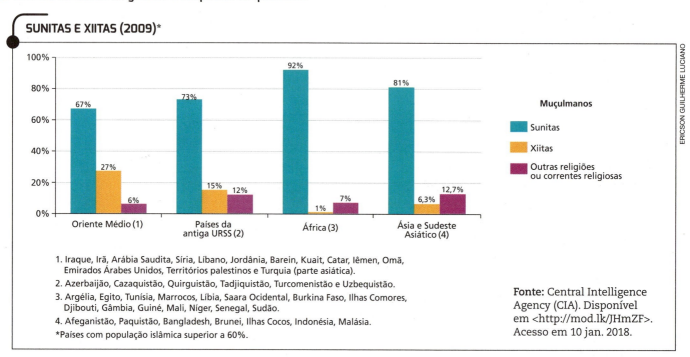

a) Qual é a corrente do islamismo que predomina no mundo?
b) Em que região do gráfico os xiitas têm uma participação maior?
c) Em qual dessas regiões os muçulmanos são maioria na população?

4. As iluminuras estão entre as mais importantes expressões da arte medieval. Essas ilustrações decoravam as páginas dos livros e dos manuscritos daquele período. Observe as iluminuras a seguir para responder às questões 4 e 5.

À esquerda, *O Concílio de Clermont*, iluminura do manuscrito *A novela de Godofredo de Bulhão*, 1337.
À direita, *O cerco de Antioquia*, iluminura do manuscrito *Histórias de além-mar*, século XIII.

a) Como as pessoas, os animais e os objetos foram representados em cada uma das iluminuras?

b) As imagens pertencem ao mesmo contexto histórico? Qual acontecimento histórico estudado nesta unidade elas representam? Justifique com elementos das imagens.

c) Que características da arte medieval você consegue identificar nessas iluminuras? Preste atenção, por exemplo, na forma como os personagens foram representados, no estilo das ilustrações, nos temas presentes em cada uma delas e na composição das figuras.

5. Assinale a afirmativa incorreta sobre as duas iluminuras.
   a) Elas representam o caráter religioso de muitas obras da arte medieval.
   b) Essas iluminuras constituem fontes históricas para o estudo da época medieval.
   c) As duas obras representam a verdadeira história das Cruzadas.
   d) As duas iluminuras ajudam a compreender a arte e o pensamento do homem medieval.

RETOMAR

6. Responda às questões-chave da abertura dos temas 1 e 2.
   a) Qual foi a importância do cristianismo e do islamismo no período medieval?
   b) Como viviam as mulheres na Europa medieval?

TEMA 3

TROCAS COMERCIAIS E CULTURAIS NO MAR MEDITERRÂNEO

Qual tem sido a importância do Mar Mediterrâneo ao longo da história?

O MEDITERRÂNEO NA HISTÓRIA

Desde a Antiguidade, o Mar Mediterrâneo tem sido um local de integração e intercâmbio entre diferentes povos, produtos e culturas. Muitas civilizações da Europa, da África e do Oriente Próximo construíram sua história econômica, política e cultural a partir de atividades relacionadas à presença do Mar Mediterrâneo.

Os fenícios, por exemplo, dominaram o comércio no Mediterrâneo entre os séculos XI e IX a.C. Habitando o território onde hoje está o Líbano, eles fundaram várias colônias na região do Mar Mediterrâneo. Na Europa, por volta de 1500 a.C., florescia a civilização micênica, que também prosperou com o comércio marítimo no Mediterrâneo. Da mesma forma, a cultura, a filosofia e as ciências dos antigos gregos se espalharam pelo sul da Europa e pela Ásia Menor através do Mar Mediterrâneo.

Outro exemplo foi Roma nos séculos III a.C. e II a.C. Ao expandir seu território, os romanos entraram em guerra com os cartagineses pelo controle econômico, político e cultural da região do Mediterrâneo. Após derrotar Cartago, antiga colônia fundada pelos fenícios no norte da África, Roma passou a chamar o Mediterrâneo de "Nosso mar".

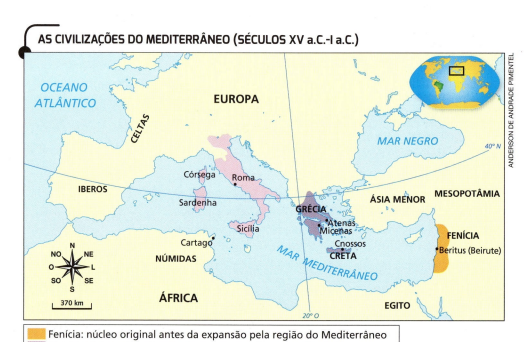

AS CIVILIZAÇÕES DO MEDITERRÂNEO (SÉCULOS XV a.C.-I a.C.)

- Fenícia: núcleo original antes da expansão pela região do Mediterrâneo
- Grécia: núcleo original antes da expansão pela região do Mediterrâneo
- Roma: núcleo original antes da expansão pela região do Mediterrâneo

Fontes: DUBY, Georges. *Atlas histórico mundial.* Barcelona: Larousse, 2010. p. 43; HILGEMANN, Werner; KINDER, Hermann. *Atlas historique.* Paris: Perrin, 1992. p. 34, 46.

214

Dialogando com Geografia

Explore

- Uma das questões mais graves do mundo contemporâneo é a crise de refugiados. Junte-se a seus colegas e debatam possíveis soluções para essa crise. Lembre-se de debater pontos como:

    a) Aspectos positivos e negativos para a economia do local de onde partem os refugiados e do local onde eles se instalam.

    b) De que forma a sociedade que os recebe pode contribuir para facilitar a vida deles.

    Vale lembrar que grandes problemas não são facilmente solucionados. Por isso, ao trabalhar de forma colaborativa, ouvindo novas ideias e refletindo sobre elas, é mais fácil encontrar soluções para problemas complexos, ou ao menos descobrir caminhos que os amenizem. Essa é uma das vantagens de pensar de maneira interdependente, que é a possibilidade de refletir sobre as ideias que brotam em diferentes cabeças e elaborar propostas com base nelas.

Imigrantes africanos tentam chegar à Europa cruzando o Mar Mediterrâneo, foto de 2018. O Mediterrâneo tradicionalmente tem sido um canal de ligação entre os continentes africano, asiático e europeu. Nas últimas décadas, crises econômicas, guerras civis e perseguições religiosas levaram sírios, iraquianos e africanos de diferentes países a buscar refúgio na Europa. Na tentativa de migrar para esse continente de forma clandestina, muitos perdem a vida durante a jornada.

O COMÉRCIO ROMANO

Ao derrotar Cartago nas Guerras Púnicas, os romanos se tornaram senhores do Mediterrâneo. Porém, como você estudou na unidade 7, a partir do século III, o Império Romano entrou em crise, que se agravou nos séculos seguintes. A economia romana tornava-se cada vez mais rural e agrícola, como seria nos primeiros séculos da Idade Média.

Assim, para você compreender o funcionamento do comércio na Europa medieval, vamos relembrar qual era sua importância na economia romana. A agricultura era a base da economia de Roma. Nas grandes propriedades, o trabalho era realizado por camponeses dependentes e por escravos, em geral capturados nas guerras de conquista. Também havia pequenas propriedades camponesas que produziam para o consumo local.

O principal destino da grande produção agrícola e pecuária no mundo romano eram as cidades, ou seja, o abastecimento da população urbana. Calcula-se que, no início do império, 30% dos habitantes da Península Itálica viviam nas cidades. Roma, com cerca de 1 milhão de habitantes no século I, era a maior e mais importante delas.

O EMPOBRECIMENTO DO MUNDO ROMANO

Imagine a quantidade de alimentos e outros artigos necessários ao abastecimento desse grande mercado. Para isso, uma rede ampla de vias comerciais era usada para transportar produtos até a capital e outras cidades, obtidos dentro e fora dos limites imperiais: marfim da África, seda do Oriente, cerâmica da Grécia, cereais da Espanha e do norte da África... enfim, "todos os caminhos levavam a Roma".

A partir do século III, o comércio e as cidades começaram a decrescer no império. As incursões germânicas criavam um ambiente de insegurança nas estradas e nas cidades; faltavam escravos para as atividades urbanas, onde eles eram essenciais; não havia dinheiro suficiente para controlar um vasto império; e o ouro, usado nas transações comerciais, escasseava. O mundo romano entrava em crise profunda, que era visível no empobrecimento do comércio e das cidades.

Tira dos personagens Frank & Ernest, do cartunista Bob Thaves, 2000. A charge brinca com o antigo ditado popular "todos os caminhos levam a Roma". A cidade foi, durante a Antiguidade, o maior centro comercial e urbano do mundo ocidental.

> **Explore**
> - Embora o tema dessa tira seja a Roma antiga, o cartunista inspirou-se em um problema contemporâneo para criar o humor.
> Que problema é esse? Por que ele foi associado a Roma?

O MEDITERRÂNEO É DOS ÁRABES

O declínio do comércio e a ruralização da economia se aprofundaram nos primeiros séculos da Idade Média. Apesar disso, o comércio dos europeus ocidentais com o Oriente através do Mediterrâneo manteve-se, mesmo fraco, até fins do século VI. Reis, senhores de terra e a Igreja compravam alguns artigos de luxo fornecidos principalmente por comerciantes sírios.

Com o esgotamento das reservas de ouro, o fraco comércio dos europeus com o Oriente praticamente desapareceu entre fins do século VI e início do VIII. O Ocidente cristão viveu nesses dois séculos o período mais rural e agrícola de sua história medieval. Nesse momento, os árabes muçulmanos assumiam o controle do comércio no Mar Mediterrâneo.

O período que se estende do século VIII ao XI foi o mais próspero do comércio e da vida urbana no mundo árabe. Cidades como Cairo, Fez, Túnis e Timbuctu, na África; Córdoba, Toledo e Sevilha, na Espanha; Damasco e Bagdá, no Oriente Médio; e Palermo, na Sicília, foram grandes centros comerciais do Império Muçulmano. Nelas, eram comercializados ouro, cobre, mármore, madeira, tecidos, sal, escravos, entre outros produtos.

A PENÍNSULA IBÉRICA: ENCONTRO DE DOIS MUNDOS

O Mediterrâneo não foi apenas a via marítima do comércio muçulmano. Ele foi também o caminho das expedições de conquista dos árabes muçulmanos no norte da África, na Sicília e na Península Ibérica. Conquistada do reino germânico visigodo em 711, a Península Ibérica foi a região da Europa Ocidental onde a influência muçulmana foi mais forte e duradoura.

O território ibérico ocupado pelos muçulmanos recebeu o nome de **Al-Andaluz**. Mais conhecido como Andaluzia, o território esteve primeiro sob o emirado e o califado da dinastia omíada. Com o enfraquecimento do Império Árabe-Muçulmano, a região se fragmentou em pequenos reinos, até o estabelecimento, na sequência, das dinastias mouras dos almorávidas e almóadas.

Mouro: povo árabe-berbere do norte da África que conquistou a Península Ibérica.

Em 1085, Toledo foi tomada pelos cristãos, iniciando o movimento conhecido como **Reconquista**. Em meados do século XIII, quase toda a Andaluzia estava sob controle cristão. O emirado de Granada, o último reduto muçulmano na Península Ibérica, foi conquistado pelos cristãos em 1492.

A MESQUITA DE CÓRDOBA

A Mesquita de Córdoba, na Andaluzia, foi construída no século VIII sobre a antiga igreja visigoda de São Vicente. O edifício tem as características da arquitetura islâmica: os arcos internos em formato de ferradura, o uso de figuras geométricas e de desenhos inspirados na natureza e inscrições árabes e trechos do *Alcorão*. Dentro da mesquita também foi construída uma grande biblioteca, com obras escritas em árabe, grego e latim.

Vista e detalhe do interior da Catedral de Córdoba, na Espanha. Fotos de 2015 e 2016. Frequentada por estudiosos muçulmanos, cristãos e bizantinos, a biblioteca da mesquita se transformou em importante centro de conhecimento e trocas culturais. Após a conquista cristã, a mesquita foi transformada em catedral.

O PALÁCIO-FORTALEZA DE ALHAMBRA

O complexo arquitetônico de **Alhambra**, na cidade de Granada, começou a ser construído no século IX para abrigar o palácio do emir de Córdoba. Nos séculos seguintes, o complexo foi remodelado para ser um refúgio muçulmano, uma proteção contra o avanço cristão em Al-Andaluz.

O nome "Alhambra", vermelho em árabe, seria uma referência à cor vermelha dos tijolos utilizados pelos mouros em sua construção. Historiadores árabes, porém, têm outra explicação. Segundo eles, o complexo foi construído à noite, sob a luz de tochas, que davam aos tijolos uma cor avermelhada.

Complexo gigantesco, o Palácio-Fortaleza de Alhambra exibe em seu interior mosaicos e azulejos coloridos, colunas e arcos em forma de ferradura e a arte da caligrafia, combinando estilos das diferentes fases do domínio islâmico no território com influências da arte cristã.

Entre os diversos pátios do Palácio de Alhambra, muitos deles com jardins e espelhos d'água, destaca-se o Pátio dos Leões, mostrado na imagem. Foto de 2014.

Iluminura italiana do século XIV representando um mercado medieval.

COMERCIANTES BIZANTINOS, ITALIANOS E AFRICANOS

Constantinopla, capital do Império Bizantino, viveu uma fase de prosperidade entre os séculos IV e VI, mas seu comércio havia refluído depois disso. Porém, o grande volume de ouro em circulação no comércio muçulmano ajudou a aquecer a produção bizantina de artigos de luxo. Situada no cruzamento entre o Ocidente e o Oriente, a partir do século IX, Constantinopla conheceu uma nova idade de ouro.

O mesmo aconteceu com as cidades italianas de Nápoles, Salerno, Gênova e principalmente Veneza a partir do século X. Essas cidades eram o local de encontro entre o Império Muçulmano, Bizâncio e a Europa cristã. Comerciantes de Veneza enriqueceram revendendo, em feiras da Península Itálica, sedas, perfumes e outros artigos de luxo produzidos no mundo bizantino, ao mesmo tempo que forneciam às cidades muçulmanas escravos, madeira, metais e peles.

O Mar Mediterrâneo interligou mercadores europeus, principalmente italianos, mas também catalães e marselheses, ao continente africano. A partir do século XII, a África tropical, ao sul do Deserto do Saara, os reinos muçulmanos do norte africano e os Estados cristãos da Europa foram integrados a uma poderosa rede de trocas comerciais.

Pente esculpido feito de marfim de elefante, c. 870. Foram encontrados no Ocidente europeu artefatos medievais como pentes e escovas de marfim provenientes do comércio mediterrâneo com a África.

DE OLHO NO INFOGRÁFICO

CONEXÕES CULTURAIS ATRAVÉS DO MEDITERRÂNEO

O Mar Mediterrâneo foi, em vários momentos, um ponto de encontro cultural e econômico entre a Ásia, a África e a Europa. A partir do século XI, a população e a economia europeias cresceram expressivamente, intensificando **as conexões da Europa Ocidental com os mundos islâmico e bizantino**. Veja a seguir algumas das trocas entre esses três espaços culturais no entorno do Mediterrâneo durante esse período.

Principais rotas no Mediterrâneo
- → Cruzadas (século XIII)
- → Rotas comerciais venezianas
- → Rotas comerciais islâmicas
- → Fluxo de artistas bizantinos

Londres, Paris, Pisa, Veneza e Colônia
Eram centros de entalhe de marfim africano.

Veneza
Nos séculos XII e XIII, Veneza tornou-se a principal conexão da Europa cristã com o Oriente Médio, o Império Bizantino e o norte da África.

Matérias-primas e produtos do mundo islâmico
A partir do século X, o ouro e o marfim africanos, as especiarias, as sedas e outros produtos asiáticos chegavam à Europa e ao Império Bizantino através de portos do norte da África e do Mediterrâneo Oriental.

Arte bizantina
O comércio, a diplomacia e as peregrinações religiosas ao Oriente estimularam a difusão de mosaicos, ícones, afrescos e outras obras no estilo artístico bizantino pela Europa católica e ortodoxa.

Efeitos das Cruzadas
A tomada de Jerusalém e de outros territórios criou um enclave cristão no Oriente Médio, com uma cultura de influências bizantina, muçulmana e franca que exportou para a Europa diferentes produtos, técnicas de metalurgia e estilos arquitetônicos.

Fonte: O'BRIEN, Patrick K. *Philip's Atlas of World History*: concise edition. Londres: Octopus Publishing Group, 2007; ONIANS, John. *Atlas del Arte*. Barcelona: Blume, 2005.

A Europa Ocidental e as Cruzadas

As Cruzadas e o comércio no Mar Mediterrâneo ajudaram a promover o fluxo de obras de arte, joias, especiarias, matérias-primas e até de técnicas e padrões artísticos.

O marfim africano comercializado por árabes era transformado em **objetos religiosos**, estatuetas e até capas de livro em estilo gótico por entalhadores de Pisa, Veneza e Paris.

Bizâncio: referência cultural

Do século VII ao XV, o mundo bizantino representou um modelo cultural e artístico para as regiões vizinhas. Por sua vez, este mundo também absorveu elementos culturais de fora, principalmente dos islâmicos.

As diferenças entre o cristianismo ortodoxo e o católico não impediram o fluxo de arte sacra entre os dois mundos cristãos.

Mundo islâmico: fonte de ideias e riquezas

Durante séculos, os muçulmanos levaram para a Europa produtos de regiões distantes, como o interior da África e o Extremo Oriente, além de ideias e conhecimentos, influenciando a cultura e o pensamento da Europa cristã.

Muitos instrumentos musicais da Europa cristã são adaptações de instrumentos da cultura islâmica, como o **alaúde**, o violão e o violino.

PRODUTOS COMERCIALIZADOS

O ouro africano era o principal objeto da cobiça dos cristãos, que, para obtê-lo, pressionavam os reis africanos a assinar acordos comerciais favoráveis aos produtos europeus. Comerciantes de Veneza, Gênova, Pisa e Marselha, por exemplo, fundaram feitorias em Cairo, Fez, Túnis, Trípoli e outros portos do Mediterrâneo africano destinadas às transações comerciais.

Nessas feitorias, os europeus vendiam principalmente tecidos de lã, açúcar, trigo e utensílios de metal. Em troca adquiriam, a preços muito baixos, produtos como marfim, especiarias, perfumes e escravos.

Nos mercados da Europa, os cristãos revendiam, a preços elevados, os produtos adquiridos no comércio com a África. Eles também lucravam cobrando tributos dos reinos do norte africano em troca de proteção militar, além de fretar navios aos muçulmanos para o transporte de pessoas e produtos entre o Egito e a Espanha. O ouro acumulado nessas transações fez surgir uma poderosa classe de comerciantes nas cidades de Veneza, Gênova, Milão e Florença.

Feitoria: entreposto comercial criado geralmente na costa de um território estrangeiro. Ela funcionava como um armazém para a realização de trocas comerciais.

ORGANIZAR O CONHECIMENTO

1. Escreva **R** para as características da economia romana no auge do império e **M** para as características da economia da Europa cristã nos primeiros séculos da Idade Média.

    a) ( ) Um intenso comércio garantia o abastecimento das principais cidades.

    b) ( ) Nas cidades, predominava o trabalho escravo; no campo, além de escravos, havia muitos camponeses dependentes e camponeses livres.

    c) ( ) A agricultura era a base da economia, e o comércio, embora existisse, era fraco.

    d) ( ) O comércio no Mar Mediterrâneo era controlado pelos árabes muçulmanos.

    e) ( ) O trabalho nas unidades agrícolas era realizado por servos, camponeses que estavam presos à terra para o resto da vida.

2. Cite duas cidades da Espanha onde é forte a influência da cultura islâmica e dê exemplos dessa influência em cada uma delas.

221

ATITUDES PARA A VIDA

As viagens de Marco Polo

Marco Polo, membro de uma família de comerciantes de Veneza, foi convidado a acompanhar o pai e o tio em uma expedição para o Oriente. Ele partiu em 1271 e retornou à Europa em 1295, vinte e quatro anos depois.

Aprisionado por inimigos genoveses ao chegar à Europa, Marco Polo narrou suas aventuras no Oriente para seu companheiro de cela, Rustichello de Pisa, que as escreveu em um livro de grande sucesso. Em seu relato, Polo conta que atravessou montanhas, florestas e desertos e entrou em contato com animais que pareciam fantásticos, como o rinoceronte e o tigre. As grandes cidades da Índia e da China também causaram forte impressão no viajante.

Seu livro, *As viagens de Marco Polo* ou *Livro das maravilhas do mundo*, teve muitos leitores ainda na Idade Média. Contudo, a obra recebeu também várias críticas, que ridicularizavam os poderes mágicos atribuídos aos religiosos hindus e a descrição de animais fantásticos, como o unicórnio.

Havia dúvidas se todos os relatos feitos no livro eram reais ou se parte deles era fruto da imaginação de Marco Polo. Mais tarde, muitas descrições feitas no livro foram confirmadas, contribuindo para chamar a atenção dos europeus ocidentais para a geografia e a história das civilizações da Ásia Central e do Extremo Oriente.

QUESTÕES

1. As frases a seguir relatam algumas experiências de Marco Polo em sua viagem pelo Oriente. Numere-as de acordo com as atitudes do quadro.

   > 1. Escutar os outros com atenção e empatia.
   > 2. Pensar com flexibilidade.

   a) Marco Polo conheceu as religiões praticadas na Índia e na China, que eram bem diferentes do cristianismo e do islamismo. _____

   b) O viajante aprendeu novas línguas, adquirindo fluência em árabe, persa e mongol. _____

   c) Entre os mongóis, Marco Polo conheceu o *kumis*, bebida fermentada feita com leite de égua muito apreciada entre eles. _____

   d) Marco Polo ganhou a confiança de Kublai Khan, o grande imperador mongol, que o convidou para ser seu embaixador nas relações com outros povos do Oriente. _____

2. Rustichello de Pisa não testemunhou as aventuras de Marco Polo pelas terras do Oriente, mas conseguiu, no livro, narrá-las com talento. Explique de que forma as atitudes destacadas nesta unidade foram importantes nessa tarefa.

Fonte: DRÈGE, Jean-Pierre. *Marco Polo e a rota da seda*. Rio de Janeiro: Objetiva, 2002. p. 70.

222

TEMA 4

A EXPANSÃO DO COMÉRCIO E DAS CIDADES

Por que o crescimento do comércio foi paralelo à expansão das cidades na Europa medieval?

TRANSFORMAÇÕES NA EUROPA CRISTÃ

Você viu que o comércio dos europeus ocidentais com o Oriente, através do Mar Mediterrâneo, diminuiu de forma acentuada desde o século III até os primeiros séculos da Idade Média. Apesar disso, a navegação comercial no Mediterrâneo continuou, mas com novos atores: os bizantinos e, a partir do século VIII, também os árabes muçulmanos.

O mesmo ocorreu com o comércio no interior da Europa. Ele reduziu drasticamente, mas nunca desapareceu. Porém, a partir do século X, várias transformações ocorridas na Europa medieval permitiram incrementar o comércio interno, que cresceu muito nos três séculos seguintes.

Algumas dessas transformações foram as inovações agrícolas, que você estudou na unidade 7. Por exemplo, o sistema trienal de cultivo e o arado charrua foram introduzidos nos campos da Alemanha, Países Baixos e norte da Europa, o que permitiu aumentar as colheitas e produzir mais alimentos para a população.

Quando essas mudanças se disseminaram pelas propriedades rurais do centro e do sul da Europa, entre os séculos XI e XIII, as crises de fome tornaram-se menos frequentes e as epidemias diminuíram. O resultado foi a elevação da expectativa de vida e, consequentemente, o crescimento populacional.

Segundo o historiador Hilário Franco Jr., entre o século XI e princípio do XIV, a população da Inglaterra e de Gales teria crescido de 1,5 milhão para 3,75 milhões; a da França, de 6,5 milhões para 16 milhões; e a da Espanha, de 4 milhões para 7,5 milhões de habitantes.

Com as novas técnicas agrícolas e o aumento da população, a quantidade de trabalhadores nos campos passou a ser maior do que era necessário para o cultivo. Muitas pessoas então migraram em busca de novas terras ou se deslocaram para as cidades. À medida que a população urbana crescia, aumentava também a procura por alimentos e por outros produtos comerciais.

Mercadores na feira de Lendit, ilustração publicada no manuscrito *Grandes crônicas da França*, século XIV.

223

AS ROTAS E OS EIXOS COMERCIAIS

O comércio que começou a crescer na Europa por volta do século X tinha dois centros principais: o **eixo do Mediterrâneo**, que se estendia até o Mar Egeu e o Mar Negro e era controlado pelas cidades italianas, e o **eixo nórdico**, situado entre o Canal da Mancha e o Mar Báltico, dominado principalmente por mercadores flamengos.

O principal comércio que interligava os dois eixos era o têxtil. A lã bruta era comercializada em feiras da Inglaterra e manufaturada em Flandres. De lá, os tecidos eram vendidos por comerciantes flamengos na Alemanha, na Rússia e no sul da Europa, de onde eram levados, por comerciantes italianos, até o Oriente. Com o tempo, as cidades italianas de Gênova e Florença aprimoraram as técnicas de acabamento e tingimento de tecidos, concorrendo com a produção de Flandres.

Ao longo desses dois grandes eixos comerciais, havia mercados e feiras, locais onde vendedores e compradores negociavam diferentes produtos. Nos **mercados** os comerciantes se encontravam semanalmente para vender seus produtos. As **feiras** ofereciam maior quantidade e variedade de produtos e, por isso, eram realizadas normalmente uma vez ao ano.

Flamengo: pessoa natural da região de Flandres, situada no norte da atual Bélgica, onde se fala a língua holandesa.

Explore

- Que cidade estava localizada no entroncamento do comércio entre a Europa e o Oriente? Relacione sua resposta com o conteúdo do tema anterior.

Mapa interativo

PRINCIPAIS CIDADES E ROTAS COMERCIAIS NO SÉCULO XIII

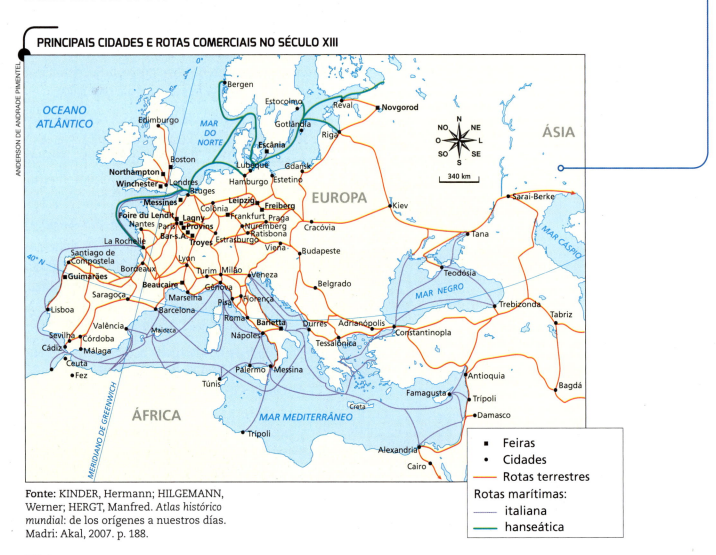

Fonte: KINDER, Hermann; HILGEMANN, Werner; HERGT, Manfred. *Atlas histórico mundial:* de los orígenes a nuestros días. Madri: Akal, 2007. p. 188.

O CRESCIMENTO URBANO

A expansão das cidades na Europa ocorreu paralelamente à expansão do comércio. Por isso, muitos dos centros urbanos fundados ou que mais cresceram no período geralmente tinham ligações com as rotas de comércio de maior fluxo de pessoas e de produtos.

Nas antigas cidades, os sinais mais evidentes dessa mudança eram as novas habitações que surgiam em torno das muralhas. Essas aglomerações receberam nomes diferentes, e o que prevaleceu foi **burgos**. Os habitantes dos burgos eram chamados **burgueses**.

As cidades obtinham uma **carta de franquia** que as liberava da cobrança de direitos senhoriais, como taxações sobre o mercado e o trânsito de pessoas e de mercadorias, e tinham privilégios que lhes permitiam manter governo, justiça e milícias autônomas.

Os órgãos administrativos das cidades eram dominados pelas famílias mais ricas e influentes, tanto da aristocracia tradicional quanto da elite urbana burguesa. Essas facções da elite lutavam com frequência entre si, mas em geral o poder senhorial, feudal, prevalecia sobre o poder dos burgueses.

Não se pode comparar, no entanto, a grande cidade medieval com as metrópoles atuais. Naquele período, o campo predominava em relação à cidade: não era incomum, por exemplo, encontrar no interior das muralhas urbanas áreas de cultivo e de criação de animais.

Também não podemos comparar as cidades do Ocidente medieval com Constantinopla e as cidades muçulmanas do período. Paris, a maior cidade do Ocidente, tinha por volta de 100 mil habitantes em 1300. Três séculos antes, a população de Damasco e do Cairo já tinha chegado a meio milhão, e a de Constantinopla, a 1 milhão, a mesma de Bagdá.

As profissões, ilustração de Cristoforo de Predis, século XV.

Explore

- Observe essa imagem, que mostra algumas profissões exercidas em uma cidade medieval. Quais delas você consegue identificar? Que indícios possibilitaram reconhecer essas profissões?

225

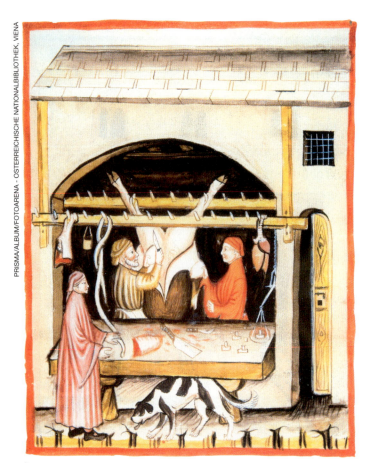 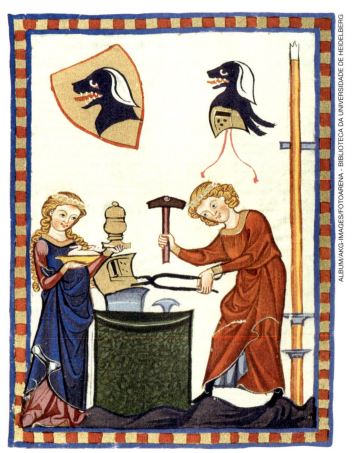

À esquerda, ilustração que representa a atividade de um carniceiro, retirada do manuscrito *Tacuinum Sanitatis*, século XIV. À direita, iluminura que mostra o trabalho de um ferreiro, século XIV. Na Idade Média, o ofício de carniceiro, hoje conhecido como açougueiro, não tinha o mesmo prestígio social que o de um ferreiro.

AS CORPORAÇÕES DE OFÍCIO

O crescimento da população urbana foi acompanhado do incremento da produção artesanal. Isso porque o aumento da procura por diversos produtos significou, para muitos trabalhadores, a oportunidade de exercer um ofício que lhes permitisse sobreviver.

Os diferentes ofícios do artesão não tinham o mesmo reconhecimento social. Enquanto alguns desfrutavam de grande prestígio, como os ofícios de ourives e de ferreiro, outros eram menosprezados, como o de carniceiro e de peleiro, por envolver contato com sangue e sujeira.

Nas cidades, os artesãos se organizavam muitas vezes em **corporações de ofício**, associações que controlavam a qualidade e o preço dos produtos e protegiam os artesãos da concorrência.

Cada oficina era comandada por um **mestre de ofício**. Ele administrava o trabalho dos **companheiros** e dos **aprendizes**. Os primeiros eram trabalhadores especializados, que já tinham concluído a aprendizagem do ofício. Eles trabalhavam em troca de um salário, que podia ser pago em dinheiro ou na forma de abrigo, vestuário e alimentação. Os aprendizes iniciavam o ofício entre 10 e 12 anos de idade. Escolhidos entre os familiares do mestre, esses jovens em geral não recebiam salário, apenas abrigo e alimentação.

NOVOS PERSONAGENS DAS CIDADES

Nas cidades, a leitura e a escrita passaram a ter grande importância, tanto para as famílias de médios e ricos burgueses quanto para as de artesãos. A leitura permitia controlar os negócios com mais eficiência, fazer contas e administrar os bens da família.

Muitas escolas clericais foram fundadas a partir do século XII nas cidades. Nelas os alunos aprendiam canto, leitura, escrita, aritmética, religião e latim. As famílias ricas pagavam uma quantia para manter as escolas e remunerar os mestres. As crianças pobres que viviam sob os cuidados da Igreja estudavam gratuitamente.

As primeiras universidades do Ocidente, fundadas no século XI, ofereciam aos jovens maiores de 16 anos uma vida de mais liberdade em relação às famílias. Nas cidades, os estudantes, todos do sexo masculino, se instalavam em alojamentos coletivos ou em pensões.

A disciplina nas universidades era severa. Castigos físicos, como a aplicação de palmatórias ou chibatadas, eram comuns. Alguns estudantes abandonavam o curso e escolhiam a vida das tabernas, local onde se divertiam bebendo vinho. Já os mais letrados se dedicavam também à música e à poesia. Eram os chamados **goliardos**.

ORGANIZAR O CONHECIMENTO

1. Complete a lacuna com um termo que faça sentido ao conjunto.

Cidades italianas
Mar Mediterrâneo   Comércio têxtil
_____

2. Leia as frases a seguir e escreva **1** para o crescimento do comércio no mundo muçulmano ou **2** para o crescimento do comércio no Ocidente europeu.

   a) ( ) Eles controlavam as minas de ouro do Sudão.

   b) ( ) Além de centros comerciais, algumas de suas cidades foram importantes centros culturais.

   c) ( ) A maior feira comercial era realizada na região francesa de Champagne.

   d) ( ) O eixo nórdico e o eixo mediterrâneo eram os dois centros principais desse comércio.

Um professor e seus alunos, miniatura de uma edição popular da obra *Nosso Pai*, de Zucchero Bencivenni, século XIV.

227

ATIVIDADES

APLICAR

1. Leia o texto para responder às questões.

"[...] Na cidade romana [...] não há muralha para estabelecer uma separação material entre a cidade e o campo. [...] tem-se a impressão duma extensão indefinida de novos bairros de residência. É assim que se apresenta a cidade antiga, toda impregnada da vida rural. Essa cidade romana, no Ocidente, é habitada por funcionários e por proprietários de terras [...]. São esses proprietários de terras, senhores do campo, que formam o elemento dirigente, o elemento rico da cidade antiga. [...]

A cidade medieval [...] apresenta um esquema muito diferente [...]: ela é individualizada pela muralha que encerra casas estreitamente apertadas umas contra as outras; [...] subúrbios industriais e comerciais que, pouco a pouco, são englobados no perímetro urbano [...]. Trata-se, portanto, de formas urbanas que invadem continuamente as formas rurais dos arredores, que englobam uma grande parte do campo. Essa nova cidade é habitada por burgueses que vivem sobretudo do comércio e da produção industrial e formam um patriciado urbano, uma classe rica e dirigente. Ela é habitada, também, por um proletariado urbano – artífices e operários – que permite à cidade desempenhar o seu papel de centro produtor. [...]"

LOMBARD, Maurice. A evolução urbana durante a Alta Idade Média. *Revista USP*, v. 11, n. 23, 1955. Disponível em <http://mod.lk/cM0Z7>. Acesso em 22 jan. 2018.

a) Indique as cidades que são comparadas nesse texto.

b) Cite duas diferenças que o texto descreve entre essas cidades: uma relacionada à organização do espaço e outra do ponto de vista social.

2. Indique a afirmativa correta relacionada ao texto da questão 1.

a) A cidade medieval é muito mais populosa que a cidade romana antiga.

b) A cidade romana, no texto, refere-se exclusivamente a Roma, a capital do Império Romano.

c) Nenhuma das cidades do mundo antigo era protegida por muralhas.

d) Na cidade medieval, as atividades urbanas avançam sobre as áreas rurais.

3. Responda às questões sobre as feiras medievais.

a) O que eram e como funcionavam as feiras medievais?

b) Qual era a maior feira realizada nesse período?

c) Em sua opinião, as feiras do Brasil atual possuem as mesmas características das feiras realizadas no período medieval? Justifique.

4. Observe a imagem para responder às questões.

Carniceiro e aprendiz, gravura da obra *Tacuinum Sanitatis*, século XIV.

a) Descreva a imagem, identificando os personagens, suas ações e o contexto.

b) Como a profissão representada na imagem era vista no período? Justifique.

c) Nos dias de hoje, é comum vermos nas cidades brasileiras trabalhadores desempenhando esse tipo de ofício? Explique.

5. Observe o infográfico das páginas 220 e 221. Em seguida, dê dois exemplos, para cada caso, que atestem:

a) a importância do Mediterrâneo nas trocas comerciais entre bizantinos, africanos islamizados e europeus ocidentais.

b) a importância do Mediterrâneo nas trocas culturais estabelecidas entre esses povos.

6. Na charge reproduzida ao lado, o cartunista representou o Mar Mediterrâneo. Observe-a para responder às questões.

   a) Descreva a imagem.
   b) Em sua opinião, o cartunista representou o Mediterrâneo na época medieval ou nos dias atuais? Justifique.
   c) Por que o Mediterrâneo foi representado dessa forma?

Mediterrâneo, charge de Aroeira publicada em 24 de abril de 2015.

7. Reúna-se em grupo para pesquisar o seguinte tema: **Principais correntes do cristianismo e do islamismo no Brasil**.

   a) Cada grupo vai pesquisar a presença dessas duas religiões em uma das cinco regiões geográficas brasileiras:
      - Sul
      - Norte
      - Sudeste
      - Centro-Oeste
      - Nordeste
   b) Registrem os dados obtidos na pesquisa e os levem para a sala. Não esqueçam de informar as fontes utilizadas.
   c) Com os demais grupos, montem dois grandes painéis sobre a presença dessas religiões no Brasil.

RETOMAR

8. Responda às questões-chave da abertura dos temas 3 e 4.
   a) Qual tem sido a importância do Mar Mediterrâneo ao longo da história?
   b) Por que o crescimento do comércio foi paralelo à expansão das cidades na Europa medieval?

Mais questões no livro digital

AUTOAVALIAÇÃO

CONTEÚDOS

1. Como você avalia o seu aprendizado nesta unidade? Bom, regular ou insatisfatório? Consulte os materiais que você utilizou durante seus estudos, incluindo atividades e anotações pessoais. Escreva uma frase explicando sua resposta para cada item abaixo.
   a) As diferenças entre cristianismo e islamismo.
   b) A condição de vida das mulheres na Antiguidade e na Idade Média.
   c) A importância do comércio para o intercâmbio cultural entre Ocidente e Oriente.
   d) A expansão do comércio e das cidades na Europa medieval.

ATITUDES

2. Nesta unidade, priorizamos o trabalho com as seguintes atitudes: **escutar os outros com atenção e empatia** e **pensar com flexibilidade**. Essas atitudes foram úteis para você durante o estudo da unidade? Em qual momento, tema ou atividade? Explique como elas o ajudaram a compreender os conteúdos.

3. Essas atitudes estão presentes em sua vida cotidiana? Em quais situações?

4. Qual conteúdo e/ou atividade você achou mais difícil? Alguma atitude o ajudou a superar essa dificuldade? Retome a descrição das atitudes para responder.

EM FOCO

AS FESTAS MEDIEVAIS

Carnaval: a festa da alegria

O Carnaval é a principal festa popular brasileira. Ela foi trazida ao Brasil pelos colonizadores portugueses, mas ainda não tinha esse nome nem era comemorada como é hoje. Com o tempo, essa festividade incorporou influências de outros povos que vieram para o Brasil, como italianos, que acrescentaram aos festejos do Carnaval brasileiro o uso de máscaras e fantasias.

O Carnaval brasileiro, principalmente no exterior, está muito associado aos desfiles das escolas de samba. Outra expressão do nosso Carnaval é a dos blocos de foliões, que a cada ano ocupam mais vielas, calçadas e ruas das cidades chamando a população a cantar e a dançar.

Com base em que se pode afirmar que o Carnaval é a principal festa popular no Brasil? Em primeiro lugar, pela quantidade de pessoas que mobiliza, pelos investimentos que são feitos e pelos lucros que gera nos principais centros carnavalescos do país. Segundo dados da Secretaria Municipal de Turismo do Rio de Janeiro (Riotur), em 2017, os festejos atraíram 1,1 milhão de turistas e movimentaram 3 bilhões de reais.

Foliões comemoram o Carnaval em bloco de rua na cidade de São Paulo. Foto de 2018. Os carnavais de rua, além de reunir milhares de foliões, têm gerado renda e emprego para muitos brasileiros.

Fonte 1

Origens pagãs de uma festa cristã

A história também nos ajuda a descobrir a origem de nossas tradições. A data de comemoração do Natal, por exemplo, tem raízes pagãs.

"O Natal é a data cristã da antiga festa pagã do solstício de inverno, que comemora a volta do Sol [nos países do Hemisfério Norte]. Para celebrar o fato e estimular sua continuidade, costumava-se trocar presentes. Com a cristianização da data, vista [...] como o nascimento do Deus encarnado, essa troca foi interpretada como imitação do gesto dos magos em relação ao Deus-menino. Troca transformada em prática social graças a São Nicolau, cuja festa também é comemorada em dezembro [com a] distribuição de bens aos pobres e milagres alimentares. Troca de presentes que gerou o costume do dom e do contradom, usual nas sociedades tradicionais, inclusive na feudal."

FRANCO JR., Hilário. *Cocanha*: a história de um país imaginário. São Paulo: Companhia das Letras, 1998. p. 96.

Profano: que não pertence ao sagrado; não religioso; mundano.

• O Carnaval de rua

O Carnaval de rua também explodiu como uma grande festa popular. As capitais Belo Horizonte, Florianópolis e principalmente São Paulo inovaram com a criação de blocos carnavalescos que valorizam temas como diversidade, tolerância, amor e solidariedade. Em São Paulo, na edição de 2017, 391 blocos carnavalescos ocuparam as ruas da cidade, evento que reuniu 1 milhão de foliões e movimentou 400 milhões de reais.

Outra evidência da posição do Carnaval como a grande festa popular no Brasil é sua importância no calendário do país, o marco profano do início do ano. É muito comum ouvir as pessoas dizerem que "o ano só começa depois do Carnaval". Não sem razão, pois os preparativos e os dias de festa geram emprego para mais de 200 mil pessoas. Para muitos brasileiros, portanto, a festa significa a oportunidade de fazer dinheiro, ganhar a vida e sonhar com um mundo melhor.

Para além da importância econômica do Carnaval, a festa em si é uma necessidade para a vida do homem em sociedade. Leia o que o historiador Hilário Franco Júnior diz sobre isso:

"O *homo festivus* é uma categoria antropológica de todas as épocas, pois ao lado da vida em sociedade, organizada e rotineira, o homem necessita – para seu equilíbrio pessoal, mas também para a saúde social – romper as regras, dar vazão aos sentimentos reprimidos, abrir enfim novas perspectivas de vida: 'de festas se vive'".

FRANCO JR., Hilário. *Cocanha*: a história de um país imaginário. São Paulo: Companhia das Letras, 1998. p. 86.

Uma festa pagã no calendário cristão

Essa grande festa popular é também uma festa **pagã**. A palavra "pagã" deriva do latim *paganus*, podendo ser traduzida por "rústico" ou "camponês". O termo passou a ser utilizado no século IV por cristãos para se referirem às pessoas que negavam a crença em um só Deus e os ensinamentos da *Bíblia*.

É curioso pensar que o Carnaval, uma festa pagã, ganhou uma data no calendário cristão. Comemorado desde a Antiguidade, ele marcava o fim do inverno e o início da primavera no Hemisfério Norte, homenageando os deuses e agradecendo pelas boas colheitas. Ao mesmo tempo, a festa celebrava a liberdade, o riso e a vida.

EM FOCO

• **Carnaval *versus* Quaresma**

No **Concílio de Niceia**, realizado no século IV, a Igreja deu o primeiro passo para conciliar essa festividade com a tradição cristã. Entre várias outras decisões, o concílio determinou que a Páscoa deveria ser celebrada no primeiro domingo posterior à lua cheia e ao equinócio da primavera.

Ao fazer isso, a Igreja demarcava o início e o fim da Quaresma, período de quarenta dias que antecede o domingo de Ramos, o último anterior ao domingo de Páscoa. Durante a Quaresma, o cristão deveria guardar o jejum, principalmente da carne de animais de sangue quente (carne vermelha), e dedicar-se às orações e à caridade.

Tudo indica que, a partir dessa época, a comunidade cristã passou a festejar os três dias que antecediam a Quaresma com brincadeiras, comes e bebes e troca de presentes. Principalmente nas camadas populares, esses festejos coincidiam com o Carnaval, a festa pagã da liberdade.

No século XI, a Igreja incorporou ao calendário cristão os três dias de festejo que antecedem o início da Quaresma. Assim, ela procurava demarcar dois períodos: o dos três dias de Carnaval, de festa e alegria, e o dos quarenta dias, que deveriam ser dedicados à oração e à penitência. Incapaz de acabar com o Carnaval, a Igreja determinou quando ele poderia ser realizado.

A decisão da Igreja de incluir o Carnaval no calendário cristão pode indicar que ela aprendeu a tolerar a festa pagã ou, talvez, que foi um meio de controlar as festas populares. Tolerava-se que alguém bebesse vinho ou comesse carne vermelha durante o Carnaval, mas durante a Quaresma era motivo de punição severa.

No quadro *O combate entre o Carnaval e a Quaresma*, de Pieter Bruegel, do século XVI, a festa é representada pelo homem gordo dançando sobre um enorme barril de vinho, enquanto a Quaresma é representada por uma mulher magra, com aspecto doentio. De um lado, a gula; de outro, o jejum e a penitência. Desde a Idade Média, esse tipo de oposição tem sido comum na história do Carnaval.

Páscoa: na tradição cristã, é a data que celebra a ressurreição de Jesus Cristo.

Fonte 2

O combate entre o Carnaval e a Quaresma, pintura do artista flamengo Pieter Bruegel, o Velho, 1559.

232

EM FOCO

A Cocanha: um sonho de abundância

Estudar as festas populares nos permite compreender como era a vida das pessoas comuns em um dado período. Para muitos, o Carnaval e outras festas populares significavam a oportunidade de lamentar o sofrimento, de fortalecer os laços afetivos na comunidade e de imaginar poder viver outra vida, menos sofrida, menos controlada, mais alegre e abundante.

Assim, os medievais registraram muitas canções e outros textos literários nas chamadas línguas vulgares (francês, alemão, inglês etc.). Um dos registros mais curiosos desse período foi o da fábula da Cocanha. Leia a seguir um pequeno trecho dessa fábula.

> **Fonte 3**
>
> #### Uma terra de abundância e de alegria
>
> "Quatro Páscoas tem o ano,
> E quatro festas de São João.
> Há no ano quatro vindimas,
> Feriado e domingo todo dia,
> Quatro Todos os Santos, quatro Natais,
> Quatro Candelárias anuais,
> Quatro Carnavais,
> E Quaresma, uma a cada vinte anos,
> Quando é agradável jejuar
> Pois todos mantêm seus bens; [...]
> Ninguém ousa proibir algo.
> Não pensem que é piada,
> Ninguém, de qualquer condição,
> Sofre em jejuar:
> Três dias por semana chovem
> Pudins quentes [...].
> Ali pega-se tudo à vontade.
> O país é tão rico
> Que bolsas cheias de moedas
> Estão jogadas pelo chão. [...]"
>
> FRANCO JR., Hilário. *Cocanha: a história de um país imaginário*. São Paulo: Companhia das Letras, 1998. p. 30.

No país imaginário da Cocanha, as pessoas desfrutam de liberdade e abundância. Um lugar sem proibições, muitas festas e quase nenhuma Quaresma. No calendário, as festas cristãs são multiplicadas e não se fala em trabalho: os dias são sempre domingos e feriados. Loucos são aqueles que saem da Cocanha por algum motivo. Como não há penitência e outros castigos, só faz jejum quem quer.

As histórias sobre o país da Cocanha foram transmitidas oralmente ao longo da Idade Média e registradas em diferentes locais, épocas e culturas. A mais antiga dessas histórias de que se tem conhecimento é um conto francês do século XIII.

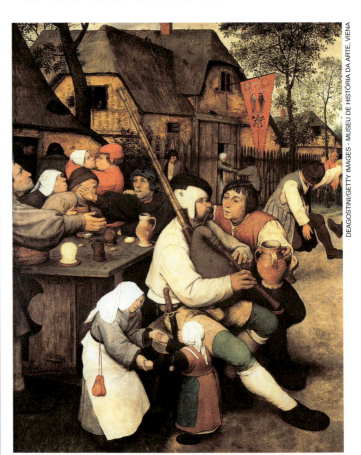

A dança dos camponeses, pintura de Pieter Bruegel, o Velho, 1568. Muitas das pinturas desse artista flamengo representam as festas das comunidades camponesas do século XVI, que mantinham muitas das tradições da época medieval.

Vindima: colheita de uvas.

ATIVIDADES

ORGANIZAR O CONHECIMENTO

1. Explique como o Carnaval foi incorporado ao calendário cristão durante a Idade Média.

2. Escolha, entre os adjetivos do quadro, os mais adequados para cada característica da festa de Carnaval.

   | popular | pagã | europeia | libertadora |

   a) O Carnaval tem sua origem em festas muitos antigas de homenagem aos deuses e agradecimento pelas colheitas. _____

   b) Na Idade Média, o Carnaval celebrava o riso, a alegria e a liberdade. _____

   c) Os desfiles e blocos de Carnaval reúnem milhões de pessoas em todo o Brasil. _____

   d) Os festejos de Carnaval chegaram ao Brasil com os colonizadores portugueses. _____

ANALISAR AS FONTES

3. **Fonte 1** Com base nesse texto, é possível afirmar que:
   a) o Natal é uma festa pagã.
   b) o Natal não tem nenhuma relação com os ritos pagãos.
   c) a data cristã do Natal celebra o solstício de inverno.
   d) a troca de presentes ocorre tanto na festa cristã como na pagã.

4. **Fonte 2** Observe detalhadamente a pintura.
   a) Descreva duas cenas retratadas na obra.
   b) Explique, com base nessa pintura, por que o Carnaval é o oposto da Quaresma.

5. **Fonte 3** Leia os versos da fábula da Cocanha e responda.
   a) Quais celebrações do nosso calendário você reconhece nesses versos?
   b) Quais delas provavelmente mais agradavam as camadas populares?
   c) Quais dessas mais agradam você? Por quê?

POR UMA CONDUTA CIDADÃ

6. A festa do Carnaval já foi celebrada de formas muito diferentes. Hoje em dia, membros de igrejas evangélicas e adeptos de religiões afro-brasileiras, por exemplo, desfilam em blocos organizados.

   a) Ao trazer práticas religiosas a uma festa tradicionalmente profana, os evangélicos e os grupos religiosos afro-brasileiros estão descaracterizando o Carnaval ou há espaço para todos os grupos nessa comemoração?

   b) De que forma o Carnaval contribui para difundir atitudes de tolerância e união entre pessoas de religiões, crenças e culturas diferentes?

235

REVISANDO

O cristianismo e o islã no período medieval

1. O **cristianismo** foi o mais importante **elemento de unificação social**, política e cultural da Europa medieval.

2. O **islamismo** foi fundado por **Maomé** na Península Arábica no século VII. Os preceitos do islã estão reunidos no **Alcorão**.

3. A morte de Maomé, em 632, desencadeou a disputa pela sucessão do profeta, o que levou à **divisão do islã** entre **sunitas** e **xiitas**.

4. Os califas **expandiram o islã** formando um vasto império. No século XIII, o Império Árabe foi **conquistado pelos turcos-otomanos**.

As mulheres na Idade Média

1. A **Igreja** contribuiu para difundir a visão de que a **mulher** era uma figura inferior ao homem, herdeira do pecado original e destinada a **cuidar do lar**.

2. A visão da Igreja, porém, não representava a visão de toda a sociedade medieval. Várias **mulheres**, laicas e religiosas, conseguiram exercer um **papel de destaque** e **independente** do controle masculino.

O Mediterrâneo na Idade Média

1. O **Mar Mediterrâneo** foi um **espaço de circulação** de **pessoas**, **mercadorias** e **culturas** tanto na Antiguidade quanto na **Idade Média**.

2. Durante os primeiros séculos da Idade Média, **mercadores bizantinos** e depois **árabes muçulmanos** assumiram a **liderança do comércio** no **Mar Mediterrâneo**.

A expansão do comércio e das cidades

1. A partir do **século X**, a expansão do comércio muçulmano contribuiu para dinamizar o comércio do **Ocidente europeu** com a **África** e o **Oriente**.

2. Destacaram-se na Europa o **eixo nórdico**, controlado por mercadores **flamengos**, e o **eixo mediterrâneo**, dominado pelos **mercadores italianos**.

3. A **expansão do comércio** foi acompanhada do crescimento da **população urbana**.

Trilha de estudo

Vai estudar? Nosso assistente virtual no *app* pode ajudar!
<http://mod.lk/trilhas>

PARA LER

Minha irmã Sherazade: contos das mil e uma noites

Autores: Robert Leeson e Christina Balit

São Paulo: Salamandra, 2001

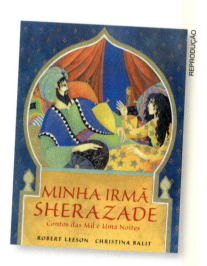

O rei Sharayar foi traído por sua esposa. Furioso, ele mandou matá-la e passou a odiar as mulheres. Assim, Sharayar decidiu levar toda noite uma mulher ao seu quarto e, no dia seguinte, matá-la. Um dia, Sherazade, a filha do vizir, pediu a seu pai que a levasse até o rei para tentar salvar as moças. Na noite de núpcias, sua irmã mais nova foi ao quarto do casal, como combinado, e pediu a ela que lhe contasse uma história. Quando amanheceu, Sharayar, curioso para ouvir outros contos, deixou Sherazade viver. Assim se seguiram mil e uma noites, até que o rei se arrependeu de matar as donzelas do reino e casou-se com Sherazade.

O livro e esta unidade

1. Descreva a relação dos personagens com a valorização do conhecimento na civilização muçulmana medieval.

2. Relacione essa característica dos muçulmanos às atividades comerciais exercidas pelos personagens.

REFERÊNCIAS BIBLIOGRÁFICAS

ALFÖLDY, Géza. *A história social de Roma*. Lisboa: Presença, 1989.

ALMEIDA, Mauro Barbosa de; CUNHA, Manuela Carneiro da (Orgs.). *Enciclopédia da floresta*. São Paulo: Companhia das Letras, 2002.

ARIÈS, Philippe; DUBY, Georges (Dir.). *História da vida privada*: do Império Romano ao ano mil. São Paulo: Companhia das Letras, 1989. v. 1.

ARMSTRONG, Karen. *Maomé*: uma biografia do profeta. São Paulo: Companhia das Letras, 2002.

_____. *Uma história de Deus*: quatro milênios de busca do judaísmo, cristianismo e islamismo. São Paulo: Companhia das Letras, 2000.

AUSTIN, Alfredo López; LUJÁN, Leonardo López. *El pasado indígena*. 2. ed. Cidade do México: FCE, COLMEX, FHA, 2001.

AYMARD, André; AUBOYER, Jeannine. *História geral das civilizações*. 4. ed. São Paulo: Difel, 1974. t. I e II. v. 1.

AZEVEDO, Antonio Carlos do Amaral. *Dicionário de nomes, termos e conceitos históricos*. 2. ed. Rio de Janeiro: Nova Fronteira, 1997.

AZIM, Sharif Abdul. *A mulher no islam*: mito e realidade. São Bernardo do Campo: Makkah, 2011.

BAHBOUT, Scialom. *Judaísmo*. São Paulo: Globo, 2002.

BAIOCCHI, Alessandra Antunes Corrêa. *A exclusão da população de baixa renda dos sistemas de trocas comerciais*: uma análise histórica sob a perspectiva do *marketing*. Rio de Janeiro, 2011. Dissertação de mestrado – Departamento de Administração, Pontifícia Universidade Católica do Rio de Janeiro.

BAPTISTA, Márcio; CARDOSO, Adriana. Rios e cidades: uma longa e sinuosa história. *Revista UFMG*, v. 20, n. 2. Belo Horizonte, jul./dez. 2013. p. 124-153.

BASCHET, Jérôme. *A civilização feudal*: do ano 1000 à colonização da América. São Paulo: Globo, 2006.

BAZIN, Germain. *História da história da arte*. São Paulo: Martins Fontes, 1989.

BEARD, Mary. *SPQR*: Uma história da Roma antiga. São Paulo: Planeta, 2017.

BENEVOLO, Leonardo. *História da cidade*. São Paulo: Perspectiva, 2007.

BLAINEY, Geoffrey. *Uma breve história do cristianismo*. Curitiba: Fundamento, 2012.

BLOCH, March. *Apologia da história ou O ofício de historiador*. São Paulo: Jorge Zahar, 2002.

_____. *Introdução à história*. Lisboa: Europa-América, 1987.

BOSI, Ecléa. *Memória e sociedade*: lembranças de velhos. 3. ed. São Paulo: Companhia das Letras, 1994.

BRAUDEL, Fernand. *História e ciências sociais*. Lisboa: Presença, 1986.

_____. *Memórias do Mediterrâneo*. Lisboa: Terramar, 2001.

BURKE, Peter (Org.). *A escrita da história*: novas perspectivas. São Paulo: Editora Unesp, 1992.

CARDOSO, Ciro Flamarion. *Antiguidade oriental*: política e religião. São Paulo: Contexto, 1990.

_____. *O Egito antigo*. São Paulo: Brasiliense, 1996.

_____. *Trabalho compulsório na Antiguidade*. Rio de Janeiro: Graal, 1984.

CASCUDO, Luís da Câmara. *História da alimentação no Brasil*. Belo Horizonte: Itatiaia; São Paulo: Edusp, 1983. v. 1 e 2.

CÉSAR, Marina Buffar. *O escaravelho-coração nas práticas e rituais funerários do antigo Egito*. Rio de Janeiro, 2009. Dissertação de mestrado em Arqueologia – Museu Nacional/UFRJ.

CHOURAQUI, André. *História do judaísmo*. São Paulo: Difel, 1963.

_____. *Os homens da Bíblia*. São Paulo: Companhia das Letras/Círculo do Livro, 1990. (Coleção A vida cotidiana)

COELHO, Liliane Cristina. Urbanismo e cidade no Antigo Egito: algumas considerações teóricas. *Plêthos*, v. 1, 2011.

COMITÊ científico internacional da Unesco para redação da história geral da África. *História geral da África*. Brasília: Unesco, 2010. v. 2, 3 e 5.

COOK, Michael. *Uma breve história do homem*. Rio de Janeiro: Jorge Zahar, 2005.

CORASSIN, Maria Luiza. *A reforma agrária na Roma antiga*. São Paulo: Brasiliense, 1988. (Coleção Tudo é história)

CROWLEY, Roger. *1453*: a guerra santa por Constantinopla e o confronto entre o islã e o Ocidente. São Paulo: Rosari, 2009.

CUNHA, Manuela Carneiro da (Org.). *História dos índios no Brasil*. São Paulo: Companhia das Letras/Secretaria Municipal de Cultura/Fapesp, 1992.

DAVIDSON, Brasil. *À descoberta do passado de África*. Lisboa: Sá da Costa, 1981.

DE BLASIS, Paulo Antonio Dantas e outros. *Brasil 50.000 anos*: uma viagem ao passado pré-colonial. São Paulo: MAE/USP, 2001.

DE CERTEAU, Michel. *A invenção do cotidiano*: morar, cozinhar. Rio de Janeiro: Vozes, 1996. v. 2.

DEMANT, Peter. *O mundo muçulmano*. São Paulo: Contexto, 2004.

DOBERSTEIN, Arnoldo Walter. *O Egito antigo*. Porto Alegre: EDIPUCRS, 2010.

DONADONI, Sérgio (Org.). *O homem egípcio*. Lisboa: Presença, 1990.

DONINI, Ambrogio. *Breve história das religiões*. Rio de Janeiro: Civilização Brasileira, 1965.

_____. *História do cristianismo*: das origens a Justiniano. Lisboa: Edições 70, 1980.

DONNER, Herbert. *História de Israel e dos povos vizinhos*: dos primórdios até a formação do Estado. 3. ed. São Paulo: Sinodal, 1997. v. 1.

DOSSE, François. *A história em migalhas*: dos Annales à Nova História. São Paulo: Edusc, 2003.

DUBY, Georges. *As três ordens ou O imaginário do feudalismo*. Lisboa: Éditions Gallimard, 1978.

_____. *Idade Média, idade dos homens*: do amor e outros ensaios. São Paulo: Companhia das Letras, 2001.

ELIADE, Mircea. *História das crenças e das ideias religiosas*. Rio de Janeiro: Zahar, 1984.

_____; COULIANO, Loan P. *Dicionário das religiões*. São Paulo: Martins Fontes, 1994.

ESPINOSA, Fernanda. *Antologia de textos históricos medievais*. Lisboa: Sá da Costa, 1981.

ÉVANO, Brigitte. *Contos e lendas do Egito antigo*. São Paulo: Companhia das Letras, 1998.

FARAH, Paulo Daniel. *O islã*. São Paulo: PubliFolha, 2001. (Série Folha explica)

FARTHING, Stephen. *Tudo sobre arte*. Rio de Janeiro: Sextante, 2011.

FAUSTINO, Evandro. *A mentalidade da Grécia antiga*: uma leitura de Édipo rei, de Sófocles. São Paulo: Moderna, 1999. (Coleção Desafios)

FAUSTO, Carlos. *Os índios antes do Brasil*. Rio de Janeiro: Jorge Zahar, 2000. (Coleção Descobrindo o Brasil)

FERREIRA, Graça Maria Lemos. *Atlas geográfico*: espaço mundial. 4. ed. São Paulo: Moderna, 2013.

FERREIRA, Luiz Fernando; REINHARD, Karl Jan; ARAÚJO, Adauto (Orgs.). *Fundamentos da paleoparasitologia*. Rio de Janeiro: Fiocruz, 2011. v. 1.

FINLEY, Moses I. *Democracia antiga e moderna*. Rio de Janeiro: Graal, 1998.

_____. *Escravidão antiga e ideologia moderna*. Rio de Janeiro: Graal, 1991.

_____. *Os gregos antigos*. Lisboa: Edições 70, 1984.

FLANDRIN, Jean-Louis; MONTANARI, Massimo (Orgs.). *História da alimentação*. 4. ed. São Paulo: Estação Liberdade, 2004.

FLORENZANO, Maria Beatriz B. *O mundo antigo*: economia e sociedade. São Paulo: Brasiliense, 1994. (Coleção Tudo é história)

FRANCO JR., Hilário. *A Idade Média*: nascimento do Ocidente. São Paulo: Brasiliense, 1986.

_____. *Feudalismo*: uma sociedade religiosa, guerreira e camponesa. São Paulo: Moderna, 1999. (Coleção Polêmica)

_____. *O feudalismo*. São Paulo: Brasiliense, 1983.

_____; ANDRADE F., Ruy de Oliveira. *O Império Bizantino*. São Paulo: Brasiliense, 1985.

FUNARI, Pedro Paulo Abreu. *Antiguidade clássica*: a história e a cultura a partir dos documentos. Campinas: Editora da Unicamp, 2003.

_____. *Cultura popular na Antiguidade clássica*. São Paulo: Contexto, 1996. (Coleção Repensando a história)

_____. *Grécia e Roma*. São Paulo: Contexto, 2001.

_____; NOELLI, Francisco Silva. *Pré-história do Brasil*. São Paulo: Contexto, 2009.

GABRIEL-LEROUX, J. *As primeiras civilizações do Mediterrâneo*. São Paulo: Martins Fontes, 1989. (Série Universidade hoje)

GANSHOF, F. L. *O que é o feudalismo?* Lisboa: Publicações Europa-América, 1976.

GARELLI, P.; NIKIPROWETZKY, V. *O Oriente Próximo asiático*: impérios mesopotâmicos – Israel. São Paulo: Edusp/Pioneira, 1982. (Série Nova Clio)

GOMBRICH, Ernst Hans. *A história da arte*. Rio de Janeiro: LTC, 2013.

GOMES, Denise. *Cerâmica arqueológica da Amazônia*: vasilhas da Coleção Tapajônica MAE-USP. São Paulo: Editora da USP/Imprensa Oficial do Estado/FAPESP, 2002.

GRANDAZZI, Alexandre. *As origens de Roma*. São Paulo: Editora Unesp, 2009.

GRAY, John. *Próximo Oriente*. Lisboa; São Paulo: Vozes, 1982.

GRIMAL, Pierre. *A mitologia grega*. São Paulo: Brasiliense, 1982.

GUARINELLO, Norberto Luiz. *Os primeiros habitantes do Brasil*. São Paulo: Atual, 1998. (Coleção A vida no tempo do índio)

GUNNEWEG, Antonius. *História de Israel*: dos primórdios até Bar Kochba e de Theodor Herzl até os nossos dias. São Paulo: Loyola/Teológica, 2005.

HERNANDEZ, Leila Leite. *A África na sala de aula*: visita à história contemporânea. São Paulo: Selo Negro, 2005.

HERÓDOTO. *História* [II, 86]. Rio de Janeiro: Ediouro, s.d.

HETZEL, Bia; NEGREIROS, Silvia (Org.). *Pré-história do Brasil*. Rio de Janeiro: Manati, 2007.

HOBSBAWM, Eric. *Sobre história*. São Paulo: Companhia das Letras, 1998.

HOURANI, Albert. *Uma história dos povos árabes*. São Paulo: Companhia das Letras, 1994.

JACQ, Christian. *As egípcias*: retratos de mulheres no Egito faraônico. Rio de Janeiro: Bertrand Brasil, 2000.

JELLOUN, Tahar Ben. *O islamismo explicado às crianças*. São Paulo: Editora Unesp, 2011.

JOLY, Fábio Duarte. *A escravidão na Roma antiga*: política, economia e cultura. São Paulo: Alameda, 2005.

_____. *Libertate opus est*. Escravidão, manumissão e cidadania à época de Nero (54-68 d.C.). São Paulo, 2006. Tese de doutorado – Faculdade de Filosofia, Letras e Ciências Humanas da USP.

JONES, Peter V. (Org.). *O mundo de Atenas*: uma introdução à cultura clássica ateniense. São Paulo: Martins Fontes, 1997.

JORGE, Marcos (Org.). *Brasil rupestre*: arte pré-histórica brasileira. Curitiba: Zencrane Livros, 2007.

JOSEFO, Flávio. *História dos hebreus*: de Abraão à queda de Jerusalém. Rio de Janeiro: Casa Publicadora das Assembleias de Deus, 2004.

KI-ZERBO, Joseph. *História da África negra*. Lisboa: Publicações Europa-América, 1972. v. 1.

LAUAND, Luiz Jean (Org.). *Cultura e educação na Idade Média*. São Paulo: Martins Fontes, 1998.

LAVER, James. *A roupa e a moda*: uma história concisa. São Paulo: Companhia das Letras, 2006.

LE GOFF, Jacques. *A civilização do Ocidente medieval*. Bauru: Edusc, 2005.

_____. *História e memória*. Campinas: Editora da Unicamp, 2003.

_____. *Reflexões sobre a história*. Lisboa: Edições 70, 1999.

_____; SCHMITT, Jean-Claude (Orgs.). *Dicionário temático do Ocidente medieval*. Bauru: Edusc, 2002. v. 1 e 2.

_____; TRUONG, Nicolas. *Uma história do corpo na Idade Média*. Rio de Janeiro: Civilização Brasileira, 2006.

LEICK, Gwendolyn. *Mesopotâmia*: a invenção da cidade. Rio de Janeiro: Image, 2003.

LOMBARD, Maurice. A evolução urbana durante a Alta Idade Média. *Revista de História* (USP), v. 11, n. 23, 1955. p. 47-71.

_____. O ouro muçulmano do VII ao XI século. As bases monetárias de uma supremacia econômica. *Revista de História* (USP), v. 6, n. 13, 1953. p. 25-46.

LOYON, H. R. (Org.). *Dicionário da Idade Média*. Rio de Janeiro: Jorge Zahar, 1990.

MAALOUF, Amin. *As Cruzadas vistas pelos árabes*. São Paulo: Brasiliense, 2007.

MACEDO, José Rivair. *Movimentos populares na Idade Média*. São Paulo: Moderna, 1993.

_____. *Viver nas cidades medievais*. São Paulo: Moderna, 1999.

MAESTRI FILHO, Mário José. *O escravismo antigo*. São Paulo: Atual, 1988.

MANTRAN, Robert. *Expansão muçulmana*: séculos VII-XI. São Paulo: Pioneira, 1977.

MARTÍNEZ, Juan María (Dir.). *África*. O despertar de um continente. Madri: Edições del Prado, 1997. (Coleção Grandes impérios e civilizações)

MAZOYER, Marcel; ROUDART, Laurence. *História das agriculturas no mundo*: do Neolítico à crise contemporânea. São Paulo: Editora Unesp; Brasília: Nead, 2010.

M'BOKOLO, Elikia. *África negra*: história e civilizações. Salvador: Editora UFBA; São Paulo: Casa das Áfricas, 2009.

MOSSÉ, Claude. *Atenas*: a história de uma democracia. Brasília: Editora da UnB, 1997.

MUNANGA, Kabengele. *Negritude*: usos e sentidos. São Paulo: Ática, 1988.

NASCIMENTO, Maria Filomena Dias. Ser mulher na Idade Média. *Textos de História*, Brasília, v. 5, 1997. p. 82-91.

NASR, Helmi. *Tradução do sentido do nobre* Alcorão *para a língua portuguesa*. Meca: Complexo Rei Fahd, 2008.

NEVES, Eduardo Góes. *Arqueologia da Amazônia*. Rio de Janeiro: Jorge Zahar, 2006.

NEVES, Walter Alves. No rastro do povo de Luzia. [Entrevista a José Tadeu Arantes]. *Le Monde Diplomatique Brasil*, s.n., 2008. p. 12-14.

_____; HUBBE, Mark. Os pioneiros das Américas. *Nossa História*, n. 22. São Paulo: Vera Cruz, ago. 2005.

NOVAIS, Fernando A.; SILVA, Rogerio Forastieri da (Org.). *Nova História em perspectiva*. São Paulo: Cosac Naify, 2011. v. 1.

OLIVER, Roland. *A experiência africana*: da Pré-história aos dias atuais. Rio de Janeiro: Jorge Zahar, 1994.

PAULA, Eurípedes Simões de. Alguns aspectos da economia medieval do Ocidente. *Revista de História* (USP), v. 29, n. 60, 1964. p. 275-290.

PEDRERO-SÁNCHEZ, Maria Guadalupe. *História da Idade Média*: textos e testemunhas. São Paulo: Editora Unesp, 2000.

PEREIRA, Edithe. *A arte rupestre de Monte Alegre, Pará, Amazônia, Brasil*. Belém: MPEG, 2012.

PETIT, Paul. *A paz romana*. São Paulo: Pioneira/Edusp, 1989.

PINHO, Leda de. A mulher no direito romano: noções históricas acerca de seu papel na constituição da entidade familiar. *Revista Jurídica Cesumar*, v. 2, n. 1, 2002.

PINSKY, Jaime. *100 textos de história antiga*. São Paulo: Contexto, 2009.

_____. *As primeiras civilizações*. 20. ed. São Paulo: Contexto, 2001. (Coleção Repensando a história)

_____; PINSKY, Carla Bassanezi (Orgs.). *História da cidadania*. São Paulo: Contexto, 2003.

PRADO, Zuleika de Almeida. *Mitos da criação*. São Paulo: Callis, 2005.

PROUS, André. *Arqueologia brasileira*. Brasília: Editora da UnB, 1991.

_____. *O Brasil antes dos brasileiros*. A Pré-história do nosso país. Rio de Janeiro: Jorge Zahar, 2006. (Nova Biblioteca de Ciências Sociais)

RAGACHE, Claude-Catherine. *A criação do mundo, mitos e lendas*. São Paulo: Ática, 1996.

RAMAZZINA, Adriana A. Organização do espaço e território na Fenícia na Idade do Ferro: cidades e necrópoles. *Mare Nostrum* (USP), v. 3, n. 3, 2012. p. 157-174.

REDE, Marcelo. *A Mesopotâmia*. São Paulo: Saraiva, 1997.

RIBEIRO, Daniel Valle. *A cristandade do Ocidente medieval*. São Paulo: Atual, 1998. (Coleção Discutindo a história)

ROMAG, Frei Dagoberto, O.F.M. *Compêndio de história da Igreja*. Petrópolis: Vozes, 1939. v. 1 e 2.

ROULAND, Norbert. *Roma, democracia impossível?* Brasília: Editora da UnB, 1997.

SANTOS, Fabrício R. A grande árvore genealógica humana. *Revista da Universidade Federal de Minas Gerais (UFMG)*, v. 21, n. 1 e 2, jan./dez. 2014.

SANTOS, Moacir Elias. *A formação dos escribas entre os egípcios antigos*. Philía (UERJ), Rio de Janeiro, p. 6-7, 2011.

SCHAAN, Denise Pahl; ALVES, Daiana Travassos (Org.). *Um porto, muitas histórias*: arqueologia em Santarém. Belém: Gráfica Supercores, 2015.

SCHIAVONE, Aldo. *Uma história rompida*: Roma antiga e Ocidente moderno. São Paulo: Edusp, 2005.

SCIENTIFIC American Brasil. São Paulo: Ediouro Duetto. Edição especial: Antropologia 1, n. 52, s/d; Aula aberta, n. 16, 2013.

SERRANO, Carlos; WALDMAN, Maurício. *Memória d'África*: a temática africana em sala de aula. São Paulo: Cortez, 2007.

SHINNIE, P. L. *Meroe*: a Civilization of the Sudan. Londres: Thames & Hudson, 1967.

SILVA, Alberto da Costa e. *A enxada e a lança*: a África antes dos portugueses. Rio de Janeiro: Nova Fronteira, 1996.

SILVA, Gilvan V.; MENDES, Norma M. (Orgs.). *Repensando o Império Romano*: perspectiva socioeconômica, política e cultural. Rio de Janeiro: Mauad; Vitória: Edufes, 2006.

SILVA, Rosana Maria dos Santos. *Pluralidade e conflito*: uma história comparada das guerras judaicas entre os séculos II a.E.C. e I E.C. Rio de Janeiro, 2006. Dissertação de mestrado – Programa de Pós-Graduação em História Comparada da UFRJ.

SONN, Tamara. *Uma breve história do islã*. Rio de Janeiro: José Olympio, 2011.

SOUSA, Aline Fernandes de. *A mulher-faraó*: representações da rainha Hatshepsut como instrumento de legitimação (Egito antigo – século XV a.C.). Niterói: 2010. Dissertação de mestrado – Universidade Federal Fluminense.

SOUZA, Alice Maria de. O processo de diferenciação das ordens senatorial e equestre no fim da república romana. *Romanitas*, n. 4, 2014. p. 156-170.

SOUZA, Marina de Mello e. *África e Brasil africano*. São Paulo: Ática, 2005.

THOMPSON, Edward P. *A miséria da teoria*. Rio de Janeiro: Zahar, 1981.

TIEMPO Mesoamericano (2500 a.C.-1521 d.C.). *Arqueología Mexicana*. Edición especial. México (DF): Raíces/Instituto Nacional de Antropología e Historia, 2001.

TREVISAN, Armindo. *Uma viagem através da Idade Média*. Porto Alegre: Editora AGE, 2014.

VERCOUTTER, Jean. *O Egito antigo*. São Paulo; Rio de Janeiro: Difel, 1980.

VERNANT, Jean Pierre. *A origem do pensamento grego*. Rio de Janeiro: Difel, 1977.

_____; VIDAL-NAQUET, Pierre. *Mito e tragédia na Grécia antiga*. São Paulo: Perspectiva, 1999.

VIEIRA, Maria do Pilar de Araújo; PEIXOTO, Maria do Rosário da Cunha; KHOURY, Yara Maria Aun. *A pesquisa em história*. São Paulo: Ática, 1998. (Série Princípios)

WELSBY, Derek A. *The Kingdom of Kush*: the Napatan and Meroitic Empires. Londres: British Museum Press, 1996.

WOLFF, Philippe. *Outono da Idade Média ou primavera dos tempos modernos?* São Paulo: Martins Fontes, 1990.

WONG, Kate. O crepúsculo do homem de Neandertal. *Scientific American Brasil*. Edição especial: Antropologia 2. São Paulo: Ediouro Duetto, jun./jul. 2003.

WOOLF, Greg. *Roma*: a história de um império. São Paulo, Editoria Cultrix, 2017.

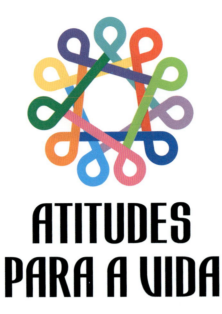

ATITUDES PARA A VIDA

As *Atitudes para a vida* são comportamentos que nos ajudam a resolver as tarefas que surgem todos os dias, desde as mais simples até as mais desafiadoras. São comportamentos de pessoas capazes de resolver problemas, de tomar decisões conscientes, de fazer as perguntas certas, de se relacionar bem com os outros e de pensar de forma criativa e inovadora.

As atividades que apresentamos a seguir vão ajudá-lo a estudar os conteúdos e a resolver as atividades deste livro, incluindo as que parecem difíceis demais em um primeiro momento.

Toda tarefa pode ser uma grande aventura!

PERSISTIR

Muitas pessoas confundem persistência com insistência, que significa ficar tentando e tentando e tentando, sem desistir. Mas persistência não é isso! Persistir significa buscar estratégias diferentes para conquistar um objetivo.

Antes de desistir por achar que não consegue completar uma tarefa, que tal tentar outra alternativa?

Algumas pessoas acham que atletas, estudantes e profissionais bem-sucedidos nasceram com um talento natural ou com a habilidade necessária para vencer. Ora, ninguém nasce um craque no futebol ou fazendo cálculos ou sabendo tomar todas as decisões certas. O sucesso muitas vezes só vem depois de muitos erros e muitas derrotas. A maioria dos casos de sucesso é resultado de foco e esforço.

Se uma forma não funcionar, busque outro caminho. Você vai perceber que desenvolver estratégias diferentes para resolver um desafio vai ajudá-lo a atingir os seus objetivos.

CONTROLAR A IMPULSIVIDADE

Quando nos fazem uma pergunta ou colocam um problema para resolver, é comum darmos a primeira resposta que vem à cabeça. Comum, mas imprudente.

Para diminuir a chance de erros e de frustrações, antes de agir devemos considerar as alternativas e as consequências das diferentes formas de chegar à resposta. Devemos coletar informações, refletir sobre a resposta que queremos dar, entender bem as indicações de uma atividade e ouvir pontos de vista diferentes dos nossos.

Essas atitudes também nos ajudarão a controlar aquele impulso de desistir ou de fazer qualquer outra coisa para não termos que resolver o problema naquele momento. Controlar a impulsividade nos permite formar uma ideia do todo antes de começar, diminuindo os resultados inesperados ao longo do caminho.

Atitudes para a vida | III

ESCUTAR OS OUTROS COM ATENÇÃO E EMPATIA

Você já percebeu o quanto pode aprender quando presta atenção ao que uma pessoa diz? Às vezes recebemos importantes dicas para resolver alguma questão. Outras vezes, temos grandes ideias quando ouvimos alguém ou notamos uma atitude ou um aspecto do seu comportamento que não teríamos percebido se não estivéssemos atentos.

Escutar os outros com atenção significa manter-nos atentos ao que a pessoa está falando, sem estar apenas esperando que pare de falar para que possamos dar a nossa opinião. E empatia significa perceber o outro, colocar-nos no seu lugar, procurando entender de verdade o que está sentindo ou por que pensa de determinada maneira.

Podemos aprender muito quando realmente escutamos uma pessoa. Além do mais, para nos relacionar bem com os outros — e sabemos o quanto isso é importante —, precisamos prestar atenção aos seus sentimentos e às suas opiniões, como gostamos que façam conosco.

PENSAR COM FLEXIBILIDADE

Você conhece alguém que tem dificuldade de considerar diferentes pontos de vista? Ou alguém que acha que a própria forma de pensar é a melhor ou a única que existe? Essas pessoas têm dificuldade de pensar de maneira flexível, de se adaptar a novas situações e de aprender com os outros.

Quanto maior for a sua capacidade de ajustar o seu pensamento e mudar de opinião à medida que recebe uma nova informação, mais facilidade você terá para lidar com situações inesperadas ou problemas que poderiam ser, de outra forma, difíceis de resolver.

Pensadores flexíveis têm a capacidade de enxergar o todo, ou seja, têm uma visão ampla da situação e, por isso, não precisam ter todas as informações para entender ou solucionar uma questão. Pessoas que pensam com flexibilidade conhecem muitas formas diferentes de resolver problemas.

 IV | Atitudes para a vida

ESFORÇAR-SE POR EXATIDÃO E PRECISÃO

Para que o nosso trabalho seja respeitado, é importante demonstrar compromisso com a qualidade do que fazemos. Isso significa conhecer os pontos que devemos seguir, coletar os dados necessários para oferecer a informação correta, revisar o que fazemos e cuidar da aparência do que apresentamos.

Não basta responder corretamente; é preciso comunicar essa resposta de forma que quem vai receber e até avaliar o nosso trabalho não apenas seja capaz de entendê-lo, mas também que se sinta interessado em saber o que temos a dizer.

Quanto mais estudamos um tema e nos dedicamos a superar as nossas capacidades, mais dominamos o assunto e, consequentemente, mais seguros nos sentimos em relação ao que produzimos.

QUESTIONAR E LEVANTAR PROBLEMAS

Não são as respostas que movem o mundo, são as perguntas.

Só podemos inovar ou mudar o rumo da nossa vida quando percebemos os padrões, as incongruências, os fenômenos ao nosso redor e buscamos os seus porquês.

E não precisa ser um gênio para isso, não! As pequenas conquistas que levaram a grandes avanços foram — e continuam sendo — feitas por pessoas de todas as épocas, todos os lugares, todas as crenças, os gêneros, as cores e as culturas. Pessoas como você, que olharam para o lado ou para o céu, ouviram uma história ou prestaram atenção em alguém, perceberam algo diferente, ou sempre igual, na sua vida e fizeram perguntas do tipo "Por que será?" ou "E se fosse diferente?".

Como a vida começou? E se a Terra não fosse o centro do universo? E se houvesse outras terras do outro lado do oceano? Por que as mulheres não podiam votar? E se o petróleo acabasse? E se as pessoas pudessem voar? Como será a Lua?

E se...? (Olhe ao seu redor e termine a pergunta!)

Atitudes para a vida V

APLICAR CONHECIMENTOS PRÉVIOS A NOVAS SITUAÇÕES

Esta é a grande função do estudo e da aprendizagem: sermos capazes de aplicar o que sabemos fora da sala de aula. E isso não depende apenas do seu livro, da sua escola ou do seu professor; depende da sua atitude também!

Você deve buscar relacionar o que vê, lê e ouve aos conhecimentos que já tem. Todos nós aprendemos com a experiência, mas nem todos percebem isso com tanta facilidade.

Devemos usar os conhecimentos e as experiências que vamos adquirindo dentro e fora da escola como fontes de dados para apoiar as nossas ideias, para prever, entender e explicar teorias ou etapas para resolver cada novo desafio.

PENSAR E COMUNICAR-SE COM CLAREZA

Pensamento e comunicação são inseparáveis. Quando as ideias estão claras em nossa mente, podemos nos comunicar com clareza, ou seja, as pessoas nos entendem melhor.

Por isso, é importante empregar os termos corretos e mais adequados sobre um assunto, evitando generalizações, omissões ou distorções de informação. Também devemos reforçar o que afirmamos com explicações, comparações, analogias e dados.

A preocupação com a comunicação clara, que começa na organização do nosso pensamento, aumenta a nossa habilidade de fazer críticas tanto sobre o que lemos, vemos ou ouvimos quanto em relação às falhas na nossa própria compreensão, e poder, assim, corrigi-las. Esse conhecimento é a base para uma ação segura e consciente.

IMAGINAR, CRIAR E INOVAR

Tente de outra maneira! Construa ideias com fluência e originalidade!

Todos nós temos a capacidade de criar novas e engenhosas soluções, técnicas e produtos. Basta desenvolver nossa capacidade criativa.

Pessoas criativas procuram soluções de maneiras distintas. Examinam possibilidades alternativas por todos os diferentes ângulos. Usam analogias e metáforas, se colocam em papéis diferentes.

VI | Atitudes para a vida

Ser criativo é não ser avesso a assumir riscos. É estar atento a desvios de rota, aberto a ouvir críticas. Mais do que isso, é buscar ativamente a opinião e o ponto de vista do outro. Pessoas criativas não aceitam o *status quo*, estão sempre buscando mais fluência, simplicidade, habilidade, perfeição, harmonia e equilíbrio.

ASSUMIR RISCOS COM RESPONSABILIDADE

Todos nós conhecemos pessoas que têm medo de tentar algo diferente. Às vezes, nós mesmos acabamos escolhendo a opção mais fácil por medo de errar ou de parecer tolos, não é mesmo? Sabe o que nos falta nesses momentos? Informação!

Tentar um caminho diferente pode ser muito enriquecedor. Para isso, é importante pesquisar sobre os resultados possíveis ou os mais prováveis de uma decisão e avaliar as suas consequências, ou seja, os seus impactos na nossa vida e na de outras pessoas.

Informar-nos sobre as possibilidades e as consequências de uma escolha reduz a chance do "inesperado" e nos deixa mais seguros e confiantes para fazer algo novo e, assim, explorar as nossas capacidades.

PENSAR DE MANEIRA INTERDEPENDENTE

Nós somos seres sociais. Formamos grupos e comunidades, gostamos de ouvir e ser ouvidos, buscamos reciprocidade em nossas relações. Pessoas mais abertas a se relacionar com os outros sabem que juntos somos mais fortes e capazes.

Estabelecer conexões com os colegas para debater ideias e resolver problemas em conjunto é muito importante, pois desenvolvemos a capacidade de escutar, empatizar, analisar ideias e chegar a um consenso. Ter compaixão, altruísmo e demonstrar apoio aos esforços do grupo são características de pessoas mais cooperativas e eficazes.

Estes são 11 dos 16 Hábitos da mente descritos pelos autores Arthur L. Costa e Bena Kallick em seu livro *Learning and leading with habits of mind*: 16 characteristics for success.

Acesse http://www.moderna.com.br/araribaplus para conhecer mais sobre as *Atitudes para a vida*.

Atitudes para a vida

CHECKLIST PARA MONITORAR O SEU DESEMPENHO

Reproduza para cada mês de estudo o quadro abaixo. Preencha-o ao final de cada mês para avaliar o seu desempenho na aplicação das *Atitudes para a vida*, para cumprir as suas tarefas nesta disciplina. Em *Observações pessoais*, faça anotações e sugestões de atitudes a serem tomadas para melhorar o seu desempenho no mês seguinte.

Classifique o seu desempenho de 1 a 10, sendo 1 o nível mais fraco de desempenho, e 10, o domínio das *Atitudes para a vida*.

Atitudes para a vida	Neste mês eu...	Desempenho	Observações pessoais
Persistir	Não desisti. Busquei alternativas para resolver as questões quando as tentativas anteriores não deram certo.		
Controlar a impulsividade	Pensei antes de dar uma resposta qualquer. Refleti sobre os caminhos a escolher para cumprir minhas tarefas.		
Escutar os outros com atenção e empatia	Levei em conta as opiniões e os sentimentos dos demais para resolver as tarefas.		
Pensar com flexibilidade	Considerei diferentes possibilidades para chegar às respostas.		
Esforçar-se por exatidão e precisão	Conferi os dados, revisei as informações e cuidei da apresentação estética dos meus trabalhos.		
Questionar e levantar problemas	Fiquei atento ao meu redor, de olhos e ouvidos abertos. Questionei o que não entendi e busquei problemas para resolver.		
Aplicar conhecimentos prévios a novas situações	Usei o que já sabia para me ajudar a resolver problemas novos. Associei as novas informações a conhecimentos que eu havia adquirido de situações anteriores.		
Pensar e comunicar-se com clareza	Organizei meus pensamentos e me comuniquei com clareza, usando os termos e os dados adequados. Procurei dar exemplos para facilitar as minhas explicações.		
Imaginar, criar e inovar	Pensei fora da caixa, assumi riscos, ouvi críticas e aprendi com elas. Tentei de outra maneira.		
Assumir riscos com responsabilidade	Quando tive de fazer algo novo, busquei informação sobre possíveis consequências para tomar decisões com mais segurança.		
Pensar de maneira interdependente	Trabalhei junto. Aprendi com ideias diferentes e participei de discussões.		

VIII   Atitudes para a vida